탈북의 경험과 영화 표상

문화과학 이론신서 65

탈북의 경험과 영화 표상

지은이 | 김성경·오영숙

기 획 | 성공회대 동아시아연구소

초판인쇄 | 2013년 5월 23일

초판발행 | 2013년 5월 30일

발행인 | 손자희

발행처 | 문화과학사

출판등록 | 제1-1902 (1995. 6. 12)

주소 | 120-831 서대문구 연희동 421-43호

전화 | 02-335-0461

팩스 | 02-334-0461

이메일 | transics@chol.com

홈페이지 | http://cultural.jinbo.net

값 18,000원

ISBN 978-89-86598-02-5 93300

본서는 2007년 정부(교육과학기술부)의 재원으로 한국연구재단의 지원을 받아 수행된 연구임
(KRF-2007-361-AM0005)

문화과학 이론신서 65

탈북의 경험과 영화 표상

성공회대 동아시아연구소 기획

김성경 · 오영숙 지음

문화과학사

목 차

서문_ 탈북의 경험과 영화 표상 · 7

제1부 **탈북자의 이동과 경험** · 김성경

　1장　**탈북자의 정착 과정과 경험: 사회구성론적 접근** · 21

　　이주연구와 탈북자
　　이주연구 패러다임의 비판적 접근
　　이주연구 패러다임의 지역 맥락화: 탈북자의 사례
　　탈북자 일상연구: 사회구성론과 에스노그라피
　　탈북 가족의 정착 경험과 존재론적 안정감의 구축
　　사회학적으로 탈북자 바라보기

　2장　**탈북자가 경험하는 북·중 경계지역과 이동경로** · 61

　　탈북자의 이동과 경계지역
　　탈북자의 '이동': 일상에서 경험되는 '경계'
　　강화되는 국경: 탈북자의 '경계 넘기'
　　이주의 과정: 초국적 민족 공간 '경계 만들기'
　　남한으로의 이주 이후 경험되는 '경계'
　　탈북자의 이동과정의 이해

　3장　**'장소'로서의 북·중 경계지역과 탈북여성의 '젠더'화된 장소 감각** · 111

　　삶의 장소, 북·중 경계지역
　　연구방법
　　북·중 경계지역: '일상의 공간(들)' 혹은 '장소'
　　북·중 경계지역이라는 '장소'
　　신체를 통해 감각되는 '장소'
　　젠더화된 북·중 경계지역
　　일상이라는 공간(들)과 장소성의 구축

제2부 스크린 위의 탈북자, 스크린 밖의 탈북자 · 오영숙

4장 탈북의 영화적 표상과 아시아라는 공간 · 165

탈북자 영화의 등장
국민국가의 외부
균열과 혼종의 정체성
공간 상상: 유랑의 아시아
욕망의 공백으로서의 탈북자

5장 탈북자의 자기 서사와 정체성 · 198

탈북의 의미 만들기와 서사
정체성과 서사
경험과 기억, 그리고 서사의 패턴
탈북자의 과잉주체화

6장 자기 관객으로서의 탈북자 · 226

들어가며
관객으로서의 탈북자
미디어 토크
스크린의 이편과 저편
엑소더스의 신화와 타자의 윤리

서 문　　　**탈북의 경험과 영화 표상**

　굳이 세계화라는 큰 개념을 들먹이지 않더라도 지금 이 시대를 관통하는 키워드 중 하나가 이동(mobility)이라는 것에는 이견이 없을 것이다. 기술의 발달로 인해 사람들뿐 아니라 문화, 사상, 미디어, 제도 등은 국경을 넘나들며 이동하고 확장되고 있다. 유튜브를 타고 순식간에 전 세계에 붐을 일으킨 싸이의 강남스타일이 대중문화와 미디어가 대단히 빠른 속도로 확산되고 있다는 것을 보여주는 것이라면, 굳이 외국에 나가지 않더라도 세계의 모든 인종과 민족을 마주치는 곳이 바로 도시 한복판이라는 사실은 그 만큼 많은 수의 사람들이 끊임없이 이동하고 있음을 보여준다 하겠다. 촘촘해진 이동의 선을 따라 새롭게 구축되어 가는 사회구조는 국가와 국경이라는 근대사회에서 절대적으로 작동했던 구분의 기제들을 뛰어넘어 새로운 사회배열을 만들어가고 있다. 일례로 최근 곳곳에서 사용되고 있는 글로벌 시티(Global City)라는 개념은 어쩌면 전 세계 사람들이 서로 연결되어 있고, 이 과정에서 특정 계급과 계층이 더 긴밀한 연관관계를 맺고 있음을 보여줌으로써, 이동이 만들어낸 새로운 사회구조와 배열을 분석하려는 시도라고 할 수 있다.

물론 글로벌 시티를 비롯한 이동을 통해 구축된 다양한 사회구조와 배열을 만들어내는 주체는 단연 이동하는 자들이다. 이주의 여성화로 명명되는 제 3세계 여성의 제 1세계로의 이동, 인구가 많은 가난한 남쪽 지역에서 인구가 부족한 북쪽 지역으로의 이동, 세계 자본시장과 글로벌 기업의 확장과 함께 이동하는 고학력-고기술(high-educated and high-skilled) 인력의 이동, 이주 2세대들의 본국으로의 귀환, 정치적·경제적 망명자의 이주, 난민의 이주, 은퇴자들의 라이프스타일 이주에 이르기까지 이주의 형태는 다양하고 다층적이다. 특히 한국이라는 지정학적 위치에서 가장 눈에 띄는 이주의 형태와 주체는 크게 네 가지로 구분할 수 있는데, 하나는 이른바 3D 업종에 종사하는 외국인 노동자의 이주이고, 두 번째는 코리안 디아스포라의 귀환 혹은 역이주, 세 번째는 외국인 신부의 결혼이주, 그리고 마지막으로 탈북자의 이동이라고 할 수 있겠다. 외국인 노동자의 유입, 디아스포라의 귀환, 결혼이주 등은 한국이라는 특정한 지정학적 위치의 특수성을 반영하면서도 전 세계적인 이주와 이동의 흐름과 궤를 같이 한다면, 탈북자의 이동의 경우에는 로컬의 상황에 따라 포착되는 다소 특수한 형태의 이동이라고 할 수 있다. 즉, 탈북자의 이동은 단순히 한 국가에서 다른 국가로의 이주뿐만이 아니라 냉전체제를 다시금 확인시켜주는 이주이면서, 민족 내의 이주이기도 하고, 또 한편으로는 좀 더 나은 삶을 좇아 움직이는 경제적

이주의 성격까지 띤다. 게다가 중국에서의 불법적 상황과 탈북자에 대한 처벌로 인해 야기된 북한의 인권문제는 이들을 난민적 이주로 봐야 한다는 시각까지 교차시키기도 한다. 그 만큼 탈북자의 이동이 특수한 로컬적 상황의 결과물임을 나타내는 것이고, 여러 층위에 걸쳐져 있기 때문에 다양한 해석의 가능성이 존재하고 있음을 보여준다. 즉, 탈북자의 이동을 이해하기 위해서는 기존의 연구 패러다임을 참고하면서도, 이들의 특수한 경험과 기억을 확인할 수 있는 새로운 해석의 틀을 고민하려는 시도가 요구된다. 이에 본 연구는 탈북자의 이동을 '문화'와 '일상'이라는 키워드를 통해 재구성함으로써 탈북자의 다층적 위치를 드러내면서도 이들의 이동의 경험과 과정이 단순히 정치나 경제적 틀에서 해석될 때 담아내지 못하는 중의(衆意)성과 우연(偶然)성을 포착하려 하였다.

탈북자의 유다른 이동과 정착의 경험은 특히 탈북자의 이동의 경로를 살펴볼 때 좀 더 분명해진다. 남과 북을 가로지르는 휴전선과 DMZ는 이동하는 주체들이 북에서 남으로 혹은 남에서 북으로 이동하는 것을 인위적으로 차단하였기 때문에, 대부분의 탈북자들은 북한에서 중국으로 이주를 하고, 이후에 아시아를 관통하는 기나긴 여정을 거쳐 한국에 도착하게 된다. 대부분의 탈북자들은 한국으로의 이주를 목적으로 국경선을 넘는 것이 아니라 북한에서 중국으로 단기 이주를 떠난 후 다양한 경로를 통해 한국으로의 이주를 단행하는 것으로 보인다. 이들의 이동 경로는 아시아 지역 내 정치적 관계에 따라 끊임없이 변경되기도 하고, 이 과정에서 매개자(intermediary)의 역할이 중요하게 작동하기도 한다. 탈북자의 이동 경로를 살펴보면 아시아가 얼마나 수많은 이동의 선과 이동과 연관되어 있는 다수의 주체들로 연결되어 있는지가 분명해지고, 이 이동의 선들은 국경으로 구분되기보다는 국경을 자유롭게 넘나들며 구축되어 있음을 확인시켜 주기도 한다. 지도에서 그려진 선과는 구분되는 이동의 주체들로 이어진 이동의 선은 공식적 공간과는 구별되는 또 다른 차원의 공간과 장소들을 만들어낸다. 이 때문에 탈북자의 이동은 공식적 차원의 정치적·경제적 공간을 가로지르는 것임과 동시에 또 다른 차원에서 구축되어 있는 공간(들)과 아시아 내의 연결성을 드러내 준다는 측면에서 의미가 있다. 게다가 탈북자는 아시아를 횡단하는 이동의 경험을 통해 초국적 이동 주체로 재탄생되고, 이들의 경험은 단순히 정착국과 본국을 넘나드는 것에서 그치지 않고 이동 과정에서 정주했거나 단기간 머물렀던 아시아의 지역과 다양한 형태로 초국적 관계를 이어가기도 한다.

한편, 상당수의 탈북자들은 한국으로의 이주가 아닌 중국에서의 정주를 선택하고 있기도 하다. 이들이 북한에서 중국으로 이주한 이후 불법적인 신분을 감수하면서까지 중국에 정주하는 이유는 단순히 남한으로의 이주가 어렵기 때문이라기보다는 북·중 경계지역에 존재하는 조선족과 북한주민의 교류와 관계 내에서 상당한 안정감을 구축하였기 때문이다. 남과 북, 혹은 중국이라는 국가 단위의 공간이 아닌, 초국적 민족공간에 뿌리를 내리고 정주하게 되는 사례가 바로 중국에 정주하고 있는 탈북자들에게서 발견되고 있다. 북·중 경계지역을 중심으로 구축된 초국적 민족공간은 최근 중국의 도시화와 많은 수의 한국인의 중국이주와 맞물려 단순히 지정학적 경계지역에만 머무르지 않고, 중국의 연안지역과 대도시로 확장되고 있고 탈북자는 이 공간의 확장을 따라 함께 이주하면서 초국적 민족공간의 재배열을 만들어가고 있다.

이렇듯 탈북자의 이동의 경로와 과정은 단순히 남과 북이라는 국가 차원을 뛰어넘어 아시아라는 지정학적 공간을 횡단하고 연결하고 있다. 초국적 이동의 주체인 탈북자가 어디에 정주를 하게 되건 이들은 국가라는 차원을 뛰어넘는 아시아적 연결망을 확장 유지하고 있는 것으로 보인다. 이 때문에 이들의 이동을 통한 삶과 경험은 아시아라는 지정학적 공간과 아시아적 가치와 문화라는 상상적 공동체의 가능성이라는 관점으로 확장되어 이해될 필요가 있다. 실제로 이 책은 탈북자의 이동을 남북한의 관계성과 아시아라는 지리적·상상적 공간과 연결망이라는 틀 내에서 조망하려는 시도이다.

이 책은 총 2부로 구성되어 있다. 1부는 탈북자의 이동을 사회학적으로 포착하려는 시도이고, 2부는 스크린을 매개로 하여 탈북자의 위상을 살펴보려는 작업을 담고 있다.

1부: 한 사회학자의 탈북자 대면하기

사회학의 고전으로 널리 알려진 『사회학적으로 상상하기』에서 저자 밀즈(C. W. Mills)는 사회학적 상상력이란 개인이 직면한 문제(personal trouble)가 사회구조에 기반을 둔 공공의 이슈(public issue)라는 것을 포착해 내는 것이라고 설명하였다. 개인 차원의 문제로 치부되는 것의 대부분은 사실상 사회구조에 의해서 야기된 것이고, 이 둘의 관계성은 사회학적 접근으로 확인할 수 있다는 주장이다. 이 때문에 개인의 삶을 연구하는 것은 결국 사회구조의 면면을 확인할 수 있는 작업이 될 수 있고, 개인과 사회가 어떻게 서로 연관되어 있는지를 드러낼 수 있다. 연구자가 탈북자를 대면하게 된 것도 이처럼 탈북자의 삶과 경험이 결국은 사회구조의 문제를 담고 있을 것이라는 믿음에서 시작되었다. 탈북자 개개인의 경험은 그 혹은 그녀만의 특수한 상황에 국한되는 것이 아니라 남·북한 관계와 아시아라는 공간의 틀에서 가능할 수 있는 사회구조적인 것이며 공공의 이슈일 것이다. 이 때문에 각 개인의 경험과 삶은 개인 차원에서의 이해를 넘어선 사회학적 성찰의 대상이 되어야 하며, 이를 통해 탈북자의 경험과 어려움이 제대로 확인될 수 있음은 자명한 일이다.

　탈북자의 이동을 사회학적으로 접근하기 위해서는 다양한 방법론이 활용될 수 있다. 대량 탈북이 본격화된 이후에 탈북자의 상황을 조금이라도 객관적으로 확인하기 위해서 실시된 상당수의 연구는 양적연구방법론을 활용해 왔고, 최근 학계에서는 탈북자 개인의 경험을 최대한 깊이 있게 포착하기 위한 질적연구방법도 활발하게 활용하고 있다. 본 연구자는 탈북자의 이동 경험과 한국사회에 정착하는 문제를 '문화적' 시각으로 '일상'과 연계하여 연구하기 위해 에스노그라피(ethnography)를 방법론으로 사용하였다. '문화'라는 것이 단순한 데이터에서 드러나기 어렵기 때문이기도 하였고, 탈북자의 이동 과정에서의 정체성과 의미를 파악하기 위해서는 이들을 우선 깊이 있게 이해하는 것이 중요하다는 판단 때문이었다. 또한 탈북자의 이동을 가능하게 하였던 '일상'의 의미는 한두 번의 인터뷰나 정량적인 데이터로는 포착하기 어렵기 때문이기도 하였다. 경기도의 하나센터 중 한 곳에서 정착도우미로 활동하면서 자연스레 탈북자 사회에 발을 들여놓을 수 있었고, 이 과정에서 만난 탈북자를 중심으로 다른 탈북자를 소개받아 지속적인 만남을 이어가면서 이들과의 인터뷰를 진행하였다. 2010년과

2012년 여름에는 탈북자가 집중적으로 월경하는 지역인 북·중 경계지역에서 현지조사를 진행하였으며, 중국에 정착한 탈북자와 탈북자 이동의 매개자인 조선족과 한국인 이주자를 만나 인터뷰를 진행하였다. 연구자와 연구대상자로 만나 이해의 폭을 넓혀가고, 그들의 이동의 경험과 과정의 의미를 확인하는 것은 지난한 과정이었다. 상당한 시간 동안 연구대상자는 자신의 솔직한 경험을 드러내는 것을 꺼려하였고, 그 과정에서 오해가 쌓이기도 하고 관계가 어그러진 경우도 있었다. 중국에서 진행된 현지조사는 현지 상황이 녹록치 않아 초기의 기획과 의도와는 전혀 다른 방향으로 흘러가 연구자의 마음을 졸이게 하기도 하였다. 하지만 결과적으로 가까운 거리에서 오랫동안 정기적으로 만난 탈북자들로 인해 본 연구가 좀 더 그들을 사실적으로 이해할 수 있는 성과를 거두기도 하였다.

1부에 실린 3개의 논문은 연구자의 지난 2년간의 연구 자료를 바탕으로 작성되었다. 각 논문은 연구자가 에스노그라피를 진행하면서 순차적으로 작성한 것이다. 첫 번째 장에서는 탈북자라는 유다른 이동 주체에 접근할 때 서구적 연구 프레임의 무비판적 적용의 문제점을 드러내면서, 탈북자의 이동과 정착 과정에 존재하는 남·북 대치라는 로컬적 상황에 대한 충분한 맥락화를 주장하고 있다. 또한 사회구조와 주체의 관계의 역동성을 주목한 사회구성론적 시각을 받아들여, 새로운 사회구조에 이식된 이주자가 어떻게 전략적으로 자신의 행위주체성을 수정해 나가는지를 탈북자의 인터뷰와 에스노그라피 데이터를 통해 살펴보았다. 두 번째 장은 탈북자의 이동의 경로를 문화적으로 설명하려는 시도를 담고 있다. 탈북자의 대량이주가 단순히 경제적이거나 정치적인 이유에 국한된 것만이 아니라 국경지대에 오랫동안 자리잡고 있던 '동일언어·문화지대'의 문화적 자원으로 인한 것이라는 주장을 담고 있다. 이는 탈북자의 이동이 단순히 즉자적이거나 단일 변수에 의한 것이 아니라 일상에 깊게 자리 잡힌 문화적 자원에 바탕을 두고 이루어졌음을 보여준다. 또한 탈북자들의 이동 경로를 추적하면서 '동일언어·문화지대'가 단순히 국경지대에 머무는 것이 아니라 아시아 전역으로 확장되기도 하고, 그것이 이들의 한국으로의 이주를 추동하고 있음을 밝히고자 하였다. 세 번째 장은 탈북자의 이동 과정에서 이들이 경험한 경계지역이 이들의 이동을 한계 짓는 공식적 공간이 아닌, 이들의 정체성의 장소로 작동하고 있음을 '공간'과 '장소'의 개념을 통해 살펴보았다. 특히 장소감각은 행위주체가 한 공간에 뿌리 내림을 의미하기도 하고, 인간이 신체를 통한 공간과의 소통을 의미하는 것이기도 한데, 그런 의미에서 경계지역이 탈북자에게 어떤 방식으로 '감각'되는지를 주목하였다. 이를 통해 '장소'로 작동하는 경계지역이 주체에 따라 다른 가능성과 환경을 제시하는 것을 탈북여성의 경험을 통해서 보여줌으로써 북·중 경계지역이 젠더화되고 있음을 규명하였다.

2부: 스크린 내부와 외부의 탈북자

2부에서 문제 삼고자 하는 대상은 여러 미디어 영역에서 모습을 드러내고 있는 탈북자의 존재와 탈북이라는 현상이다. 구체적으로는 영화적 표상에 주목하였다. 스크린에서 탈북자를 목격하는 것은 더 이상 낯선 일이 아니다. 주류 상업영화에서 독립영화에 이르기까지 근래의 한국영화는 디아스포라와 이동(displacement), 월경(border crossing), 노마디즘(nomadism)

등과 같은 주제에 많은 관심을 보이며 전통적 개념의 국가나 민족에 대한 도전과 협상이 이루어지는 공간을 제공하고 있다. 그와 나란히 소수자에 대한 관심이 그 어느 때보다도 증폭되는 상황인데, 그 중에서도 탈북자는 국경을 넘은 디아스포라이자 한국사회의 극한적인 타자의 삶을 표상하는 존재로 등장하여 이 사회의 구조적 모순과 맹점들을 환기시키는 계기의 역할을 수행하고 있는 듯하다. 이러한 현상이 본격화된 것은 불과 지난 4, 5년 동안의 일이거니와, 오랜 동안 대중서사에서 희귀한 존재였던 탈북자가 수년 전부터 한국영화에 자주 모습을 보이며 우리에게 새로운 영화적 사유의 공간을 제공해주고 있다는 점은 그냥 지나치기 어려운 면이 있다.

사회적인 관심사를 대중에게 전달하고 대중들의 인식을 바꾸고 새로운 담론을 형성시키는 능력으로 말하자면, 영화야말로 으뜸의 자리에 놓일 것이다. 영화는 정서적이고 인식적인 차원에서 정체성의 가변성과 현재성을 목도할 수 있는 장이자, 헤게모니적 문화의 의제에 반하는 복잡한 시각적 코드와 서사가 동시적으로 진행되면서 타자 정체성을 둘러싼 논쟁적인 재현이 이루어지는 곳이기도 하다.

영화적 표상의 검토는 명시적인 담론으로는 채 포착되지 않는, 혹은 포착하기에 실패한 탈북자의 복합적인 위상을 검토해볼 기회가 되리라 생각한다. 비록 국경의 넘나듦이 자유로운 탈냉전 시대라 하지만 탈북자의 위상은 분단체제의 삶과 현실에 긴밀히 연결되어 있으며, 탈북자를 바라보는 우리의 시선 역시도 분단이 낳은 감정구조로부터 자유로울 수 없다. 굳이 이념적 편향에 빠지지 않는 중도의 입장에서 탈북자 표상이 이루어진다 하더라도 어떤 방식으로든 그 안에는 분단 상황과 관련된 한반도인의 간단치 않은 감정구조가 반영되기 마련이다. 탈북자의 정체성은 결국 여타의 난민이나 디아스포라와는 질적으로 다른 주체 형성의 계기를 내포할 수밖에 없다는 이야기인데, 스크린을 매개로 하여 탈북자의 위상을 살펴보려는 2부의 작업들은 탈북자 자신이나 탈북자를 둘러싼 복잡다단한 마음의 풍경들을 포착할 수 있으리라는 기대를 갖고 있다.

탈북자의 위치와 문화적 의미를 탐색해가기 위해서는 표상을 만들어내는 주체에 따라 크게 세 가지로 구분하여 접근할 수 있을 것이다. 탈북자를 바라보는 이 시대의 시선과 영화적 표상, 그러한 영화적 표상을 바라보는 탈북자 자신의 시선, 그리고 탈북자가 자기 자신을 서사화하는 방식, 이 세 가지가 그것이다. 2부를 구성하는 세 개의 장은 이러한 각각의 사안에 집중하면서 기술되었다.

4장에서는 우리 시대가 탈북자를 어떻게 규정하고 있는지, 그리고 영화에서 탈북자가 어떤 문화적 욕망과 맥락에서 표상되고 있는지를 검토한다. 이를 통해, 우리 사회의 지형 속에서 탈북자라는 존재 혹은 탈북현상이 함축하고 있는 문화적인 의미를 도출해보고, 나아가 탈북의 표상 속에서 새로이 재구되는 아시아라는 심상지리와 그것이 갖는 문화정치적 맥락들을 성찰하려 했다.

5장은 탈북자들의 자기 서사와 정체성 구성 문제를 테마화하려는 의도에서 쓰여졌다. 구체적으로는 탈북자가 직접 참여하는 서사행위의 양상들에 주목하였다. 탈북자가 자신의 월경 경험과 기억을 해석하고 재배치하는 서사적 양상들을 점검하고 그것들이 자기정체성 형성과 맺는 관계를 탐구하고자 했다. 이러한 작업은 탈북자가 자신의 경험에 의미를 부여하고 자신의 위치를 재구성하는 과정을 탐색해보는 일이자, 그들이 어떤 시각에서 이탈과 폭력의 경험을 받아들이고 지금의 현실을 바라보고 있는지, 어떤 맥락 안에 스스로를 위치짓는지 등을 이해하려는 시도이기도 하다.

마지막으로 6장에서는 관객으로서의 탈북자가 자신이 재현된 영화들을 바라보는 시선과 태도, 그 맥락들을 고찰하였다. 스크린 위의 대상이 된 자신을 바라보며 관객으로서의 탈북자들은 어떻게 반응하고 있으며 영화수용 경험을 통해 드러나는 탈북자의 자기의식은 어떠한지, 탈북자들의 사회적 정체성을 둘러싼 입장들이 재고되고 변형되는 장으로 영화가 기여할 가능성은 무엇인지 등을 탐문하고자 했다.

2013년 5월

김성경 · 오영숙

제1부

탈북자의 이동과 경험

김성경

1장

탈북자의 정착 과정과 경험:
사회구성론적 접근[*]

이주연구와 탈북자

이주연구의 기본 목적은 한 지역에서 다른 지역으로 이동하는 행위에 대한 파악이다. 이동(mobility)은 적어도 2개 이상 지역의 문화, 정치, 경제, 언어 등이 복잡하게 얽히는 과정인데, 과거의 이주연구가 단순히 이주의 원인과 이주민의 정착과정에 초점이 맞춰져 있었다면, 최근의 이주연구는 이주의 원인, 과정, 그리고 정착 과정에서의 인종, 민족, 문화, 경제, 정치의 복잡한 상호작용의 역학을 포착해내는 것으로 그 방향을 선회하고 있다. 비교적 오래된 이주연구의 역사를 갖고 있는 서구의 학계와는 달리 한국 이주연구 역사는 그리 길지 않다. 한국에서의 이주연구는 아시아 각국에서의 결혼이주와 경제이주가 본격화된 1990년대 후반 이후 비로소 활발히

---

[*] 이 장의 초본이 된 글은 『아태연구』, 18-3호(2011)에 실린 논문 「북한이탈주민 일상연구와 이주연구 패러다임 신고찰」이다. 초본에 수정과 첨삭을 가했다.

진행되고 있는 실정이다. 한국의 결혼이주와 경제이주의 경우 세계화가 작동되는 영역으로 서구의 경험과 크게 다르지 않은 맥락 하에서 포착될 수 있는 반면, 한국으로 이주해온 탈북자의 사례는 한국이라는 로컬의 역사적·지정학적 특수성을 함축한 이주경험이라는 점에서 좀 더 조심스러운 접근이 필요하다. 즉, 서구와는 사뭇 다른 냉전 시대의 경험과 냉전과 탈냉전이 교차하고 있는 남·북한 대치상황이 탈북자라는 특수한 이주 집단을 만들어냈고, 이 때문에 이들의 남한 정착과정에 대한 연구는 복합적인 지역적 상황 내에서 파악할 필요가 있다.

탈북자는 분단 이후 1989년까지 총 607명에 불과하였다가 계속적으로 증가하여 2001년 이후에는 연간 1,000명의 탈북자가 남한에 정착하였고, 누적입국자의 수는 2011년 4월 기준 약 21,000여 명에 이른다. 중국에 거주하고 있는 탈북자를 약 3-5만 명으로[1] 추산할 때 탈북자의 수는 계속적으로 증가할 것이 분명하다. 이들은 냉전시대에는 '귀순용사'이면서 남한의 이데올로기적 승리를 상징하는 '영웅'이었다면, 대량 탈북이 본격화된 1990년대 후반부터는 국가의 지원이 필요한 '경제적 약자'임과 동시에 남북한을 관통하는 냉전이데올로기를 확인시켜주는 존재로 다층적으로 위치되고 있다. 한편 인권이라는 또 다른 층위에서 바라볼 때 중국과 아시아를 꿰뚫는 이들의 이동 경로 내에서의 인권적 상황은 단순히 일국적 차원에서 해결하기에는 어려워 보인다. 게다가 탈북자의 이주를 가능하게 하는 이주산업은 인신매매, 노동착취, 인권유린 등의 문제를 집약적으로 함축하고 있기까지 하다. 다시 말해 탈북자 대부분이 중국에서 불법적으로 중/단기간 거주한

---

1) 윤인진, 『북한이주민』, 집문당, 2009, 27쪽.

이후 아시아를 관통하는 경로를 통해 남한으로 입국하는 점, 이 과정 내에서 수많은 불법이 자행되고 있다는 점, 이탈주민에 대한 주변국의 입장이 첨예하게 대립되어 있는 점, 잔존하는 냉전이데올로기로 인해 탈북자의 성격을 규정짓기 쉽지 않다는 점 등으로 비춰봤을 때 탈북자 문제는 지금껏 이주연구가 다뤄온 어떤 이주 집단과도 비교할 수 없는 특이성을 갖고 있다. 따라서 분단이라는 냉전이데올로기적 상황과 세계화의 작동이 확인되는 이주가 역설적으로 절합된 탈북자의 이주를 분석하는 데 적합한 이론과 방법론을 찾고 체계화하는 것은 그만큼 단순한 작업이 아니다. 이에 이번 장에서는 탈북자 연구의 이론적/방법론적 틀을 모색해 보고자 한다. 기존 이주 연구의 큰 흐름을 소개하고, 그 함의를 비판적으로 논의함으로써 탈북이라는 이주의 특수성을 이론적/방법론적 측면에서 맥락화하고자 한다. 또한 탈북자가 남한 사회에 정착하는 과정을 일상의 차원에서 살펴보고, 이들이 남한 사회라는 새로운 사회구조를 어떻게 이해하고, 받아들이고, 저항하고 또는 타협하는지를 인류학적 방법론으로 면밀하게 살펴보도록 하겠다.

이주연구 패러다임의 비판적 접근

서구 학계의 이주연구는 크게 세 가지 패러다임으로 구분될 수 있다. 첫 번째는 인구학적 설명 패러다임(Demographic Explanatory Paradigm)이고, 두 번째는 동화 패러다임(Assimilation Paradigm), 마지막으로 다문화주의 패러다임(Multiculturalism Paradigm)이 그것이다.

인구학적 설명 패러다임에서는 이주를 필요와 수요에 의해서 촉발된 사회적 현상으로 파악한다. 도식적으로 설명하면 인구가 넘쳐나는 가난한 남쪽 국가(the South)에서 노동력이 부족한 부유한 북쪽 국가(the North)로 이주가 이루어지고 있다는 시각이다. 하지만 이 패러다임은 초국가적인 인구 이동의 다양한 형태를 단순히 배출-유인요인(push-pull factor)으로 단순화한다는 비판을 받게 된다. 게다가 이민자를 정착국과 송출국으로 이분법적인 구분을 하고 있어, 이민을 한 방향으로만 진행되는 이동으로 설명하고 있는 문제점이 있다. 이로 인해 수치상으로 유럽의 이민자 중 약 1/3에 해당하는 역이주자에 대해 적절한 시각을 제공하지 못하는 약점이 있다.[2] 이와 같은 문제점에도 불구하고 인구학적 설명 패러다임이 대부분의 사회과학 분야 특히 역사학적 시각의 이주연구에서 지금까지도 널리 인정되는 것 또한 사실이다.[3] 단순히 인구의 변화와 이민이라는 두 변인으로 이민을 설명하는 것에 반대하는 대부분의 이주 관련 연구자들조차 인구학적 요소와 이민의 관계성을 당연한 것으로 가정하고 연구를 진행하는 경향이 강하고, 이 때문에 두 변인 간의 관계성에 대한 실증적 연구는

---

2) E. Morawska, "The Sociology and Historiography of Immigration," in V. Yans-McLaughlin, ed., *Immigration Reconsidered: History, Sociology and Politics* (New York: Oxford University Press, 1990).

3) J. Ehmer, "Migration and Population in German Historical Thought," in M. Bommes, and E. Morawska, eds., *International Migration Research: Constructions, Omissions and the Promises of Interdisciplinarity* (England: Ashgate, 1998); P. Marschalck, "The Age of Demographic Transition: Mortality and Fertility," in Klaus J. Bade, ed., *Population Labour and Migration: 19th and 20th Century Germany* (London: Berg Publisher, 1987); G. Rystad, "Immigration History and the Future of International Migration," *International Migration Review*, Vol. 26, No. 4 (1992).

그다지 활발하게 진행되고 있지는 않는 듯하다.

두 번째 연구 패러다임은 동화 패러다임(Assimilation Paradigm)으로, 소수민족과 그들이 정착하는 곳에 다수를 이루는 민족(혹은 인종) 사이의 관계를 설명하는 데 유용하게 사용되어 왔다. 특히 이 패러다임은 20세기 초반 유럽에서 미국으로 건너온 수많은 이민자들이 동화작용을 거쳐 그들만의 문화적/인종적 특성을 서서히 지워가는 현상과 각 민족의 경제단위를 만들기보다는 미국의 백인으로서의 정치, 사회, 경제적 기회를 보장받게 된 상황을 적절하게 설명하고 있다. 하지만 동화 패러다임은 20세기 초반 유럽으로부터 건너온 이민자들이 미국 사회 내에서 동화되어가는 과정을 설명하는 데는 큰 무리가 없었지만 이른바 '새로운' 이민자 그룹(남미, 아시아, 캐리비안)을 설명하는 데는 어려움을 겪게 되었다.4) 이 때문에 동화(혹은 통합) 패러다임은 1970년대에 이르러 많은 비판에 직면하였고, 이후 다문화주의(multiculturalism) 논의가 본격화되면서 소수의 이주자 문화가 다수 정착자의 문화로 동화된다는 가정에 부정적 견해가 쏟아졌다.5)

---

4) R. Alba and V. Nee, "Rethinking Assimilation Theory for a New Era of Immigration," in C. Hirschman, P. Kasinitz and J. DeWind, eds., *The Handbook of International Migration: The American Experience* (New York: Russell Sage, 1999), pp. 137-60; E. Morawska, "Immigrant Transnationalism and Assimilation: A Variety of Combinations and a Theoretical Model They Suggests," in C. Joppke and E. Morawska, eds., *Toward Assimilation and Citizenship* (London: Palgrave, 2003).
5) 하지만 적어도 서구의 이주연구는 동화 패러다임의 큰 틀 내에서 변형되고 있다고 볼 수 있다. 그 중 하나가 바로 분절동화이론(segmented assimilation thesis)이다(Min Zhou, "Segmented Assimilation: Issue, Controversies, and Recent Research on the New Second Generation," *International Migration Review*, Vol. 31, No. 4 (1997); B. Schmitter Heisler, "The Sociology of Immigration," in C. Brettell and J. F. Hollifield, eds., *Migration Theory: Talking Across Disciplines* (New York:

세 번째는 다문화주의적 이주연구 패러다임이다. 특히 미국 이민자 사회에서 인종주의에 대한 고민이 깊어갈 때 등장한 다문화주의적 이주연구는 각 이민자 그룹의 문화, 민족, 인종의 차이로 인한 불평등을 문제시하고, 이민자 그룹 간 혹은 이민자와 정착자 사이의 차이를 인정하고 다문화와 다인종이 공존하는 것을 중요시한다. 특히 인종이라는 개념이 고정된 카테고리가 아닌 사회적 상황에 따라 구성되는 것으로 정의하고, 각 시대와 장소에 따라 백인과 백인이 아닌 인종(White vs. Non-White)이 어떻게 이분법적으로 구분되고 재현되는지를 살펴보기도 하였다. 특히 로디거(D. Roediger)의 연구와 이그내티에브(N. Ignatiev)의 연구에서는 미국 이민자 1세대인 유럽인들이 이민 초기에는 인종적으로 '흑인화'되면서 상대적으로 정착자와 구분되는 값싼 노동자로 자리매김 되다가 이후 동화작용을 거쳐 다시 '백인화'되는 과정을 연구하였는데, 이는 인종이 단순히 생물학적 구분이 아닌 상황과 시대에 따라 가변적이며, 또 구성되는 카테고리임을 보여준다고 하겠다.6) 하지만 다문화주의적 연구 패러다임은 다양성의 공존이라는

Routledge, 2000); P. Kivisto, *Multiculturalism in a Global Society* (Malden: Blackwell Publishing, 2002). 이민자와 그들의 자녀들은 소수민족문화와 정착문화의 관계에 따라 동화되는 것이 아니라, 그들이 속해 있는 경제/사회적 지위에 따라 동화의 정도와 형태가 달라진다는 것이 이 이론의 핵심이다. 또 다른 시각은 동화작용이 트랜스내셔널리즘과 함께 작동한다는 주장이다(E. Morawska, op. cit). 이민자들은 정착 사회로 조금씩 동화되어 가지만 한편으로는 자신들의 '본국의 경제, 정치, 사회, 문화 (상징적 혹은 물질적) 분야에 직간접적으로 관여'하고 있기에 동화작용과 트랜스내셔널리즘은 분리 가능한 것이 아닌 복잡하고 다층적으로 함께 존재하고 있다는 것이다(Morawska op. cit., p. 134).
6) D. Roediger, *The Wages of Whiteness: Race and the Making of the American Working Class* (New York: Verso, 1991); N. Ignatiev, *How the Irish Became White*, (New York: Routledge, 1995).

측면을 강조한 나머지 인종과 민족 연구에 집중하면서 정치・경제・사회・문화적 담론 내에서 이민자들을 연구할 때 소수 이민자의 인종/민족 특이성에 지나치게 주목하는 경향이 있다. 많은 연구들이 인종은 시대적으로 사회적으로 구성되는 것이라고 주장하면서도 인종을 각 이주 집단을 구분하는 근본적이고 확고한 틀로 인식하고 있는 것 또한 이 연구 패러다임의 한계이다. 게다가 이주 집단의 정착 문제를 인종 문제로 단순화시킴으로써 정치, 문화, 사회 등 다른 요소들에 대한 충분한 고려를 하지 못하고 있다. 한편 최근 세계정세의 변화7)는 인종 별 다문화를 인정하였던 정책에 의문을 제기하게 하였고, 이로 인해 이주민을 국가라는 틀 내로 동화시키는 것으로 정책적 방향이 선회하고 있는 것 또한 고려해야 할 것이다.8)

이주연구 패러다임의 맥락화: 탈북자의 사례

위에서 살펴본 인구학적 연구 패러다임, 동화 연구 패러다임, 그리고

7) 다문화주의를 표방했던 노르웨이에서는 2011년 7월 백인 인종주의자의 무차별 총기난사 사건이 발생하였고, 영국의 경우 흑인 남성 마크 더건이 경찰의 과잉 진압 과정에서 목숨을 잃자 청년층과 이주자들이 폭동을 주도하였다. 프랑스는 2005년과 2006년에 이주자들이 중심이 된 사회 소외 계층의 폭동이 일어났다.
8) 영국과 프랑스의 다문화주의적 이주민 정책은 테러리즘에 따른 변화된 사회 분위기를 반영하여 이주민을 영국과 프랑스의 사회, 문화, 정치, 경제 등에 동화하는 방식으로 정책이 변화하고 있다. 예를 들어, 영국 수상 데이비드 카메론이 다문화주의를 공식석상에서 실패한 정책이라고 천명한 것과 프랑스의 사르코지 대통령이 무슬림이 공공장소에서 히잡을 착용하는 것을 금지하는 법안을 통과시킨 것 등이 그 예이다.

다문화주의적 연구 패러다임은 이주 집단과 정착국(혹은 송출국)의 상황과 특성에 따라 변형하거나 선별적으로 적용하여 분석적 틀로 활용하는 것이 옳다. 최근에는 이주라는 사회현상이 복잡해지면서 여러 연구 패러다임을 다층적으로 적용하는 사례가 더욱 빈번해지기도 하였다. 예컨대 탈북자의 경우 전반적으로는 동화 패러다임의 틀에서 이주와 정착의 문제를 분석할 수 있겠지만, 한편으로는 인구학적 설명도 가능하다. 중국의 개혁개방이 본격화된 1990년대 이후에 중국 동북 3성 지역에 집중되어 있던 조선족은 중국 내에서는 농촌에서 도시로, 국외로는 남한으로 경제이주를 떠나게 된다. 특히 많은 수의 조선족 여성들이 남한으로 경제이주(혼인/취업)를 떠나면서, 조선족의 인구 증가율은 1992년에는 3.75%였던 것이 2001년에는 -1.21%로 급감하였고,[9] 최근까지 조선족 인구 약 200만여 명 중 40만여 명 이상 남한으로 경제이주 한 것으로 밝혀졌다.[10] 이와 같은 조선족의 인구 감소는 북한주민이 좀 더 쉽게 중국으로 월경할 수 있는 요인 중 하나임에 분명하다. 특히 대부분의 여성탈북자는 중국으로 이주한 이후 조선족(혹은 한족)과 사실상의 혼인관계를 유지하면서 중국에서 정착하거나, 남편의 경제적 도움을 발판으로 남한으로 이주하고 있다. 이들 중 상당수는 남한으로 이주하여 국적을 취득한 이후 남편과 자녀들을 차례로 남한으로 이주시키는 사례들이 점점 늘어나고 있다.[11] 하지만 인구학적 설명 패러다임의 한계점은 탈북자 연구의 사례에서도 드러난다. 조선족 인구

---

9) 정천구, 「조선족, 탈북자 그리고 한중관계」, 『통일전략』, 제6권, 제1호, 2003, 200쪽.

10) 박영희, 『만주의 아이들』, 문학동네, 2011, 4쪽.

11) 장명선 · 이애란, 「북한이탈주민여성의 취업지원을 통한 경제적 자립을 위한 연구」, 『통일문제 연구』, 제54호, 2010, 282쪽.

감소가 탈북자 증가의 주요 요인이라고 볼 수 있지만, 이 두 변수의 상관관계를 실증적으로 증명하는 데에는 어려움이 따른다. 게다가 탈북자의 다수가 중국에서 정착하기보다는 남한이나 제3국으로 이주하기 위한 경로로 중국에 중/단기간 정착한다는 점에서 인구학적 패러다임은 탈북자 이주의 특이성을 설명하는 데 한계가 있다.

동화 패러다임의 시각에서 탈북자의 이주를 분석할 때에도 몇 가지 지역적 특이성에 대한 고려가 필요하다. 탈북자가 소수집단으로 남한 사회 내로 동화되어야 하는 대상으로 인식되고 있는 것은 분명하지만, 다른 이민자 집단과는 다른 방식의 타자화 장치들이 작동하고 있는 것도 사실이다. 남한 사회에 뿌리 깊게 형성된 냉전이데올로기는 때로는 문화적으로, 때로는 제도적으로 이들을 구분해낸다.12) 또한 '동포'를 앞세우는 민족주의적 시각은 이들을 한민족 담론으로 접근함으로써 이들과 남한 사람들 간의 문화적/언어적 차이를 인정하지 못하는 강압적인 방식으로 작동하기도 한다. 즉 이들은 외국인이 아닌 우리 '동포'이기 때문에 남한 사회에 동화되어야만 하는 대상이지만 이들은 남한과 대치하고 있는 '북한출신'이기 때문에 외국인보다도 더 외계인화(Alienating)되는 경향이 존재한다.13) 다문화주의

---

12) 취업하는 과정에서 탈북자 대부분이 자신의 정체성에 대한 부정적인 경험을 하게 된다. 왜냐하면, 구인광고를 접하고 문의하는 과정에서 이들의 독특한 억양을 들은 고용주가 중국교포인지를 물어보게 되는데, 중국교포라고 하면 오라고 하는 경우가 많은 데 비해 북한에서 왔다고 하면 이미 사람을 뽑았다는 부정적인 답변을 경험하는 경우가 많기 때문이다(이철우, 「북한주민에 대한 이해」, 한국사회복지사협회, 『북한이탈주민 서비스 전문인력양성 기초교육』, 2010, 16쪽).

13) 이러한 상반된 시각은 정부의 정책에서도 나타난다. 탈북자는 '보호'의 대상이면서, '관리'의 대상이다. 탈북자의 남한 입국 시 <중앙합동신문센터>에서

적 패러다임의 시각은 탈북자의 이와 같은 중의적 위치에 상당한 시사점을 제공할 수 있다. 생물학적 인종으로 구분되지는 않지만 정치·문화적으로 깊숙이 작동하고 있는 냉전이데올로기가 이들을 또 다른 사회적 '인종'으로 구분하고 있지는 않은가에 대한 실증적 연구가 필요하다. 특히 지난 60여년간의 분단으로 인한 북한과 남한의 문화, 언어, 생활양식, 가치, 규범 등의 이질화는 북한과 남한을 다른 사회적 '인종'으로 고착화시켰음에도 불구하고 남한 사회의 민족주의적 시각은 이들의 문화를 '다문화주의적'으로 받아들이지 못하고 있다. 남한 사회의 문화를 암묵적인 규범으로 상정하고 탈북자들에게 이 규범에 도달할 것을 여러 사회적 장치(교육기관, 보호기관, 복지기관)를 통해 강요하고 있기 때문이다.

한편, 탈북자 연구의 또 다른 어려움은 연구대상을 어떻게 정의할 것인가에 대한 문제이다. 경제 혹은 환경난민으로 보고 주변국들이 난민지위를 보장하여 이들의 인권을 보장해야 한다는 주장은 특히 북한의 정치탄압 때문에 탈북한 사람들에 초점을 맞추거나, 탈북자들이 중국에서 강제 소환될 경우 겪게 될 고초를 감안하여 난민지위를 부여함으로써 중국 내 탈북자의 인권을 보장하자는 주장에 기반을 둔다.[14] 반면 대부분의 탈북자가

심문하는 과정(주로 대공용의점이나 북한의 동태파악을 목적으로), 이후 하나원에서 격리 수용되어 교육받는 과정, 지역으로 배치된 이후 경찰서에서 신병보호를 맡는 것도 이와 같은 탈북자에 대한 남한 사회의 이중시각을 반영하는 것이라고 할 수 있다.
14) 정주신, 『탈북자 문제의 인식 1 & 2』, 프리마, 2009, 177-86쪽; 이용호, 「난민의 개념과 보호」, 『국제법학회론보』, 제52권, 제2호, 2002; 이금순·윤여상, 「북한주민의 국경이동과 처벌실태」, 『통일문제연구』, 제18권, 제1호, 2006; 임채완·최영관, 「중국내 탈북자의 '난민적' 상황과 그 대책: 연변자치주지역 조사를 중심으로」, 『통일문제연구』, 제36호, 2000.

국제법상 난민의 범주에 속할 수 없다는 주장도 있다. 난민협약 및 난민의정서15)에서 명시하고 있는 난민은 주로 정치적 박해를 피해 고향을 등진 사람들을 가리키는 반면 대부분의 탈북자는 경제적 이유 때문에 중국이나 남한으로 이주하였고 이 때문에 이들의 이주 목적은 정치적 박해가 아니라 경제적 이유에 기인한다는 것이다. 게다가 북한 사회에서 시장의 등장 이후, 중국과의 공식적/비공식적 무역, 무역활동을 통해 확장된 생활경험과 남한 사회의 문화에 대한 동경 등이 최근 탈북의 주요 원인으로 대두됨에 따라 이들을 '경제이주자'로 정의해야 한다는 주장도 새롭게 대두되고 있다.16) 즉 최근의 탈북자는 식량위기라는 환경적 재해를 피하기 위한 것이기도 하지만 점차적으로 많은 수의 이탈주민이 '더 나은 미래', '자기 발전을 통한 질 높은 삶', '남한 대중문화 접촉으로 인한 남한 사회에 대한 막연한

---

15) 난민협약 제1조에 의하면 "난민은 1) 인종, 종교, 국적, 특정 사회집단의 구성원 신분, 또는 정치적 의견 등의 사유로 박해를 받을 우려가 있는 충분한 근거가 있는 공포를 가진 자, 2) 자신의 출신국 밖에 있으며, 3) 박해의 공포로 인하여 출신국의 보호를 받을 수 없거나 받기를 원하지 않거나, 또는 출신국으로 돌아갈 수 없거나 받기를 원하지 않거나, 또는 출신국으로 돌아갈 수 없거나 돌아가기를 원하지 않는 경우에 해당하는 자"이다(UNHCR, 난민관련 국제조약집 [UNHCR, 1997], p. 12).

16) 동북아의 복잡한 정치논리가 작동하는 한반도의 정치 상황은 중국정부가 탈북자를 난민으로 규정짓는 것이 사실상 어렵고, 게다가 중국정부가 탈북자를 난민으로 규정하고 정당한 지위를 제공할 때 다수의 북한주민이 남한뿐 아니라 중국으로 이주할 수 있는 가능성이 있기 때문에 중국정부는 탈북자를 난민으로 인정하는 데 더욱 더 소극적이다.

안종수, 「북한시장화와 주민생활에서의 변화」, 『북한주민의 생활변화와 남북소통의 길』, 2010 만해축전 학술심포지엄 자료집, 2010; 노귀남, 「여성의 공간경험 확장과 의식 변화」, 조정아 외, 『북한주민의 의식과 정체성: 자아의 독립, 국가의 그늘, 욕망의 부상』, 통일연구원, 2011; 윤인진, 앞의 책.

동경'과 '좋은 교육 환경' 등의 이유로 월경을 감행하기도 한다는 점에서 탈북자를 경제이주자로 보는 관점이 더 설득력 있다는 주장이다.17)(2011년 C씨 인터뷰; 2011년 K씨 인터뷰) 하지만 탈북자를 난민이나 경제이주자라는 단일한 틀로 설명할 경우 탈북이라는 중층적 의미를 제대로 맥락화하지 못하는 문제점이 발생할 수 있다. 가령 많은 수의 탈북자가 경제적 이유로 월경을 감행한다고 하더라도 남북 대치상황과 중국의 강제송환 방침 때문에 이동경로는 극도로 위험하고 이주과정은 불법적이어서 인권적 측면에서 여전히 난민적 성격이 강하고, 남한 내 정착 과정에서는 보호의 대상과 동시에 위협의 가능성이 되면서 탈북의 성격과 정의는 점점 더 복잡해지는 양상을 띤다.

이와 같은 탈북의 이중성은 탈북자에 대한 정부 정책의 변화에서도 잘 나타난다. 과거 탈북자는 '월남귀순용사'로 일컬어졌다면, 1993년 문민정부 출범 이후 공산주의는 실패하였다는 의식이 팽배해짐에 따라 탈북자를 더 이상 냉전이데올로기적 시각으로 규정짓지 않고, 민족정체성을 강조하는 틀에서 이해하고자 이들을 '귀순북한동포'로, 1997년부터는 공식적으로 '북한이탈주민'18)으로 명명하고 있다. 1997년 개정 공포된 「북한이탈주민의 보호 및 정착지원에 관한 법률」에 의하면 북한이탈주민은 "북한에 주소·직계가족·배우자·직장 등을 두고 있는 자로서 북한을 벗어난 후 외국의 국적을 취득하지 아니한 자"를 가리킨다. 이념 대립이 한창이었던

---

17) 김인성, 「탈북자 현황분석: 탈북, 중간기착, 정착까지의 전과정의 총체적 분석」, 『민족연구』, 제14권, 2005.

18) '북한이탈주민'은 정부에서 공식적으로 사용되고 있고, '탈북자'는 가장 일반적으로 통용되는 용어이다. 이에 연구자는 '북한이탈주민'과 '탈북자'를 혼용하여 사용하도록 하겠다.

1980년대까지만 해도 북한이탈주민은 국가보훈처에서 관리하는 국가유공자였지만, 냉전이데올로기가 약화되고 대량 탈북이 본격적으로 시작된 1990년대 이후에는 보건복지부가 관리하는 생활보호대상자가 되었고, 2000년대에 들어서는 통일부가 관리의 주관부서가 되었는데, 정부는 이들에게 "인도주의에 입각하여 특별한 보호를 행"하는 것을 목표로 하고 있다 (북한이탈주민 보호 및 정착지원에 관한 법률 제 4조 1항).[19]

최근 한국 학계에서는 북한이탈주민 연구가 급증하는 추세이지만 아직까지 이론적/방법론적 틀은 미약하다. 대부분의 연구는 북한이탈주민의 현황 파악, 정서 장애와 해결방안에 관한 심리학적 연구, 그리고 남한 사회의 적응 과정과 정책에 관한 연구 등 3가지로 크게 구분될 수 있다. 대부분의 연구가 정도의 차이는 있겠지만 기본적으로는 남북의 특수상황에 대한 충분한 맥락화 없이 동화 패러다임 틀 안에서 이루어지고 있다고 볼 수 있겠다. 예컨대 종교단체를 중심으로 한 탈북자 실상에 관한 연구,[20] 북한이탈주민의 정신적 외상(트라우마)에 관한 분석 연구,[21] 국내의 탈북자 정착의 문제점,[22] 탈북 청소년들의 남한 사회 적응의 문제점,[23] 북한이탈여성의

---

19) 「북한이탈주민 보호 및 정착에 관한 법률」은 2010년 개정되어 사단법인 북한이탈주민지원재단이 발족하였고, 북한이탈주민 예비학교 설립과 취업지원을 강화하는 방안 등이 실행 중에 있다.

20) 좋은 벗들, 『두만강을 건너온 사람들: 중국 동북부 지역 2,479개 마을 북한 '식량난민' 실태조사』, 정토출판, 1999.

21) 전우택 외, 『통일 실험: 그 7년』, 한울, 2010; 엄태완, 『탈북난민의 위기적 경험과 위상』, 경남대학교 출판부, 2010.

22) 정주신, 「북한이탈주민의 남한사회정착을 위한 사회화 과정 일 고찰」, 『통일전략』, 제5권, 제2호, 2005; 곽해룡, 『북한이탈주민 현황과 문제 (사례와 지원 방안)』, 한국학술정보, 2005.

23) 박윤숙·윤인진, 「탈북청소년의 사회적 지지 특성과 남한사회 적응과의 관

경제적 자립 방안24) 등이 북한이탈주민 연구의 대표적 성과라고 할 수 있다. 하지만 대부분의 연구가 북한이탈주민이라는 다소 특수한 이주의 현상 파악에 치우쳐 있거나 남한 사회에 성공적 정착 방안에만 집중되어 있는 나머지 당사자들이 남한 사회에 '어떻게' 동화 혹은 구별되는지, 이들의 문화, 경험, 언어, 가치관 등이 이동과 정착의 단계에서 변화되고 재구성 되는지에 대한 이론적 고민이 결여되어 있다는 문제점이 있다. 이는 암묵적으로 인간을 구조에 적응하는 수동적 존재로 규정하고 있어 인간(행위자)과 구조의 역동적인 상호작용을 설명하지 못하는 한계가 있다.

또 다른 문제점은 대부분의 연구 방법이 양적 방법에 치중되어 있다는 것이다. 물론 북한이탈주민의 정체성과 남한 사회의 적응 여부에 대한 통계적 자료의 축적은 그 자체로 의미가 있을 수 있으나 가설의 범주를 인위적으로 설정하고 있는 양적 방법은 이주와 새로운 사회에서 살아가는 것의 '의미'의 다층성을 포착해내기 어렵다는 점에서 그 한계가 분명하다. 최근에 북한이탈주민의 사회·정치적 정체성을 구술사적 방법으로 연구한 이희영의 연구25)는 양적 방법의 한계성을 비판적으로 성찰하고, 북한이탈주민의 정치적 정체성 구성이라는 주제를 질적연구방법을 통해 심층적으로 고찰하였다는 점에서 의의가 있다. 하지만 이 연구에서는 정체성의 구성을 개인과 일반화된 타자와의 상호작용의 과정이라고 설명하면서 이탈주민의 정체성 구성을 미시적인 차원에만 국한하고 있다. 개인과 타자라는 미시적 차원이

계」, 『한국사회학』, 제41집, 제1호, 2007; 김윤영, 「탈북 아동들의 남한 학교생활과 정체성」, 한양대학교 대학원 문화인류학과 석사학위논문, 2002.
24) 장명선·이애란, 앞의 글.
25) 이희영, 「새로운 시민의 참여와 인정투쟁」, 『한국사회학』, 제44집, 제1호, 2010.

정체성의 구성에 상당한 영향을 미치는 것은 분명하지만, 남한이라는 이질적인 사회로 이주한 북한이탈주민이 겪게 되는 사회구조적 갈등의 영향은 충분히 고려되지 않고 있다. 이에 본 연구는 사회구성론의 시각을 이론적 틀로 삼아 북한이탈주민의 이주현상에 접근하되, 에스노그라피를 방법론으로 활용하여 북한이탈주민의 이주와 정착과정의 구조(structure)와 행위수행(agency)과의 관계적 역동성을 포착할 것을 제안한다.

탈북자 일상연구: 사회구성론(Structuration Theory)과 에스노그라피(ethnography)

사회구성론은 인간의 행위수행이 구조에 의해서 어떻게 한계 지어지거나 혹은 가능해지고 다른 한편으로는 행위수행이 어떻게 구조를 변화시켜가는지를 설명한다.[26] 지금껏 사회학의 객관주의(Objectivism)와 주관주의(Subjectivism), 구조(Structure)와 행위수행(Agency)를 구분했던 이원론(dualism)에서 벗어나 구조의 이중성이라는 개념을 통해 구조와 행위수행과의 관계를 증명하려는 시도[27]가 사회구성론의 핵심이라고 할 수 있다. '구조의

---

26) 기든스는 사회구성론의 목적이 해석적 사회학의 이른바 주체의 제국주의와 기능주의와 구조주의의 사회적 객체의 제국주의를 넘어서는 것이라고 하였다 (앤서니 기든스, 『사회구성론』, 황명주 외 옮김, 자작아카데미, 1998, 44-45쪽).
27) 기든스(Giddens)의 구조의 이중성의 개념은 부르디외(Bourdieu)의 구조화된 구조(Structured Structure)와 구조하는 구조(Structuring Structure)라는 개념과 상당한 유사성을 갖는다(P. Bourdieu, *Outline of a Theory of Practice* [Cambridge: CUP, 1977]). 부르디외는 구조화된 구조와 구조하는 구조는 아비투스 안에 존재한다고 주장한다. 즉 아비투스는 사회구조의 결과물이면서 사회구조이기도 하다. 즉 아

이중성(Duality of Structure)'이라는 개념은 아래와 같이 정의된다.

> 사회체계의 구조적 속성은 그들이 반복적으로 조직하는 관행들의 매개체
> (medium)이자 결과물(outcome)이다. 구조는 개인에게 '외재'하지 않는다. 즉 기억
> 의 흔적으로서 그리고 사회적 관행에서 실증되는 구조는, 뒤르켐주의적 의미에
> 서처럼 개인활동에 외재하는 것이 아니라 오히려 어떤 의미에서 '내재적'이다.
> 구조는 제약이 아니라, 언제나 제약(constraining)이자 가능성(enabling)이다.[28]

구조의 이중성이라는 개념은 구조적 분석이 행위수행의 수동성을 가정
하고 있는 점이나 행위 자체에만 초점을 맞춘 분석이 갖는 미시적이고
주관적 결과라는 한계를 적절하게 극복할 수 있는 제안이다. 즉 구조와
행위수행의 분석수준을 동시에 사용하고 이 둘 사이의 변증법적 관계에
주목함으로써 행위자가 어떤 방식으로 일상생활을 구성-재구성하는가를
확인할 수 있다는 강점이 있다.

기든스에 의하면 사회구조는 '규칙'과 '자원'으로 구성되어 있으며, '규
칙'은 상징(언어적 의미)과 규범 등을 가리키고, '자원'은 지배구조물들(정치,
경제, 권력, 권위적 장치 등)이라고 정의한다.[29] 다시 말해 규칙은 사회적
행위를 가능케 하는 특정한 기술이나 일반화된 관행 등을 의미하고, 자원은
인간의 행위를 가능하게 하거나 제약하는 일련의 수단들을 말한다. 각 개인

비투스는 지속적이면서도 이동 가능한 성향을 가리키는데, 이는 구조화된 구조
로써 행위와 재현을 구조화하는 구조로 작동한다(P. Bourdieu, *Distinction: A Social
Critique of the Judgment of Taste* [London: Routledge, 1984], p. 170).
28) 앤서니 기든스, 앞의 책, 74쪽.
29) 같은 책, 78-86쪽.

은 사회적 행위 시 규칙과 자원을 자신들의 앎(knowledgeability)의 능력을 통해 끊임없이 적용하여 행위를 구성해나간다. 또한 행위수행은 각 행위자의 사회적 환경에서 가능한 정도의 규칙과 자원으로 구성되며, 행위자는 구조적으로 구성된 자신들의 능력을 새로운 환경에 맞춰 창의적이고 혁신적인 방식으로 구성할 수 있다.[30] 행위자는 계속적으로 자기 자신의 행위를 성찰적 감시(Reflexive Monitoring of Action)하기도 하고 타인이 자신의 행위를 같은 방식으로 감시하고 있다고 가정함으로써 '재고적 지식(Stocks of Knowledge)'[31]을 구성하게 되고, 이를 바탕으로 하여 자신의 행위를 정당화한다.

행위자는 자신의 행위와 구조의 관계를 인지하고, 이를 바탕으로 행위수행을 하고, 이 행위를 정당화하는데, 이와 같은 과정은 세 차원의 의식수준에서 이루어진다. 첫째는 무의식(the unconscious)으로 행위자의 심원에 존재하여 행위의 동기가 드러나지 않는 차원이고, 두 번째는 관행적 의식(the practical consciousness)으로 행위자의 동기나 제도의 규칙이나 자원이 인지되고 행해지지만 말로 표현되지 않는 것이고, 마지막은 담화적 의식(the discursive consciousness)으로 지식과 소통이 언어적 담론으로 설명될 수 있는 것을 말한다. 관행적 의식과 담론적 의식은 뚜렷하게 분리되기보다는 '말해질 수 있는 것'과 '단순히 행해지는 것' 사이의 차이만이 존재한다.[32]

---

30) W. Sewell, "A Theory of Structure: Duality, Agency, and Transformation," *American Journal of Sociology*, 98(1) (1992), pp. 1-29.

31) 기든스의 재고적 지식이라는 개념은 슈츠(A. Shutz)에서 차용되어온 개념이고, 기든스는 이밖에도 고프만(Goffmann)과 가핑클(Garfinkel)의 민속방법론(Ethnomethodology) 등을 사회구성론의 주요 개념으로 차용하였다.

32) 앤서니 기든스, 앞의 책, 50쪽.

구조와 행위수행의 관계를 구성하는 위의 세 가지 차원은 궁극적으로는 존재론적 안정감(Ontological Security)을 구성하는 데 결정적인 역할을 하게 된다. 기든스는 존재론적 안정감은 행위자가 불안에 휩싸이지 않으면서 '자아와 사회정체성의 기본적인 실존적' 환경이 안정된 상태라고 정의한 다.33) 존재론적 안정감은 성찰적 감시를 통한 행위의 정당화를 통해 얻어지기도 하고, 오랜 시간 동안 행위자의 일상생활에서 반복되는 관행(routine)과 관행이 행해지는 공간을 통해 구성된다.34) 이후 기든스의 사회구성론은 여러 각도에서 논쟁의 대상이 되어왔지만 그 중에서 특히 눈에 띄는 비판은 기든스의 존재론적 안정감이라는 개념은 철학적이고, 추상적 분석 수준에 머물렀기 때문에 사회구성론은 현실사회의 사례에 적용하는 데 어려움이 있다는 지적이다.35) 이를 극복하기 위해서는 각 상황(특정한 시간/공간)의 특수성을 함축한 존재론(Ontology-in-suit)을 구축해야 한다. 보편적인 존재론적 안정감은 철학/이론적 수준에서 필요한 것이지만, 다양한 실제 상황에 바탕을 둔 존재론적 인식의 영역 확장이 요구된다고 하겠다.

북한이탈주민의 이주와 정착이라는 연구주제를 사회구성론의 틀에서

33) 같은 책, 479쪽.
34) 그레고리는 기든스의 사회구성론이 공간보다는 시간에 좀 더 많은 관심을 기울였다고 비판한다. 기든스가 공간에 대한 개념을 충분히 발전시키지 않았다는 비판은 기든스의 사회구성론이 현실 사례에 적용하는 데 어려움이 있다는 비판의 시발점이 된다. 하지만 기든스는 자신의 사회구성론을 현실 사례에 단순히 적용하기 위한 이론이기보다는 철학적 혹은 추상적 차원의 개념적 틀로 정의 내렸다(기든스, 앞의 책; G. Ritzer, *Modern Sociological Theory* [New York: McGraw-Hill Higher Education, 2000], p. 392).
35) R. Stones, *Structuration Theory* (Basingstoke: Palgrave, 2005), p. 31; J. Urry, "Time and Space in Giddens' social theory," in C. G. A. Bryant and D. Jary, eds., *Giddens' Theory of Structuration: A Critical Appreciation* (London: Routledge, 1991), p. 71.

접근할 경우 이주와 정착이라는 행위수행과 북한이라는(혹은 남한/제 3국) 사회의 특정한 구조와의 연관관계를 조명할 수 있다는 장점이 있다. 특히 구조가 규칙과 자원으로 이루어진 것이라고 가정할 때 북한 사회 내의 특정한 규칙(상징과 규범)과 자원(정치, 경제, 권력, 권위적 장치)들이 탈북자의 이주를 가능하게 했는지 혹은 제한하였는지(역으로 남한 사회 내의 특정한 규칙과 자원이 탈북자의 이주를 가능하게 혹은 제한하였는지)가 명확해질 것이다. 게다가 대량 탈북이 시작된 1990년대 후반부터는 이주라는 행위가 북한 사회 내(혹은 남한 사회 내)의 구조를 어떻게 변화시키고 재구성하고 있는지에 대한 분석에도 유용한 틀을 제공할 수 있다. 무엇보다도 탈북자의 이동-정착의 경험에서 행위자가 어떤 방식으로 구조를 내재화하고 동시에 행위 수행 시 구조를 재구성하는지와 어떻게 행위자의 재고적 지식이 확장되고 이를 바탕으로 자신의 행위를 성찰적으로 감시하고 정당화하여 존재론적 안정감을 구축하려고 하는지를 확인할 수 있다는 장점이 있다.

한편 탈북자의 구조와 행위수행의 관계성을 사회구성론이라는 이론적 틀 내에서 포착하는 데는 에스노그라피(ethnography)가 가장 적절하게 쓰일 수 있다. 기든스는 행위자가 행위수행과 구조와의 관계를 인지하고, 자신의 행위를 정당화하는 과정에서 성찰적 감시를 강조하였고, 이 과정은 무의식, 관행적 의식과 담화적 의식으로 구성되어 있다고 주장하였다. 특히 관행적 의식은 행위자가 자신의 주변에서 일어나고 있는 상황과 구조를 인지하고 감시하는 것을 말한다.[36] 이는 말로 표현되거나 설명되지 않지만 행위자들

---

36) 기든스, 앞의 책; Ruth L. Healey, "Asylum-Seekers and Refugees: A Structuration Theory Analysis of Their Experiences in the UK," *Population, Space*

이 당연하다고 받아들이고 행위하는 것이다. 예를 들어 일정 기간 동안 중국에 머물면서 경제활동을 한 이탈주민들은 자본주의적 경제관념이나 생활방식을 무의식적으로 받아들이게 되고, 이 때문에 좀 더 빠르게 남한에서 안정감을 구축해 간다는 것 등이 좋은 예가 될 것이다. 하지만 관행적 의식은 언어로 표현되지 않고 행위되는 것이기 때문에 인터뷰만을 통해서는 포착해내기 어려운 점이 있다. 이 때문에 인터뷰 시 인터뷰이의 행동을 관찰한다든지 인터뷰 내용의 행간을 분석하는 방법 등이 활용되고 있기는 하나 역시 행위자가 실제로 어떻게 행위하는지 확인하기는 쉽지 않다. 이 때문에 에스노그라피가 이와 같은 접근에 유용할 수 있다. 적절한 시간을 함께 보내고(참여관찰), 인간적 관계를 구축함으로써 탈북자가 실제로 이주/정착의 과정에서 본국과 정착국 사이의 상이한 구조들을 해석하고 성찰적으로 감시하여 행위수행에 적용하는지 그들의 행동을 통해서 확인할 수 있기 때문이다.

한편 담화적 의식의 경우 행위자들이 자신의 행위와 그 이유를 통일성 있게 설명할 수 있는 것을 말한다.[37] 즉 행위자들이 자신의 이주와 정착의 경험을 자신의 내러티브로 구성하는 것을 뜻하는데, 이는 탈북자 심층인터뷰를 통해서 확인할 수 있을 것이다. 북한인권정보센터에서 이탈주민을 대상으로 인터뷰를 진행해온 이용화 팀장은 대부분의 탈북자는 생사를 넘어 남한으로 이주한 분들이기 때문에 연구자가 원하는 답이

---

and Place, Vol. 12 (2006); Ronald J. Berger, "Agency, Structure, and Jewish Survival of the Holocaust: A Life History Study," The Sociological Quarterly, Vol. 36, No. 1 (1995).

37) 기든스, 앞의 책.

무엇인지 본능적으로 파악하여 자신의 경험을 극대화하는 경우도 많고, 연구자가 북한 언어를 잘 이해하지 못하거나 북한에 대한 정보가 없는 경우에는 거짓으로 증언하는 경우도 많다고 말한다.[38] 이와 같은 위험성을 최소화하기 위해서는 말해지는 것은 사실(fact)도 투명하지도 않다는 것을 인지함과 동시에 인터뷰이의 경험의 내러티브를 확인하기 위해서 긴 인터뷰보다는 여러 번의 인터뷰를 실시하고, 인터뷰어의 의도가 드러날 수 있는 구조화된 질문이 아닌 개방형 질문으로 인터뷰이가 주도적으로 자신들의 이주의 경험과 행위의 이야기를 끌어나갈 수 있도록 하는 것이 중요하다.[39]

탈북 가족의 정착 경험과 존재론적 안정감(Ontological Security)의 구축

연구자는 앞서 다룬 사회구성론의 틀에서 인류학적 연구방법을 기축으

---

38) 또 다른 문제점은 중앙합동신문센터에서부터 하나원을 거치면서 북한이탈주민은 수많은 설문지와 인터뷰를 경험하게 된다. 이 과정에서 인터뷰의 질문에 따라 어떻게 답변하는 것이 가장 효과적(혹은 문제가 생기지 않는지)인지 학습하게 된다(2011년 이용화 인터뷰); 윤택림·함한희, 「남북한여성 생활문화의 이해: 집안일과 육아를 중심으로」, 『가족과 문화』, 제17집, 제2호, 2005).

39) 윤택림·함한희, 앞의 글; 양현아, 「증언과 역사쓰기―한국인 '군 위안부'의 주체성 재현」, 『사회와 역사』, 제60권, 2001; 한국정신대연구소·한국정신대문제대책협의회, 『강제로 끌려간 조선인 군위안부들 3』, 한울, 1999; 이희영, 「북한 일상생활 연구자료 생성과 해석: 구술자료 연구방법론을 중심으로」, 박순성·홍민 엮음, 『외침과 속삭임: 북한의 일상생활세계』, 한울, 2011.

로 탈북자 연구를 진행하였다. 2011년 3월부터 본격적으로 시작된 연구는 탈북자를 오랫동안 경험해온 사회복지사, 전/현직 정부관계자, 연구자들의 인터뷰와 문헌조사 등으로 탈북자 연구 흐름이나 현황을 파악한 후 탈북자 커뮤니티를 참여관찰 하였다. 이들 중 A씨 가족은 중국을 통해서 남한으로 이주해온 케이스로 A(남편, 42살), B(부인, 37살) 그리고 C(아들, 12살)로 구성되어 있었다. 연구자는 지금까지 16차례 A씨 가족과 만났다. 짧게는 서너 시간에서 길게는 하루 종일 시간을 함께 보내며 자연스럽게 관계를 형성하였고, 이를 바탕으로 서로간에 신뢰(rapport)를 구축하였다. 가족은 점차적으로 마음을 열고 자신들의 경험이나 상황을 얘기하기 시작하였고, 연구자는 구조화된 인터뷰가 아닌 자유스런 대화 및 그들의 행동을 관찰하는 방식으로 연구를 진행하고 있다. 이번 장에서는 지금까지의 연구 결과를 바탕으로 자본주의, 사회문화적 환경, 언어, 교육 등의 구조와 북한이탈가족의 행위수행의 관계를 간략하게 살펴보기로 하겠다.

A씨 가족은 초기 정착단계에서는 남한 사회의 자본주의에 대한 이해도가 상당한 편이었는데, 그 이유는 A씨가 오랫동안 중국과 북한을 오가면서 밀수를 해왔기 때문이다. 이탈주민이 자본주의 경험이나 지식이 있는 경우 남한 사회에서의 정착은 그만큼 수월하다. 자본주의 사회구조는 대부분의 탈북자가 문화적 부적응을 겪는 이유 중에 하나인데, 특히 경쟁과 책임에 기반한 경제적 자유라는 사회구조를 받아들이지 못해 정부의 보호와 지원을 당연한 것으로 받아들이는 경우가 많다.[40] 이미 10여 년 전부터 중국을 드나들었던 A씨는 장사를 했던 경험과 중국의 자본주의에 대한 앎

----

40) 이철우, 앞의 글, 12쪽.

(knowledgeability)을 활용하여 남한 사회의 자본주의 구조를 탐색하고 있었다. 이 때문에 A씨는 빠른 시일 내에 직장을 구하고자 할 뿐 아니라, 남한 사회의 정보를 수집하여 자신이 일할 수 있는 직장이 무엇인지를 파악하고 있었고, 이를 바탕으로 주거지를 선정하는 모습도 보인다.

아(부인)는 일 못해요. 몸이 안 좋거든요. 내가 일을 빨리 해야 해요. 베어링 공장…들어봤어요? 저 거기 하나원에서 면접 봐서 됐거든요. 120만원 준다고 하던데…그 정도면 어떤 건가요? …하나원에서 다들 서울로 배정받고 싶어 하는데, 사실 내가 하나원에서 반장해서 전입하는 지역을 고를 수 있었거든요. 그런데 난 서울 안가고 부천으로 온다고 했어요. 왜냐면 중소기업…중소기업 그것 때문에요. 중소기업이 많으니까 직장 구하기 쉬울 것 같아서요(2011년 4월 A씨 전언)[41]

그 경찰서가 울 집 앞으로 옮기는데, 그걸 짓고 있는 사장님을 요 앞 김밥천국에서 만났어요…. 거기서 우리끼리 말을 하니까 아무래도 우리 말투가 이상하니까 옆에 있던 사람이 말을 걸어요. 거 경찰서 짓는 데 일할 생각 없냐고 합디다. 내 예전에 평양 가서 건설도 했었거든요. 노가다…여기선 노가다라고 부르던데. 거기 가서 일하면 일당 9만원 쳐준다는데 어떤가요? 괜찮은가요? 야…집에서 놀면 뭐하나 싶고, 내 요즘 잠을 잘 못 자요. 빨리 일을 해서

---

41) 에스노그라피 자료의 경우에는 인터뷰 및 대화의 양이 방대하여 모든 내용을 녹음하지는 못하였다. 하지만 녹음된 인터뷰와 인터뷰이가 언급한 내용을 연구자의 필드노트와 기억에 기반을 두어서 최대한 사실적으로 재구성하여 전언으로 명기하였다. 이는 인터뷰 자료에서의 북한 언어의 특이성이 약화된 이유이기도 하다.

돈을 벌어야 하는데…(2011년 5월 A씨 전언)

노가다 해보니까 이게 하루살이 인생이에요. 도무지 끝이 보이지를 않아요. 나라에서 자격증 따면 지원금 준다고도 하고…저 중장비…그거 하려고요. 알아보니 자격증만 따면 한 달에 300만원은 수월찮게 번다고들 하고…그래서 저 학원 다니려고 해요.(2011년 8월 A씨 전언)

A씨는 '돈'의 중요성을 너무나도 잘 알고 있었다. 아이를 교육시키기 위해서도 제대로 정착하기 위해서도 '돈'이 필요하다는 말을 주문처럼 외웠다. 임금이 적정한 수준인지를 끊임없이 확인하였고, 좀 더 안정적인 직업을 구해 '돈'을 벌고자 하였다. 북한에서는 돈이 생기면 '중기(가구나 전자제품)'를 사들이는 데 썼는데, 남한에 와보니 '돈'을 가지고 있는 것이 더 중요한 것 같다며 연구자에게 은행의 적금이나 보험 상품에 대해서 질문을 하기도 하였다. 이는 부인인 B씨의 이야기에서도 잘 드러난다.

내가 요즘 벼룩시장 보고 있어요. 내 집에서 놀면 뭐하나. 아(남편)가 노가다 나가는데 힘이 드는지 처음에는 저보고 일하지 못할 거라고 하더니만, 며칠 일하더니 지가 힘이 든지 나 몸 좀 나서면 그리 힘들지 않은 일로 하라고 해요. 내 생각도 그렇고요. 아(남편)만 일하라고 하는 것도 미안하고 한 이만원만 벌 수 있는 일. 김밥천국에서 김밥 말라고 하는데, 어떨까 생각 중이에요.(2011년 6월 B씨 전언)

아(남편)는 앞으로 3년 이렇게 열심히 벌어서 음식장사 하자고 해요. 그때 선생님이랑 간 평양냉면집 같은 걸로요. 그럼 돈 정말 많이 벌 수 있다고 하면서요. 그러면서 요즘 저보고 자꾸 이런 저런 음식을 하라고 하는데 아주 귀찮아요.(2011년 8월 B씨 전언)

A씨 가족은 직장을 구하는 것이 남한 사회에서 정착하는 데 가장 중요하고, 이는 노동력을 팔아 임금으로 교환하여 가족의 생계를 유지할 수 있다는 자본주의 사회의 중요한 원칙을 이들이 인지하고 자신들의 행위수행에 활용하고 있음을 보여준다. 게다가 미래를 계획하는 모습도 보이는데, 남한 사회 내의 북한 음식의 희귀성을 활용하여 장사를 하면 금전적으로 크게 성공할 수 있다는 꿈을 갖고 있다. 하지만 남한 사회에서 요구하는 노동 강도는 그들이 적응하기에 상당한 부담으로 작용하고 있다. 한동안 가구점에서 일을 한 A씨는 도무지 담배 한대 필 시간이 없다며 한국 사람들은 다 이렇게 일하냐며 당황해 했다. 게다가 B씨의 경우에는 일하던 슈퍼마켓에서 갑작스런 허리 통증으로 일을 그만두게 되었는데, 사장으로부터 이 정도 일도 못 견뎌낸다면 그냥 북한으로 돌아가라는 모욕적인 이야기를 듣고 상당히 의기소침해 하였다.

남한 사회의 낯선 환경에 대한 이탈가족의 부적응 반응은 다양하게 확인된다. 남한 사회의 다양한 구조에 대한 가족의 생소함은 일상생활의 작은 사건이나 신체 반응 등으로 발현되기도 한다. A씨 가족의 경우 차멀미를 심하게 하는 것, 남한의 음식을 먹지 못하는 것, 큰 건물 안에서 느끼는 혼돈감, 소외감과 외로움 때문에 나타나는 두통 및 스트레스성 증상 등이 이에 해당된다. 덧붙여 B씨의 경우 공장이나 슈퍼마켓에서 일을 할 때 심한 육체적 피로감과 외부적 통증을 호소하는데, 의학적인 검사를 통해 확인해본 결과 큰 문제는 발견되지 않았다. 일을 하는 공간에서 느끼는 신체적 고통은 심리적인 위축감에 기인하는 것으로 보인다. 부르디외는 아비투스는 지속가능하고 내재화된 성향과 구조의 체계라고 정의하면서 이는 인간의 신체, 음식 및 의복 취향, 취미 등에도 깊게 자리한다고 하였다.[42] 예를 들어 A씨 가족은 하나원에서 퇴소하고 부천으로 이동하는 과정에서 극심한 멀미를 호소하였다. 자동차를 타본 경험이 많지 않아 어색하다고 하고, 자동차에서 나는 독특한 냄새가 어지럽게 한다고 하였다. 이로 인해 A씨 가족은 집 근처에서 벗어나는 것을 상당히 두려워하였고, 자동차로 이동하는 것에 부담을 느끼고 있다. 또한 음식의 경우 남한 음식에 거의 손을 대지 못하는데, 남한 음식이 너무 달기도 하고 기름져서 입에 맞지 않는 것이 이유이다. 부인 B씨는 아이가 급식에 손을 대지 않고, 집에 돌아오자마자 허겁지겁 밥을 먹는다며 안타까워한다. 사회문화적 환경의 괴리감은 큰 건물과 같은 혼잡한 곳에서 극대화된다. 쇼핑몰이나 사람들이 많이 모이는 공간에서 부부는 어리둥절해 하거나 정신을 차리기가 어렵다고 호소해온 반면, 사람들이 상대적으로 적은 동네 재래시장이나 가족들만 있는 집안의 공간에서는 상당한 안정감을 느끼고 있는 것으로 나타났다. 하지만 사회문화적 환경에 대한 생소함은 행위자의 경험의 폭이 넓어지면서 점차적으로 해소될 수 있는 여지가 있다. 예를 들어 가족은 주변 남한 사람들이나 드라마에서 나오는 남한 사람들의 외모와 행동 등을 유심히 관찰하였다가 그들의 모습을 흉내내는 것 등의 전략으로 이를 극복하려고 한다. 가령 부부는 아이의 옷 구입 비용이 아무리 비싸더라도 최근에 남한 아이들 사이에서 유행하는 옷과 같은 것으로 사주려고 노력한다.

42) P. Bourdieu, *Distinction: A Social Critique of the Judgment of Taste*; R. Stones, *Structuration Theory* (Basingstoke: Palgrave, 2005).

…가재미를 사려고 했는데, 아이고 C 체육복 바지를 사러 동네를 너무 걸어 다녀서 힘들어서 못 샀어요 쫄대바지. 거 알아요? 요즘 애들은 다 그거 입더라고 우리 C도 그거 입히려고 아 친구 엄마한테 물어서 갔는데 글쎄 15만원이에요 그래서 너무 비싸서 못 샀어요 C가 곧 학교에서 어디로 놀러 간다는데 그때 그 옷 입혀 보내야 하는데….(2011년 9월 B씨 전언)

…쫄대바지랑 잠바를 같이 사야 하는데 너무 비싸서 결국 쫄대바지는 시장에서 비슷한 것으로 사고 잠바만 매장에서 15만원 주고 샀어요 그런데 옆집 아줌마가 내가 산 쫄대바지가 짜가라면서 그러면 아이들한테 놀림 받는다고 하더만요 그런가요? 우리 아이가 아이들한테 놀림 받으면 안 되는데….(2011년 9월 B씨 전언)

거 머리 어디서 잘랐습니까? 얼마인가요?…나도 머리 자르고 싶은데. 아직 형편이 안되니 일단 길렀다가 나중에 선생님 가는 그 곳 가서 잘라야겠어요 (2011년 5월 B씨 전언)

신체가 아비투스가 표현되는 캔버스라면 A씨 가족은 이미 형성된 자신들의 아비투스를 남한 사람들의 모습을 모방하면서 조금씩 재구성하려고 노력하고 있음을 알 수 있다. 음식의 경우도 확장된 경험이 이들의 취향을 서서히 변형시키고 있었는데, 도시락에 들어있는 튀김에는 손도 대지 못하고 밥만 먹었던 A씨 가족은 만남을 거듭할 때 마다 조금씩 자신들의 음식 취향을 남한 식으로 바꾸어가고 있다. 입에도 대지 않았던 커피는 이제 식사 후에는 꼭 마셔야 하는 것으로 자리잡혔고, 자동차를 타지 못할 정도의 멀미는 하나원 퇴소 후 6개월 만에 말끔하게 해소되었다.

한편 언어가 구조로 작동하여 행위수행을 제한하고 가능하게 한다면 이들은 남한의 언어로 인해 행위수행에 제약을 받고 있는 것으로 보인다. 가족은 남한 언어와는 이질적인 북한 언어를 사용하고 있었는데, 이들은 남한의 언어를 이해하지 못하는 것을 답답해 하였다. 쇼핑을 하거나 남한 사람들을 만날 때 언어를 이해하지 못해 힘겨워 했고, 아들은 심한 북한 사투리를 쓰는 부부에게 남한 말을 배울 것을 요구하였다.

도무지 무슨 말인지 알 수가 없어요 순 외국말에…나 영어 그거 배워야 하는데. 내가 안되면 우리 아이라도 영어 해야 해요(2011년 5월 B씨 전언)

(아이 옷을 사러 이마트에 다녀오는 길에) 이건 선생님 없었으면 사지 못했어요 뭐라는 건지. 복잡하고, 설명을 알아먹을 수가 없어….(2011년 5월 A씨 전언)

하지만 행위자의 언어 구조에 대한 적극적인 행위수행도 나타나는데 이는 '남한 말투'를 흉내 낸다거나 공공장소에서 북한 억양을 드러내지 않기 위해 소리 죽여 말을 하는 것 등이다. 아이의 경우 빠른 속도로 남한식 언어를 익혀가고 있고, 아이가 가르쳐준 대로 A씨와 B씨는 남한의 어투를 흉내 내려고 하였다. 그럼에도 불구하고 남한식 언어의 단어는 점차적으로 학습될 수 있지만 어투나 억양은 쉽게 고쳐지지 않고 있다. 이 때문에 가족은 직장을 구하기 위해서 면접을 할 때나 낯선 사람들에게는 자신들을 조선족이라고 소개하기도 하였다.

오늘 아침에 C의 친구들이 왔는데 어무이는 그래도 비슷하게 남한말 하는데 아부지는 남한말 하는 게 어색하다고 말하지 말라고 야(아이)가 그러는 거예요. 내 웃겨서…(2011년 5월 B씨 전언)

라는 식으로 남한의 언어 때문에 겪게 되는 일들을 인지하고 있었다. 자신들의 언어 사용을 계속적으로 감시하고 주변의 반응을 여러 번 확인한 이후에 A씨 가족은 식당이나 사람들이 많이 모인 곳에서는 목소리를 낮춰 이야기를 하였다. 하나원을 퇴소한 직후에는 "내가 북한에 있을 때…"라는 말을 자주 하면서 '북한'을 정확하게 말하였다면, 남한 사회에 정착하는 과정을 거치면서 '북한'을 말해야 할 때는 '거기', '그곳' 등의 지시어를 쓰는 것으로 대신하기도 하였다. 이는 북한 언어와 억양이 남한 사회 내에서 어떻게 이해되는지를 점차적으로 파악한 것으로 보인다.

마지막으로 남한에서의 교육문제는 A씨 가족에게는 구조적 제약으로 다가오고 있다. A씨와 B씨는 자식에 대한 극진한 사랑으로 남한행을 결심하였는데, 특히 북한 사회가 경제적으로 어려워지면서 사회가 흉흉해지자 이대로 살면 아이한데 나쁜 영향을 끼칠 것 같아 남한행을 결행하였다고 하였다. 그런데 남한의 교육은 생각했던 것보다 훨씬 더 과열되어 있었고, 부부가 가지고 있는 지식으로는 아이가 공부를 잘 하고 있는지 알 길이 없다고 답답해하였다.

난 우리 C 때문에 이리로 왔어요. 이건 북한에 있으면 야도 나랑 비슷하게 살 것 같더라고. 우리 C는 공부를 많이 해서 돈도 많이 벌고 훌륭한 사람이 되어야 할 텐데…내 아는 게 없어서 야를 어떻게 해줘야 할지 모르겠고….
(2011년 6월 B씨 전언)

하지만 남한의 교육과정이나 교육에 대한 정보와 경험의 부족은 이들을 한없이 불안하게 한다. 아이의 친구들이 학원을 간다고 하는데 그곳이 어떤 곳인지 그리고 아이가 학원에 가면 따라갈 수 있을지 등등의 걱정을 하였다. 그러던 즈음에 그들이 생각해낸 극복방안이 바로 과외선생님이었다. 이 부부는 연구자에게 과외선생을 구해줄 것을 요청하였는데, 비용 때문에 무료로 과외수업을 받을 수 있는 곳을 알아봐 달라고 하였다.

영어랑 수학 개인교사를 둬서라도 공부를 시켜야겠어요. 얘가 원래 놀음, 놀음 밖에 모르는 아이거든요. 북한에 있을 때는 개인교사를 둬서 자기 자식마냥 공부도 가르치고 그랬는데 남한은 그것도 어렵고 이러다가 아이 망칠까 걱정 이에요.(2011년 6월 A씨 전언)

아이가 학교에서 생활에 잘 적응하는지 공부는 잘 하고 있는지 끊임없이 확인하였고, 적극적으로 방법을 모색하였다. 학교의 담임선생님도 자주 찾아서 의논하곤 하였는데, 부부는 특히 교육문제에 대해서는 능동적으로 해결 방법을 모색하고 있다. 지난 10월에는 C가 수학시험에서 좋은 성적을 거두자 B는 모든 불안감과 걱정이 사라진다고 기뻐하였다. 남한에서 적응하는 데 아무리 힘들어도 C만 공부를 잘 한다면 자신들의 고생은 다 보상받을 수 있다는 것이다. 물론 C가 학교생활을 잘 한다는 것은 그만큼 남한 사회에 잘 적응하고 있다는 점에서 의미있는 것이겠지만, 부모가 자녀의 적응 정도에 따라 자신들의 이주의 정당성을 확인하는 것은 주목할 만한 점이라고 하겠다.

위에서 언급한 자본주의, 사회문화적 환경, 언어, 교육 등의 남한 사회구조에 대한 정보 부족은 이들의 행위수행에 상당한 제약이다. A씨가 중국을 오가며 무역을 하였고, B씨의 가족이 중국으로 이주한 지 오래 되어서 중국식 자본주의에 대한 이해 수준이 상당했음에도 불구하고 이들이 새로운 남한 사회구조를 짧은 시간에 내재화하는 것은 쉽지 않아 보인다. 게다가 사회주의와 혼합된 형태의 중국 자본주의는 북한의 사회체제에도 상당하게 유입되어 이들이 어렵지 않게 적응할 수 있는 반면, 경쟁이 극대화된 신자유주의적 한국의 자본주의는 매 순간 이들을 극도로 혼란스럽게 한다. 또한 중국과 북한의 국경지대는 두 국가의 문화가 적절히 섞여 있어 사회문화적 환경이 그리 이질적이지 않았고, 중국 동북 3성에 거주하는 조선족의 언어는 이들의 언어와 유사하여 이들에게 상당한 안정감을 주었다. 반면 남한의 사회구조는 북한이나 이동 중에 경험한 다른 사회구조와는 상당한 차이가 있다. 이로 인해 사이가 나쁘지 않았던 부부는 요즘 들어 말싸움이 잦아지고 있는데 그 이유는 각자가 인지하는 남한 사회의 모습의 차이에서 기인한다. 예를 들어 도움을 주겠다고 다가오는 남한 사람들에 대해서 부인은 경계의 눈길을 보낸다. 부인은 남한 사람들은 밥 한번을 사도 다 꿍꿍이속이 있기 때문에 남한 사람을 믿을 수 없다고 하였다. 반면 북한과 중국에서 장사를 오랫동안 한 남편은 그래도 예의를 갖추고 도움을 주려고 하는 사람들이 있다면 그 사람들을 믿고 일을 해야 한다고 주장하여 말싸움을 하기 일쑤였다. 새로 적응하는 사회에 대한 정보와 경험의 부족은 이들의 행위 수행을 제약할 뿐 아니라 불안감을 고조시키는 결정적 요소이다. 불안감을 해소하려는 이들의 극복 방안(직장을 구해서 경제생활을 하려는 것, 남한 사람의 외모를 모방하고 낯선 환경에 익숙해지려는 다양한 노력, 남한 언어를 배우려는 것, 아이 교육에 타인의 힘을 빌리는 것)은 여러 번의 시행착오를 거치고, 행위 속에서 반복적으로 수행되면서 점차적으로 이들의 새로운 일상체계(routine)를 형성하고 있다. 하나원 퇴소 이후 약 8개월이 지난 지금 A가족은 나름의 방식으로 하나씩 일상세계를 구성해가고 있다. 여러 번 직장을 옮기기는 했지만 A씨는 비교적 지속적으로 경제활동을 하고 있고, B씨에게 나타났던 불안감을 동반한 신체증상 등은 눈에 띄게 완화되었다. 아이의 경우 몇몇 상급생이 북한에서 왔다고 놀려서 가슴앓이를 하기는 했지만 점차적으로 학교생활에 적응하고 있다. 최근에는 정부에서 나온 지원금과 A씨가 한 달 동안 가구점에서 일한 임금을 합하여 침대, 소파, 책상, 장 등의 가구 일체를 장만하였는데, 가구를 들여놓고 나니 이제 이곳이 내가 살 곳이라는 생각이 든다고 기뻐하였다. 그 전에는 계속 떠돌아다니는 느낌이 있었다면, 이제는 내 삶이 이곳에 있다(space of routine)는 생각이 든다고 하였다. 이렇게 구성된 일상과 일상의 공간 등은 점차적으로 이들의 존재론적 안정감을 재구성하는 데 기여하고 있음을 확인할 수 있었고, 이와 같은 과정을 겪으며 이들은 남한 사회에 서서히 정착하고 있다. 물론 이들의 안정적 수준의 정착은 앞으로도 상당한 기간이 필요한 지난한 과정이 될 것이다. 하지만 이들이 단순히 남한 사회의 구조에 적응하는 수동적인 존재가 아닌, 이들의 행위 수행이 남한 사회의 구조를 다양한 방식으로 재구성/재생산하는 점43)을 감안할 때 남한 사회도 이들의 행위 수행에 따라 상당한 변화가 있을 것이다. 이런 맥락에서 냉전이데올로기의 시각에서 벗어나 남한 사회 내의 이들의 존재를 좀 더 다문화적으로 이해할 수 있는 사회구조의 재구성 또한 행위수행과 구조의 변증법 관계 속에서 충분히 가능하다고

---

43) R. Stones, op. cit., p. 20.

하겠다. 이와 같은 가능성이 어떻게 현실화되는지, 즉 탈북자의 반복적 행위수행이 현실에서 어떤 방식으로 구조화되는지, 그리고 어떠한 구조를 재생산하는지는 후속 연구로 남겨두도록 하겠다.

사회학적으로 탈북자 바라보기

탈북자 2만 명 시대에 탈북자의 이주와 정착 과정에 대한 심층적인 사회학적 연구의 필요성은 더 이상 강조해도 지나침이 없다. 탈북자의 이주-정착의 경험은 타 이주 집단과는 다르게 탈냉전시기에 냉전이데올로기가 작동되고 있는 남과 북의 대치상황과 넓게는 동아시아의 정치적 지형과 밀접하게 연결되어 있다는 점에서 시사적이다. 거대담론으로의 탈냉전, 냉전, 그리고 동아시아의 정치상황은 이들의 일상에서 음식, 언어, 생활양식, 교육, 가족 등으로 표출되고, 이들은 일상의 매 순간 나름의 방식으로 이를 받아들이거나, 혹은 저항하기도 하고, 때로는 타협하기도 한다. 다시 말해 이들의 이주-정착의 일상세계는 탈냉전과 냉전의 균열이 포착되는 공간이자, 행위자와 사회구조의 끊임없는 관계의 장이기도 하다.

지금까지 이주연구에서는 탈북자의 다소 유다른 이주 동기와 경로, 정착의 경험과 과정을 연구하려는 다양한 시도가 있어 왔다. 하지만 서구의 이주연구 흐름에 기댄 연구의 경우 탈북자의 특수한 이주-정착의 경험을 포착하기가 쉽지 않았고, 이를 극복하기 위한 사례나 현상파악 중심의 연구는 탈북자의 경험을 일상 층위에서 연구하기가 쉽지 않음을 보여주었다. 이에 본 연구는 서구의 이주연구의 패러다임을 지역적 상황에 맞게 맥락화

할 것을 주장하면서 탈북자의 사례를 사회구성론의 틀에서 이주-정착이라는 행위수행과 사회구조가 어떻게 상호작용을 통해 구조화되고, 이를 통해 이들의 일상체계를 재구성하고, 존재론적 안정감을 구축하게 되는지를 증명하였다. 사회구조가 단순히 행위수행을 제한하거나 가능하게 할 뿐 아니라 행위수행과의 상호작용을 통해 그 다음 단계의 행위수행에서의 자원으로 활용되고 있음을 확인하였고, 이는 사회구성론적 접근이 새로운 환경에 적응해야 하는 탈북자의 정착 과정을 일상의 차원에서 설명할 수 있는 사회학적 틀임을 보여준다.

또한 탈북자의 이주-정착의 과정이 위험하고 이로 인해 이들이 쉽게 자신들의 경험을 드러내지 않는다는 점과 이주-정착은 일상에서 확인되고 경험되는 것임을 감안할 때 에스노그라피의 중요성을 다시 한 번 강조할 필요가 있다. 물론 에스노그라피와 심층인터뷰를 통해 탈북자의 이주와 정착을 연구하는 것은 그리 간단한 일은 아니다. 대상 접근이 녹록하지 않다는 점을 차치하고서도, 언어의 차이로 인한 오해, 타인을 경계하는 태도, 수많은 인터뷰와 설문조사의 경험으로 인한 왜곡된 답변 가능성까지 그 어려움은 다양하고 예측하기 어렵다. 게다가 에스노그라피(특히 참여관찰)와 심층인터뷰는 오랫동안 실증주의적 시각이 주도하였던 사회학에서 객관성의 결여라는 이유에서 널리 사용되지 않았는데 인터뷰라는 방법이 갖는 '즉흥적 서사' 및 답변은 인터뷰 상황과 인터뷰 대상이 누군가에 따라 변화될 수 있다는 점에 있어서 오랫동안 비과학적이라는 비판을 받아왔기 때문이다. 그럼에도 불구하고 사회적 실재 작동과 개인의 삶의 경험을 인터뷰이의 의미 체계 내에서 포착할 수 있다는 점에서 사회 소수자의 삶을 이해하는 데 최근에 널리 활용되고 있는 것도 사실이다. 유의할 점은 인터뷰

에서 설명되는 인터뷰이의 경험은 객관적인 사실이 아닌 주관적인 해석이
고, 과거 경험에 대한 언급의 경우 '현재' 관점에서 수 없이 많은 생애시간을
통해 체험한 것들 중 '어떤 내용'을 특별히 기억하여 '특정한 형식'을 통해
'(재)해석해 소개'한다는 것을 감안해야 한다는 것이다.[44] 또한 연구 결과가
미시적인 관점에 갇혀 사변적인 이야기나 지엽적인 문제의 나열이 되지
않기 위해서는 사회구조의 복합성에 바탕을 둔 이론적/분석적 틀의 구축이
중요하다.[45] 다시 말해 사회구성론의 틀에서 에스노그라피로 접근한 탈북
자의 이주와 정착의 경험을 행위수행과 구조의 변증법적 관계로 포착해내
려는 이 글의 시도는 탈북자라는 이주 집단이 의미화되는 지역의 역사적,
사회적 맥락을 고려하면서도 일상세계의 경험을 사회구조와의 관계성 측면
에서 살펴볼 수 있는 의미있는 시도일 것이다.

---

44) 이희영, 「북한 일상생활 연구자료 생성과 해석: 구술자료 연구방법론을 중
심으로」, 220쪽.
45) 이희영, 같은 글; 데틀레프 포이케르트, 『나치시대의 일상사: 순응, 저항,
인종주의』, 김학이 옮김, 개마고원, 2003.

참고문헌

곽해룡, 『북한이탈주민 현황과 문제 (사례와 지원방안)』, 한국학술정보, 2005.

기든스, 앤서니, 『사회구성론』, 황명주 외 옮김, 자작아카데미, 1998.

김윤영, 「탈북 아동들의 남한 학교생활과 정체성」, 한양대학교 대학원 문화인류학 과 석사학위논문, 2002.

김인성, 「탈북자 현황분석: 탈북, 중간기착, 정착까지의 전과정의 총체적 분석」, 『민족연구』, 제14권, 2005.

노귀남, 「여성의 공간경험 확장과 의식 변화」, 조정아 외, 『북한주민의 의식과 정체 성: 자아의 독립, 국가의 그늘, 욕망의 부상』, 통일연구원, 2011.

박영희, 『만주의 아이들』, 문학동네, 2011.

박윤숙 · 윤인진, 「탈북청소년의 사회적 지지 특성과 남한사회 적응과의 관계」, 『한국사회학』, 제41집, 제1호, 2007.

안종수, 「북한시장화와 주민생활에서의 변화」, 『북한주민의 생활변화와 남북소통 의 길』, 2010 만해축전 학술심포지엄 자료집, 2010.

양현아, 「증언과 역사쓰기─한국인 '군 위안부'의 주체성 재현」, 『사회와 역사』, 제60권, 2001.

엄태완, 『탈북난민의 위기적 경험과 위상』, 경남대학교 출판부, 2010.

윤인진, 『북한이주민』, 집문당, 2009.

윤택림 · 함한희, 「남북한여성 생활문화의 이해: 집안일과 육아를 중심으로」, 『가 족과 문화』, 제17집, 제2호, 2005.

이금순·윤여상, 「북한주민의 국경이동과 처벌실태」, 『통일문제연구』, 제18권, 제
　　1호, 2006.

이용호, 「난민의 개념과 보호」, 『국제법학회론보』, 제52권, 제2호, 2002.

이철우, 「북한주민에 대한 이해」, 한국사회복지사협회, 『북한이탈주민 서비스 전문
　　인력양성 기초교육』, 2010.

이철우, 「북한주민에 대한 이해」, 한국사회복지사협회, 『북한이탈주민 서비스 전문
　　인력양성 기초교육』, 2011.

이희영, 「새로운 시민의 참여와 인정투쟁」, 『한국사회학』, 제44집, 제1호, 2010.

이희영, 「북한 일상생활 연구자료 생성과 해석: 구술자료 연구방법론을 중심으
　　로」, 박순성·홍민 엮음, 『외침과 속삭임: 북한의 일상생활세계』, 한울,
　　2011.

임채완·최영관, 「중국내 탈북자의 '난민적' 상황과 그 대책: 연변자치주지역 조사
　　를 중심으로」, 『통일문제연구』, 제36호, 2000.

장명선·이애란, 「북한이탈주민여성의 취업지원을 통한 경제적 자립을 위한 연구」,
　　『통일문제 연구』, 제54호, 2010.

전우택 외, 『통일 실험: 그 7년』, 한울, 2010.

정주신, 『탈북자 문제의 인식 1 & 2』, 프리마, 2009.

정주신, 「북한이탈주민의 남한사회정착을 위한 사회화 과정 일 고찰」, 『통일전략』,
　　제5권, 제2호, 2005.

정천구, 「조선족, 탈북자 그리고 한중관계」, 『통일전략』, 제6권, 제1호, 2006.

좋은 벗들, 『두만강을 건너온 사람들: 중국 동북부 지역 2,479개 마을 북한 '식량난
　　민' 실태조사』, 정토출판, 1999.

포이케르트, 데틀레프, 『나치시대의 일상사: 순응, 저항, 인종주의』, 김학이 옮김,

개마고원, 2003.

한국정신대연구소 · 한국정신대문제대책협의회, 『강제로 끌려간 조선인 군위안부
들 3』, 한울, 1999.

Alba R., and V. Nee, "Rethinking Assimilation Theory for a New Era of Immigration," in C. Hirschman, P. Kasinitz and J. DeWind, eds., *The Handbook of International Migration: The American Experience*, New York: Russell Sage, 1999.

Berger, Ronald J., "Agency, Structure, and Jewish Survival of the Holocaust: A Life History Study," *The Sociological Quarterly*, Vol. 36, No. 1, 1995.

Bourdieu, P., *Outline of a Theory of Practice*, Cambridge: CUP, 1977.

Bourdieu, P., *Distinction: A Social Critique of the Judgment of Taste*, London: Routledge, 1984.

Ehmer, J., "Migration and Population in German Historical Thought," in M. Bommes, and E. Morawska, eds., *International Migration Research: Constructions, Omissions and the Promises of Interdisciplinarity*, England: Ashgate, 1998.

Healey, Ruth L., "Asylum-Seekers and Refugees: A Structuration Theory Analysis of Their Experiences in the UK," *Population, Space and Place*, Vol. 12, 2006.

Ignatiev, N., *How the Irish Became White*, New York: Routledge, 1995.

Kivisto, P., *Multiculturalism in a Global Society*, Malden: Blackwell Publishing, 2002.

Marschalck, P., "The Age of Demographic Transition: Mortality and Fertility," in

Klaus J. Bade, ed., *Population Labour and Migration: 19th and 20th Century Germany*, London: Berg Publisher, 1987.

Morawska, E., "The Sociology and Historiography of Immigration," in V. Yans-McLaughlin, ed., *Immigration Reconsidered: History, Sociology and Politics*, New York: Oxford University Press, 1990.

Morawska, E., "Immigrant Transnationalism and Assimilation: A Variety of Combinations and a Theoretical Model They Suggests," in C. Joppke and E. Morawska, eds., *Toward Assimilation and Citizenship*, London: Palgrave, 2003.

Ritzer, G., *Modern Sociological Theory*, New York: McGraw-Hill Higher Education, 2000.

Roediger, D., *The Wages of Whiteness: Race and the Making of the American Working Class*, New York: Verso, 1991.

Rystad, G., "Immigration History and the Future of International Migration," *International Migration Review*, Vol. 26, No. 4, 1992.

Schmitter Heisler, B., "The Sociology of Immigration." C. Brettell and J. F. Hollifield, eds., *Migration Theory: Talking Across Disciplines*, New York: Routledge, 2000.

Sewell, W., "A Theory of Structure: Duality, Agency, and Transformation," *American Journal of Sociology*, 98(1), 1992.

Stones, R., *Structuration Theory*, Basingstoke: Palgrave, 2005.

Urry, J., "Time and Space in Giddens' social theory," in C. G. A. Bryant and D. Jary, eds., *Giddens' Theory of Structuration: A Critical Appreciation*,

London: Routledge, 1991.

Zhou, Min, "Segmented Assimilation: Issue, Controversies, and Recent Research on the New Second Generation," *International Migration Review*, Vol. 31, No. 4, 1997.

2 장

탈북자가 경험하는
북·중 경계지역과 이동경로[*]

탈북자의 이동과 경계지역

1990년대 중반부터 시작된 북한주민의 대량탈북은 남한과 동아시아의 복잡한 국제관계 내에서 끊임없이 정치화되곤 하였다. 중국 정부의 북한주민 강제북송 정책과 수위 높은 북한의 북송자 처벌은 정치범 수용소와 함께 북한 인권문제의 중요한 이슈로 국제사회에서 관심의 대상이 되어왔다. 하지만 21세기에 들어 형성된 미국과 중국의 새로운 대결구도 내에서 북한주민의 인권 문제는 보편적 가치라는 관점보다는 '인권'을 기제로 한 이해당사국 간의 정치적/경제적 실리의 관점에서 활용되고 있는 것으로 보인다.[1]

---

* 이 장의 초본이 된 글은 공간과 사회 40호에 실린 논문 「경험되는 경계지역과 이동경로: 북한이탈주민의 '경계 넘기' 혹은 '경계 만들기」이다. 초본에 수정과 첨삭을 가했다.
1) 냉전 이후 서구의 국제관계 정책에서 발견되는 경향은 인권의 이름으로 자국

중국과 북한은 북·중 국경을 넘는 북한주민의 이동을 단순 경제적 목적으로 한 불법월경으로 여겨 당사국간의 해결을 주장한다면, 미국과 한국은 이들의 북한 내외의 인권적 상황을 들어 정치적 박해자로 규정함으로써 북핵 등 주요 정치적·경제적 사안에서 중국과 북한을 압박하는 카드로 사용하고 있다. 이와 같은 상황에서 북한주민의 이동의 성격과 추동 요인은 각 당사국의 정치적 논리 안에서 왜곡되기 쉽다. 이러한 상황은 북한이탈주민을 이해하는 것뿐 아니라 이들의 안정적인 정주에도 도움을 주지 못하고 있는 실정이다. 이에 본 논문은 북한주민의 이주가 동북아의 정치 지형 내에서 혹은 국내 정치용으로 정치화되는 것을 경계하면서, 이들의 이주의 성격과 원인을 정치적인 것 혹은 경제적인 것으로 단정하는 이분법에서 한결음 더 나아가 문화적인 맥락 내에서 재구성해 보고자 한다. 즉 북한주민의 이주를 추동했던 또 다른 요인으로 북·중 경계지역이라는 공간과 이 공간 속에서 오랫동안 형성되어온 초국적 경험(transnational Experience)을 주목하면서 이를 바탕으로 문화적 맥락 내에서 이들의 월경이 '경계 넘기(Border Crossing)'의 일환이었는지 혹은 민족

의 경제적/정치적 이익을 추구하는 것이다. 이를 몇몇 학자들은 '인권주의적 제국주의(Humanitarian Imperialism)'라고 명명하면서 서구의 제 3세계 개입을 인권이라는 이데올로기를 빌린 제국주의라고 주장한다. 특히 인권문제 해결을 위한 군사조치의 첫 시작은 1999년에 미국의 코소보 공격인데, 이후 '인권이데올로기' 아래 치러진 전쟁은 무수하게 많다. 최근에 들어서는 군사적 개입뿐 아니라 정치적/경제적 압력 또한 전 세계 곳곳에서 진행되고 있다. 이에 대한 더 많은 예는 N. Chomsky, "Humanitarian Imperialism: The New Doctrine of Imperial Right," *Monthly Review* (2008) (www.chomsky.info/articles/200809--.htm)와 Jean Bricmont, *Humanitarian Imperialism: Using Human Rights to Sell War* (New York: Monthly Review Press, 2006)를 참고하라.

적 연결 고리들을 이어가는 '경계 만들기(Border Making)'이었는지를 탐구하고자 한다.

기존의 연구에서는 90년대 이전 북한이탈주민의 이주 동인이 정치적인 것에 국한된 것으로 분석했다면, 대량 탈북사태 이후에는 경제적 이유에 그 근원을 둔다고 분석하고 있다.[2] 냉전이데올로기가 맹위를 떨치던 1960~80년대까지는 주로 북한정권의 탄압을 피해 이주한 군인이나 정부관료가 대부분이었다면, 1990년대 중반부터 시작된 대량탈북은 북한의 극심한 경제난과 식량난 극복을 위한 경제이주라는 것이다. 물론 정치적 요인이 지배적이었던 과거에도 경제적 이유로 이주를 감행한 경우도 있었을 것이고, 경제적 이주자 중에서도 몇 번의 강제 북송을 경험하면서 정치적 난민으로 성격이 변화되는 사례도 비일비재하다.

하지만 북한주민의 이주의 성격과 원인을 정치적 혹은 경제적 요인으로만 설명하기에는 몇 가지 풀리지 않는 의문점이 있다. 첫째, 고난의 행군시기부터 시작된 북한주민의 이동은 적게는 30만에서 많게는 100만까지로 추정[3]되는데, 이들 중 대다수의 사람들이 남한으로의 이주를 선택하기보다

---

2) 윤인진, 『북한이주민』, 집문당, 2009; Yoon, In-jin, "North Korean Diaspora: North Korean Defectors Abroad and in South Korea," *Development and Society*, Vol. 30, No. 1 (2001), pp. 1-26; 정주신, 『탈북자 문제의 인식 1 & 2』, 프리마, 2011; Lee, Keum-soon, "Cross-border Movement of North Korean Citizens," *East Asian Review*, Vol. 16, No. 1 (2004); 김수암, 「해외 체류 탈북자 문제 쟁점과 과제」, 『Online-Series』, 06-05, 통일연구원, 2006; R. Aldrich, "An Examination of China's Treatment of North Korean Asylum Seekers," *North Korean Review*, Vol. 7, No. 1 (2011).

3) 북한월경자의 정확한 수는 산출하기 어렵다. 이는 북한주민의 이주가 정치화되고 있는 이유에서이기도 하고 이들의 중국 내의 불법적 신분 때문에 자신들의 신분을 숨기고 있기 때문이기도 하다.

는 중국에 체류하거나 혹은 북한으로 자발적으로 돌아가기를 반복하고 있다는 점이다.[4] 만약 이들이 단순히 정치적 이유로 이주를 감행했다면 자발적으로 북으로 되돌아가는 현상은 논리적 설명이 불가능한 것이고, 경제적 이주로 일반화하기에는 아직까지 중국에 남아 있는 북한주민의 수가 너무 많다. 둘째, 대량 탈북사태 이후 대다수의 북한이탈주민이 남한으로 이주를 감행하기보다는 중국에 체류하고 있다는 점이다.[5] 2005년에 미국에서 발행한 보고서에 의하면 약 10만에서 30만 명의 북한주민이 중국에 체류하고 있는데, 이들이 단순히 남한으로의 이주 과정이 험난하여 어쩔 수 없이 중국에 단기 체류하고 있다고 결론 내리기에는 그 수가 상당한 기간 동안 안정적으로 유지되었다. 셋째, 북한주민이 북한정권의 폭압이나 극한의 경제난을 피하기 위해서 이주를 감행한 것이라면 북한 전역에 걸쳐 이주가 발생해야 하는데, 이주민의 대부분은 함경북도 출신이라는 점은 북한주민 이주의 또 다른 월경 요인을 짐작할 수 있는 중요한 단초가 된다. 즉, 중국과 국경으로 맞닿아 있는 지역[6] 중에서도 함경북도 출신이 가장

4) B. R. 마이어스, 『왜 북한은 극우의 나라인가?』, 권오혈 · 고명희 옮김, 시그마북스, 2011, 14쪽.

5) 2011년까지 약 23,000여 명의 북한이탈주민이 남한으로 입국하였다. 최근에는 제 3국으로의 이주도 눈에 띄게 증가하고 있는데, 일본에는 2008년 2월까지 약 170여명의 탈북자가 난민 지위를 획득했고, 2009년까지 영국은 약 1,000여명, 노르웨이 255명, 그리고 캐나다 214명으로 그 수는 점차적으로 증가하고 있다(오원환, 「탈북 청년의 정체성 연구: 탈북에서 탈남까지」, 고려대학교 박사학위논문, 2011, 239-41쪽). 하지만 대부분의 제 3국 이주자들은 남한을 거쳐 '난민' 신청절차를 통해 이주하는 것으로 알려져 있어, 이들의 수는 남한의 북한이탈주민 수에 이미 포함되어 있다고 보는 것이 타당하다.

6) 북 · 중 국경지역은 함경북도, 양강도, 자강도, 평안북도 등 총 1,334km에 이른다. 북한과 중국은 1962년에 '국경 문제에 관한 회담 기요'를 통해 압록강과

적극적으로 이주를 감행한 이유는 이 지역의 역사적 특수성과 경계지역의 성격을 규명하면서 설명될 수 있다. 넷째, 북한이탈주민 중 많게는 70%까지 차지하는 여성의 비율에 대한 문화적 규명이 필요하다. 기존의 연구에서는 북한여성이 인신매매 조직에 의해서 팔려나가게 되면서 여성의 수가 급증하였다는 것이 일반적인 해석이었다면 북·중 경계지역의 문화 지리적 측면에서 여성의 이주를 유인하는 요소는 없는지 확인하고, 경제난 이후 북한여성의 생활경험세계가 확장되면서 이들의 이주가 가능했던 것은 아닌지 추적해볼 필요가 있다.

이번 장에서는 북한주민의 이주에는 북·중 경계지역이라는 민족문화공간이 중요한 역할을 했음을 주장하고자 한다. 즉 오랫동안 형성되어온 문화적·언어적 커뮤니티(cultural and linguistic community)가 바로 북·중 경계지역에 오래 전부터 자리잡고 있었고, 이로 인해 북한주민의 '경계 넘기'는 타국으로의 '이주(migration)'이기 전에 일상생활 깊게 작동해온 커뮤니티 내의 '이동(mobility)'으로 이해하는 것이 타당하다. 이 맥락에서 이들이 남한에 도착하기까지 경험하게 되는 중국 내 혹은 제3국에서의 이동의 경로는 동일 민족이라는 문화적·언어적 커뮤니티의 '경계'를 확장하여 '만들어'가는 과정임을 주장하고자 한다.

두만강의 중간 지점을 국경으로 정하고, 양 강의 소유권은 삼동(三同)의 원칙(공동소유, 공동관리, 공동이용)을 채택하였다(송봉선, 『중국을 통해 북한을 본다』, 시대정신, 2011, 271쪽). 이 때문에 북·중 경계지역 내 현재 운행 중인 총 9개의 연결통로(신의주-단둥 철교, 만포-지안 철교, 중강-린장 도로교, 삼봉-카이산툰 철교, 남양-투먼 철교, 회령-싼허 도로교, 경원-사퉈즈 도로교, 원정리-취엔허 도로교, 온성-투먼 도로교)는 철저하게 삼동의 원칙을 따르고 있다(이옥희, 『북·중 접경지역: 전환기 북·중 접경지역의 도시네트워크』, 푸른길, 2011, 117쪽.

탈북자의 '이동': 일상에서 경험되는 '경계'

1994년 김일성의 죽음과 1995년 대홍수로 시작된 최악의 경제난은 수많은 북한 사람들을 극단의 상황에 내몰리게 하였다. 1990년을 기점으로 곡물생산은 1997년에 약 25% 이상 감소하였고, 배급은 1993년부터 계층[7]에 따라 차등 지급되기 시작하였다. 에너지 수급까지 문제가 심각해지자 중앙정부가 위치한 평양 지역을 제외하고 수송 체계가 미비한 북부 산간 지역과 동부 지역에서부터 전력 공급이 중단되었다.[8] 1994년부터 시작된 5년간의 고난의 행군 시기에는 각 지역별로 먹는 문제를 자립갱생해야 한다는 김정일의 교시가 내려왔고, 이에 따라 각 지역의 주민들은 각자 살아가야 할 방도를 찾아야만 했다. 서부의 평야지대를 제외하고는 대부분이 산악지대인 북한의 지리적 특성상 북부지역과 동부지역은 가장 척박한 지역이었는데, 이 중에서도 가장 타격을 받은 지역은 자강도, 양강도, 함경

---

7) 한국전쟁 이후 북한은 남한에 동조한 세력이나 지주 계층 등 '불순분자'를 색출하여 산간벽지로 강제이주 시켰다. 이후 1966년 인구조사를 통해 북한주민들을 출신성분에 따라 '핵심'계층과 보통주민으로 이루어진 '동요'계층, 그리고 잠재적 위험인물들로 구성된 '적대'계층으로 구분하였다(통일교육원, 『2012 북한의 이해』, 통일교육원, 2012, 229쪽). 하지만 1980년대 이후 세대교체와 1세대들의 사망으로 이 계층구조에도 변화가 일어나는데, 전체 인구의 50%에 이르렀던 적대계층 중 본인의 노력으로 북한정권에 기여한 자들이 동요계층으로 포섭되어 적대계층의 비율은 약 20% 정도로 줄어들게 되었다(김병로·김성철, 『북한사회의 불평등 구조와 정치사회적 함의』, 민족통일연구원, 1998, 32-33쪽). 경제난 이후에 변화된 계층에 대한 논의는 이우영 엮음, 『북한 도시주민의 사적 영역 연구』 중 제 2장 「북한 도시 사적 부분의 시장화와 도시가구의 경제적 계층분화」(한울, 2008)을 참고하라.
8) 김병로·김성철, 앞의 책, 80쪽.

<표 1>　재북 출신지역별 분포 (2008년 12월 현재)

구분	함북	함남	평양	남포	평남	평북	자강	양강	황남	황북	강원	기타	계
누계 (명)	10,234	1,520	371	89	553	477	100	766	291	223	313	120	15,057
비율 (%)	68	10	2	1	4	3	1	5	2	1	1	1	100

자료: 통일부 정착지원과, 2009. www.unikorea.go.kr

남·북도였다. 각 지역 단위로 생산된 곡식이 중앙정부로 집결되어 배급되는 시스템에서 지리적 위치가 가장 멀기도 하였고, 교통수단이 발달하지 않아 물류 운송에 큰 어려움이 있다는 것과 중공업 시설과 산악지역으로 이루어진 지형적 특징으로 인해 자체적으로 생산할 수 있는 지역 내 곡물 생산량이 적었던 것이 가장 큰 요인이었다.

중국과 경계지역을 이루고 있으면서도 식량난이 가장 심각했던 지역 중 특히 월경자가 많았던 곳은 함경북도였다. 통일부에서 집계한 북한이탈주민 출신지 집계자료[9])에서 설명하듯이, 약 68%의 북한이탈주민은 함경북도 출신이고, 그 뒤를 함경남도(약 10%), 양강도(5%), 평안남도(4%), 평안북도(3%), 평양(2%) 자강도(1%) 등으로 분포되어 있다. 함경남도의 경우 철도 및 도로 시설이 미비하여 북한 내에서도 식량 배급난이 가장 심각했고, 이 때문에 국경지역이 아니었음에도 상대적으로 많은 수의 이탈이 발생하였다. 출신 성분이 가장 좋은 최상위 계층만 모여 산다는 평양보다도 적은

---

9) 물론 이 표는 남한에 입국한 북한이탈주민의 출신지역을 가리키는 것이지만, 이는 중국에 있는 북한이탈주민의 출신지역을 짐작하기에도 충분한 자료가 될 수 있다. 약 10~30여만 명으로 추정되는 중국 내 북한이탈주민도 과반이 넘는 수는 함경북도 출신일 것으로 추정할 수 있다.

수가 월경을 한 자강도의 경우 군사 시설이 집중되어 있어 상대적으로 배급난이 늦게 시작되기도 하였고, 험한 산세가 이들의 이동을 제한하였다고 추측할 수 있다. 또 다른 국경지역인 양강도의 경우에는 중국 쪽과 공식적인 무역채널이 작동하는 대표적인 지역이기 때문에 경제난이 상대적으로 덜했고 이 때문에 비공식적 월경을 찾아보기 어려웠다는 주장이 있다.10) 하지만 양강도의 혜산을 기점으로 한 지역은 공식적 무역도 활성화되어 있었지만, 강폭이 좁아서 많은 탈북자들이 활발하게 밀수를 하였던 지역이기도 하다. 게다가 자강도와 양강도가 경제난이 함경남·북도보다 오히려 심했다는 자료도 있다. 약 300만 명에 이르는 것으로 알려진 고난의 행군 시기에 사망자의 비율을 확인해보면 자강도의 사망률은 32.9%로 북한 내에서 가장 높고, 양강도의 경우에도 28.1%로 함경북도의 27.5% 보다 높은 수준이다.11) 특히 자강도의 경우에는 김정일이 직접 자강도 주민을 치하할 정도로 고난의 행군 기간 동안 가장 열성적으로 김정일 체제에 협조하였고 이 때문에 가장 큰 인명피해를 입은 지역이라고도 할 수 있다.12)

---

10) H. Smith, "North Koreans in China: Sorting fact from fiction," in T. Akaha and A. Vassilieva, eds., *Crossing national borders: Human migration issues in Northeast Asia* (New York: United Nations University Press, 2005), pp. 175-77.
11) 좋은벗들, 『탈북난민 북한식량난민, 1,694명 면담조사 결과 보고서』, 1998. http://www.goodfriends.or.kr/n_korea/n_korea6.html?sm=v&p_no=13&b_no=3306&page=3(검색일: 2012. 4. 13.)
12) 김정일, 『김정일 선집』, 14권, 북한, 2000, 393-411쪽. 김정일은 자강도가 고난의 행군을 가장 혁명적으로 완수하였다고 격려하였다. 김정일 선집의 자료에 의하면 김정일은 1998년 자강도를 방문하여 '자강도의 모범을 따라 경제사업과 인민생활에서 새로운 전환을 일으키자'고 말하였다(같은 책, 393-411쪽). 그만큼 자강도 사람들은 고난의 행군 시기에 체제에 위협이 되는 월경을 하지 않았고, 자력갱생에 매진하였다는 것을 보여준다. 더욱이 2000년에 제작된 <자

그렇다면 여기서 중국과 국경으로 맞닿아 있는 지역인 자강도와 양강도가 함경북도와 비슷하거나 혹은 더 심각한 식량난을 겪었음에도 불구하고 왜 대부분의 북한이탈주민은 함경북도 출신인지 의문을 제기해볼 수 있다. 무슨 이유에서 대부분의 함경북도 사람들은 북한 내 다른 지역 혹은 중앙당에 도움을 요청하거나 자신들의 삶의 공간에서 '자력갱생'의 노력을 기울이지 않고 강 건너 조선족에게 기대었는가 하는 점이다. 국경으로 나누어진 중국과 북한의 '경계(border)'가 북한 지역 내의 경계(border)보다 함경북도 사람들에게 더 쉽게 이동의 대상이 된 이유가 무엇인지를 확인할 필요가 있다.

북한 사회의 계층적 특성과 지역적 분포는 북한 지역 내 경계의 구성을 설명해준다. 평양이 표방하는 '혁명의 수도', '주석의 도시'에 걸맞게 대부분의 평양주민들은 '상위' 계층의 사람들이다.[13] 김정일은 지난 80~84년 사이에 3-4 차례 평양 내 불순분자 및 신체장애자를 타 지역으로 이주시켰고, 최상위 성분을 갖고 있는 사람들만 평양에 거주할 수 있게 하였다. 또한 타 지역 사람들이 평양을 방문하는 것도 쉽지 않았는데, 이는 평양을 북한정권의 핵심적인 공간으로 구축하면서 기타 지역들과의 감정적·문화적 연결고리는 상당히 약화되게 만들었다. 게다가 공간의 분리가 곧 계층의 분리로 이어지는 사회 구조와 지역적 이동의 자유를 제한하였던 북한정권의 정책은 북한 내의 지역적 경계를 강화하는 주요한 요인이 되었다.

강도 사람들>이라는 영화에서는 자강도 출신 주인공이 고난의 행군을 꿋꿋하게 견뎌나갔음을 선전하고 있다.

13) 김문조·조대엽, 「북한의 도시화와 도시문제」, 『아세아연구』, 제 35권, 제 1호, 1992, 35쪽.

이는 인터뷰에서도 잘 나타나는데, K씨의 경우 무산지역에 살다가 아버지의 출신 성분이 좋은 것이 드러나면서 평양으로 이주하게 된 사례였다.

그때 중앙당에서 신원 조회를 하면서 우리 아버지는 백두산 줄기라고 합니다. 우리 아버지가 김일성이 혁명 투쟁할 때 지하에서 도와준 사람입니다. …우리 아버지가 신원조회가 돼서 평양에서부터 우리 오빠가 라진에 있었는데 중앙당 8국으로 평양으로 갔고, 군대 있던 둘째 오빠는 김일성 군사대학으로 보냈습니다. 이렇게 되면 생활이 180도가 아니라 360도로 바뀝니다. 그래서 우리 몽땅 평양으로 올라갔습니다.

대학 졸업 후 교원 생활을 하면서 평양에 살던 K는 우연하게 만나게 된 제대 군인 출신 건설노동자와 집안의 반대를 무릅쓰고 결혼을 하게 된다. 교량연구소에서 일하게 된 남편을 따라 고향인 무산으로 다시 돌아가게 된 이후 식량난이 본격화되는데, 처음에는 평양의 오빠들의 도움과 여맹위원장이라는 지위 때문에 그럭저럭 버텼다고 한다. 그러다가 97년 남편이 병을 앓다 죽자 심각한 경제적 위기에 봉착하게 된다. 거기에 체육 교육을 받으러 타지에 나가있던 아들이 영양실조 상태로 집에 돌아오자 K는 중국으로 가서 돈을 벌어오기로 결심을 하게 된다.

내가 난 중국에 다녀와야겠다라고 했단 말입니다. 그랬더니 반장이 무슨 소리인가 이러는 겁니다. 내가 빨갱이 빨갱이 나같은 빨갱이가 없었단 말입니다. 그럼 어떻게 하겠는가. 반장한테 우리 혁이가 다 죽어가게 생겼다고 애원을 했답니다. 그러니까 내가 반장 동지한테 의논하는 것 아니겠습니까. 그때 반장이 감자 배급 탔으니, 그때 감자를 가져가라. 반장이 중국에 가는 날에는 너도 죽고 나도 죽는다고 했단 말입니다. 그날 밤에 한잠도 못 잤습니다. **그때 오빠들한테 손을 내밀자는 생각을 하지 못했단 말입니다. 전보라도 치고 편지라도 하고 그러면 어떻게 했을지도 몰랐는데, 오직 중국만 생각했단 말입니다. 다시 결심 내린 것이 가자. 중국에 가자.**

건설노동자와 결혼하여 더 이상 좋은 성분이 아닌 K는 혈연관계이지만 평양에 살고 있는 최상위 계층의 오빠들에게 상당한 이질감을 갖고 있었던 것으로 보인다. 평양과 무산의 지리적 거리는 K와 오빠들의 계층적 거리만큼이나 멀리 떨어져 있었고, 그 만큼의 사회적·감정적 거리를 만들어내기 충분하였다. 이 때문에 남편이 죽고 아들이 영양실조에 걸린 극한의 상황에서 평양에 있는 오빠들에게 도움을 청하는 것조차 생각하지 못하고, 오직 중국에 가는 것만이 방법이라고 생각했던 것이다. 이는 그 만큼 중국에 가는 것이 평양으로 가는 것보다 더 현실적이면서도 친근한 것으로 여겨졌다는 반증이기도 하다.

그렇다면 중국으로 월경을 하는 것은 이들에게는 어떤 경험이었을까? 아무리 평양과 평양 이외의 지역과의 연결고리가 약화되었다고 할지라도 국내 지지망이 아닌 국가와 국가의 경계를 넘는 것을 감행하였다면 이들에게 있어 북·중 경계의 의미는 통상적인 국경과는 다를 수 있을 것이다. 일반적으로 국경이라는 것은 국가와 국민, 그리고 주권의 지역적 한계를 명시하는 것으로 정의된다.14) 하지만 최근에 들어 세계화의 영향과 정치지리학적 구분으로서의 경계 개념에 대한 의문은 여러 학자들에게서 제기되기도 하는데 그 중 발리바르는 우리는 지금 '국경의 흔들림 시대'에 살고 있다고 주장하면서, 국경은 단순히 제도화된 특정 지역이나 지도상에서 선(lines)인 '경계'로 존재하는 것이 아니라 다양한 형태로 곳곳에 존재한다고 주장한다.15) 즉 공항, 항만, 출입국관리소, 대사관, 외국인 밀집지역, 심지어는 음식점, 관광 안내소, 직업 훈련소 등의 일상의 공간까지도 '상상적 경계 (imaginary border)'로 작동할 수 있다는 것이다. 이런 의미에서 '경계'는 보이는 국가와 국가 사이의 구분선에 머물지 않고, 개념 (abstraction)으로 작동하여 제도, 정치, 경제, 그리고 문화를 구분하고, 구분된 집단 사이의 자유로운 이동과 소통을 제약할 수 있다. 경계를 개념(abstraction)으로 상정할 경우 경계의 또 다른 특성에 다다르게 되는데, 그것은 바로 경계의 보이지 않음(invisibility)이다. 경계는 때로는 명확하게 보이고 작동되기도 하지만, 때로는 전혀 작동하지 않기도 한다. 덧붙여 경계는 각 행위수행자에게 차별적으로 작동되기도 하는데, 특정인들에게는 '경계'가 거의 작동하지 않기도 하고 경제적/정치적 약자에게는 강화되어서 작동되기도 한다. 또한 경계 지역(borderland)에 살고 있는 사람들의 경우 '경계'는 일상생활의 장벽이기보다는 확장된 소통과 교류의 채널

14) T. Akaha, and A. Vassilieva, *Crossing national borders: Human migration issues in Northeast Asia* (New York: United Nations University Press, 2009); D. Wastl-Walter, ed., *The Ashgate Research Companion to Border Studies* (Surry: Ashgate Publisher, 2011).

15) E. Balibar, "The Borders of Europe," in P. Cheah and B. Robbins, eds., *Cosmopolitics: Thinking and Feeling Beyond the Nation*, trans. J. Swenson (London and Minneapolis: University of Minnesota Press, 1998), p. 217; also see N. Vaughan-Williams, *Border Politics: The Limits of Sovereign Power* (Edinburgh: Edinburgh University Press, 2009).

로 작동하는 사례가 많다.[16]

19세기 중엽부터 일제 강점기시기에 중국으로 이주한 조선인[17]들이 뿌리를 내린 중국 동북 3성과 북한이 맞닿아 있는 북·중 경계지역은 북한 사람들에게 국경(territory)으로 제한된 지역이기보다는 오랜 시간 동안의 소통과 교류를 바탕으로 역사적·문화적 커뮤니티를 형성하고 있었다. 특히 압록강 이북의 조선족의 대부분은 조선 북부 평안도 출신이었고, 두만강 이북으로 이주해온 조선인들은 함경도 출신이었다는 점[18]을 감안할 때 중국 동북 3성과 북한의 국경지대는 근대의 '국경'의 선이 그어지기 전부터 오랫동안 혈연적·문화적으로 묶여 있었던 지역이었다. 특히 함경북도와 두만강을 두고 맞닿아 있는 중국 쪽 지역은 연변조선족자치주[19]로 조선족의 문화적·언어적 특성을 지금까지도 지켜가고 있는 지역이다. 이 지역은 근대의 국경이 생겨나고 난 이후에도 다양한 방식으로 북한 경계지역과의 교류를 계속해 왔고, 이로 인해 국가라는 체제와는 다른 수준의 감정적·일

---

16) A. K. Henrikson, "Border Regions as Neighbourhoods," in D. Wastl-Walter, ed., *The Ashgate Research Companion to Border Studies*.

17) 중국 내의 조선족들은 19세기 중엽부터 이주해 온 조선인들에 뿌리를 두고 있는데, 대부분이 자연재해를 피해 온 '리재민과 류량민'이거나 한일합방 이후에는 '일제제국주의 식민지 통치 하에서 생계토대를 상실한 파산된 농민들'과 '반일지사'이고, 항일전쟁이 최고조에 이르는 1930년대 후반에는 '일본제국주의'가 실시한 이민정책에 의해 강제적으로 이주한 "둔간민(당시에는 개척민이라고 불렀음)"이 중국 동북 3성 지역으로 이주하여 조선족자치주를 구성하였다(리홍국·김호남·장희망,『중국조선족문화 및 그 특색에 관한 연구』, 연변인민출판사, 2010, 4-8쪽).

18) 같은 책, 14쪽.

19) 연변지역은 1952년 9월 3일에 중국정부로부터 조선족자치주로 인정받게 된다(Daniel Gomà, "The Chinese-Korean Border Issue: An Analysis of a Contested Frontier," *Asian Survey*, Vol. 46, No. 6 [2006], p. 870).

상적 커뮤니티를 유지해온 것으로 보인다. 게다가 중국의 문화대혁명 시기에 북한주민들이 강 넘어 중국 조선족을 경제적으로 지원해 주었다는 역사적 기억은 이들을 좀 더 가깝게 연결시켜 주는 고리 역할을 하였다.[20] 반면 자강도와 양강도는 국경 반대편에 조선족이 살고 있기는 하지만 연변조선족자치주와 같이 한 지역에 집중적으로 거주하는 것이 아닌 흩어져서 분포되어 있고, 자강도에 군사시설이 집중되면서 타 지역보다는 국경이 강화되어 작동해 왔다는 점과 양강도의 경우에는 백두산의 험한 산세가 중국 조선족과의 빈번한 접촉을 가로막았다는 점 때문에 함경북도와 연변자치주와 같은 일상에서 작동하는 문화적·언어적 커뮤니티를 상대적으로 활발하게 구성하지 못하였다.

　지정학적으로 압록강보다는 강폭이 좁고 물살이 느린 두만강 유역의 경계지역은 중국과 북한의 국경이기보다는 중국과 북한의 중앙정부나 내륙과는 구별되는 경계지역으로의 구별적인 지역문화를 갖고 있다.[21] 이 때문에 함경북도 사람들이나 연변조선족자치주의 조선족에게 정치적인 의미(political meaning)로의 '국경'과 감정적 풍경(emotional landscapes)으로의 '경계'는 사뭇 다른 것으로 감정적·일상적 커뮤니티로의 경계지역은 이들이 비교적 자유롭게 이동하여 삶의 방식을 찾아갈 수 있는 기회를 제공하게 된다. 레이처트(Reichert)는 경계는 지도에 그려지는 구분선인 국경으로 이해하기보다는 다양한 접촉지대(contact zone)에 의해서 구성되어지는 실

---

20) Lee, Keum-soon, op. cit., p. 45.
21) 중국과 북한 경계지역의 커뮤니티는 장률 감독의 영화 <두만강>에서 그 면면을 확인해 볼 수 있다. 이 영화에서 두만강 경계지역은 국경으로 구분된 지역이 아닌 일상생활에서 소통하고 교류하는 커뮤니티로 그려진다.

제적이면서도 일상적인 영역으로 이해되어야 한다고 주장한다.[22] 그는 동일언어지대(linguistic zone)라는 개념을 제안하면서 정치적인 국경과는 다른 층위에서 언어적 경계가 작동하고, 이 언어적 경계는 같은 언어를 쓰는 커뮤니티간의 접촉 수준과 정도에 따라 유지된다고 설명한다. 이 개념을 좀 더 확장시키면 동일언어지대는 언어라는 수단을 매개로 활발한 교류가 가능하고, 이를 통해 유사한 문화와 생활방식의 공유가 가능할 수 있음을 나타낸다.[23] 함경북도인들의 경우 경제난과 대중교통의 미비, 권력 서열에 따른 거주 지역 서열화 등으로 북한 내의 타 지역과는 상대적으로 활발한 접촉지대를 형성하지 못하였고, 반면에 중국의 연변조선족자치주와는 편리한 접근성, 민족정체성, 역사성 그리고 동일 언어사용이라는 점을 바탕으로 일종의 동일문화·언어지대(Cultural and linguistic zone)를 형성하고 있었던 것이다.[24] 이 지대는 단순히 물리적 혹은 지리적으로 두 지역이 맞닿아 있는 것에서 더 나아가 각 지역의 사람들이 오랫동안 구성되어온 상호 연계 관계 속에서 공동체적이면서도 유사한 언어와 문화지대로 작동하고 있음을 보여준다.[25] 이에 이들은 경제적 위기가 닥치자 동일문화·언어지

22) D. Reichert, "On boundaries," *Society and Space*, Vol. 10 (1992); D. Harvey, *Spaces of Hope* (Edinburgh: Edinburgh University Press, 2000); A. Smith, *Myths and Memories of the Nation* (Oxford: Oxford University Press, 1999).

23) 조선족과 함경북도 사람들 사이에는 언어, 생활방식, 문화의 유사성을 확인할 수가 있다. 조선족과 함경북도 사람들은 비슷한 억양과 어휘를 쓰고 있고, 음식, 생활, 놀이 문화 등에서도 유사성이 있다. 이 때문에 중국에 거주하는 많은 탈북자들은 언어적·문화적 괴리감을 상대적으로 적게 느끼고 있다고 한다 (사례 K씨 인터뷰).

24) D. Reichert, op. cit; L. Dominian, "Linguistic Areas in Europe: Their Boundaries and Political Significance," *Bulletin of American Geographical Society*, Vol. 47, No. 6, 1915.

대 내의 이동을 감행함으로써 위기를 타개하고자 하였던 것이다.26) 사센을 인용하자면 아무리 경제적 이유로 이주를 감행하더라도 지역적·문화적·사회적 지리여건이 주요한 이주 추동 원인일 수 있다는 것은 이런 점에서 의미심장하다.27)

앞에서 소개한 K의 경우에도 무산에서 태어나 상당히 많은 친척들이 연길에 살고 있었고, 1990년대 초에는 친척방문허가증을 받아 중국에 방문해서 상당한 경제적 이익을 취할 수 있었다.

> "…국기훈장 3급을 받고, 친척방문을 하게 되었습니다. 보통 3-4개월이 걸리는 것인데, 난 그날로 허가증이 나와서 중국에 갔단 말입니다. 남평-화룡-연길까지. 연길에 친척들이 다 있어서요. 그래서 (중국에) 들어오면서 다른 사람들은 인민폐 밖에 못 가지고 갔는데 그때 내가 나갈 때 낙지도 50키로, 명태도 100키로 가지고, 텔레비, 녹음기, 마선, 자전거, 레자 장판 일체 모든 것을 다 해가지고 왔단 말입니다."

이와 같은 경험은 K가 남편이 죽고 아들이 영양실조가 걸린 급박한 상황에서 다시 중국으로 넘어가 연길에 살고 있는 조선족 친척들에게 도움

---

25) 에드워드 렐프, 『장소와 장소상실』, 김덕현 외 옮김, 논형, 2005, 85-87쪽.
26) '탈북자 사이에서는 함경도 사람들 중에서 중국에 한번 안 넘어갔다온 사람은 바보 아니면 (당)간부라는 말이 있을 정도로' 고난의 시기에는 함경도 사람들이 집중적으로 월경을 한 것으로 보인다(홍진표 외, 『북한의 진실』, 시대정신, 2004, 24쪽).
27) S. Sassen, *Global City: New York, London, Tokyo* (Princeton, N.J.: Princeton University Press, 1991).

을 청하게 하였다. 또 다른 사례는 함경북도 청진 출신인 C씨인데, 그녀는 조선족 어머니와 북한 출신 아버지 사이에서 태어났다고 한다. 그녀의 어머니가 조선족 출신인 까닭에 어렸을 때는 매일 같이 중국 쪽에서 건너온 친척들의 뒤치다꺼리를 했다고 한다.

> 86년에서 92년도까지 친척들이 하루도 안 빼고 장사하러 왔었어요. 엄마가 김철 제철공장 여맹위원장도 했고 연맹 공장에 오랫동안 있었어요. 그때 친척들이 정말 많이 왔었어요. …98년도부터 각자 자체로 살아가라는 교시가 내려왔어요. 그때부터 중국이랑 무역하고, 교역하고 그랬어요. …(예전에) 친척들이 올 때마다 제가 다 도와주고 했거든요. 그 물건 다 한 달 동안 팔게 해주고, 필요한 것 사서 가고 황해도 해삼이랑 개구리 기름을 많이 가져갔는데, 그게 그렇게 돈이 되었다고 하려라구요. 그래서 친척들이 잘 살게 되었어요. 집도 사고 그래서 야(딸)는 어렸을 때부터 중국 친척들이 가져다주는 걸로 항상 잘 먹고 좋은 것만 입고

친척들과 긴밀한 유대관계를 유지하고 있었던 C는 경제난이 닥치자 자연스레 중국으로 넘어가 친척들을 통해 무역을 하게 된다. 과거에 도움을 받았던 친척들은 C를 반겼고, 이 때문에 C는 결국 중국에 장기체류하게 된다. 1980년대까지만 해도 북한주민보다 가난했던 조선족 친척들이 북한에 들어와서 생필품을 팔고, 광물이나 건강식품 등을 사가지고 넘어가 중국에서 경제활동을 하는 사례들이 많았고, 이 과정에서 북·중 경계지역은 국경으로 나뉘어져 있기보다는 끊임없는 초국적 경험들로 재구성된 동일문화·언어지대로 자리매김된 것이다.

또 다른 사례 A씨는 96년 어린 나이로 처음 월경을 감행하는데, 그 이유는 배고픔이라기보다는 아버지와의 갈등이었다.

전 아버지랑 사이가 안 좋아서 매일 손찌검하고 그래서. 에잇 그냥 나왔어요 …엄마가 잘 때 새벽 2시에 바로 강 넘었지. 그 전에는 중국 갈 생각은 없었는데, 그냥 많이 놀았지요. 두만강이니까 수영하러 나가면 조선족 애들이랑 수영도 같이 하고 얘기도 하고 물건도 주고받고 그랬거든요. 96년도 3월. 북한은 4월 중순 되야 얼음이 녹기 시작해요. 그래서 그냥 얼음타고 넘어갔어요. 그때가 12살이에요. …처음에는 강 넘자마자 새벽이니까 전부다 자잖아요. 불 켜있는 집 무조건 들어가는 거에요. 나오면 (그쪽에서) 중국말로 해요. 그럼 (내가) 조선말로 해요. 그럼 조선족이에요.

이렇듯 월경이 다른 국가로 이주하는 경험이기보다는 익숙했던 경로를 통한 충동적인 이동이기도 하다. A씨의 경우 우연하게 신세지게 된 조선족의 도움을 받다가 미안한 마음에 북한에서 필요한 것들을 하나씩 가져다주기 시작한 것이 계속되는 도강의 시작이었다고 한다.

그 집에서 며칠 있다가 북한에 왔다 갔다 했어요. …북한에서 뭐 필요한 것 있냐고 물어보지요. …그 사람(처음에 도움을 준 조선족)이 밑천 대줄 테니까 (장사를) 시작하자고 하더라구요. 그래서 도끼장사, 개장사, 기름개구리(하마개구리), 송이 장사도 해봤다가 그러다가 10번 안되지만 하여간 왔다가 갔다가 안 잡혔어요.

고난의 행군시기에 각 단위의 주민들이 각자 알아서 경제활동을 할 것을 독려했던 북한정권은 사실상 북한주민들의 월경을 지원 혹은 묵과했다. 이들이 합법적으로 중국으로 가기 위해서 필요했던 서류는 '친인척 방문허가증'이라는 서류 한 장이었고, 이 서류는 중앙정부가 아닌 당의 지역사무소에서 처리되었다. 이 시기의 중국과 북한의 국경경비대들은 대부분이 동일언어지대에서 오랫동안 살아온 '지역(local)' 사람들로 국경을 관리하고 단속하는 데는 적극적이지 않았다. 이에 불법적인 월경은 마치 이웃집을 방문하는 것처럼 일상화되어 있었던 것이 특징이다.

다시 사례 A의 경험을 들어보자.

그러다가 마지막에 잡혔지요. 북한에 넘어가는데 걸렸어요. 북한 군인한테 걸렸어요. 무산 근처에서 잡혔어요. 가자고 막 그러더라고요. 그래서 봐달라고 했더니 담배 있냐고 물어보더라고요. 한 갑 주고 두 보루 있다고 하니까 다 주면 그냥 보내주겠다고 하더라구요.

B씨는 자신이 국경경비대와 친하다는 것을 강조하였는데, "다 아는 사람들이었어요. 넘어 다녀도 뭐라 하지 않고, 뭐라고 하면 좀 쥐어주면 다시 풀려나고 그랬으니까요." 즉, 국경을 단속하는 군인은 오랫동안 강을 건너다니며 장사를 했던 지역 사람들과 이미 깊은 관계를 유지하고 있었기 때문에 형식적인 단속을 하고 있었고, 설령 적발이 된다고 하더라도 약간의 뇌물로 풀려날 수 있었음을 알 수 있다.

강화되는 국경: 탈북자의 '경계 넘기'

　이렇듯 1990년대 중반까지는 비교적 북·중 국경이 강화되어 작동하지 않았고, 이를 바탕으로 북한주민의 동북 3성 조선족과의 공식/비공식적 교류는 계속된다. 고난의 행군 시기에는 북한정부가 사실상 불법월경자를 묵과하기도 했고, 식량난으로 인해 사회 시스템이 급격하게 붕괴되면서 이들에 대한 처벌도 일정기간 구호소에서 수용한 이후에 석방하는 등 처벌의 수위도 현저하게 약화되었다. 하지만 1990년대 후반부터 묵과해온 월경자들이 북에 돌아오는 것이 아니라 중국에 머물면서 노동시장을 교란시키거나 제 3국으로 이주하는 사례가 속속 생겨나고, 합법적 월경자들의 경우도 경제적 이득을 갖고 북에 돌아오기보다는 중국에 장기간 체류하는 사례가 늘어나자 북한과 중국정부가 본격적으로 '국경'을 강화하기 시작하였다. 중국에 친척이나 친족이 있다는 증명만으로도 쉽게 얻을 수 있었던 '친인척 방문허가증'은 2000년대 초부터 중앙정부의 허가가 필요하게 되었고 이 때문에 '친인척 방문허가증'을 받는 데 소요되는 시간은 길어지고, 뇌물이나 사회적 연결망의 지지가 필요하게 되었다.28) 게다가 2000년대에 들어서 남한의 각종 '단체·조직·인사들의 기획입국' 시도로 탈북자 문제가 국제문제로 비화되자,29) 지금껏 적극적으로 국경을 강화하지 않았던 중국과

---

28) 인터뷰 사례 K씨의 경우 최초의 월경은 북한정부의 '친인척 방문허가증'으로 이루어졌다. 1999년에 최초로 월경을 하였는데, 처음에는 방문허가증을 신청하고 1-2주 정도 기다리면 허가증을 받을 수 있었다고 한다. 하지만 2000년대 이후부터는 중앙당에서 방문허가증을 관리하기 시작하였고, 너무 오랜 시간을 기다려야 하고, 허가증을 받을 수 있는 확률이 점차적으로 낮아지자 불법월경을 시작하였다고 진술하였다.

북한이 탈북자 강제 북송 등의 방법으로 두 국가의 경계를 강화하는 양상을 보인다.

이렇듯 강화된 '국경'과 경계지역은 두 국가의 정치적 주권이 작동하는 주요한 지역으로 재탄생하게 되었다. 역설적이게도 강화된 '국경'은 지금까지 경계지역을 오가며 무역이나 장사를 해왔던 많은 수의 북한주민들이 국가를 등지게 하는 기제로 작동하게 된다. 대다수의 북한이탈주민은 단순히 경제적 이익을 얻기 위해서 중국을 드나들기 시작했고, 이들은 본국에서 타국으로 '이주'하려고 했던 것이 아니라 단기간 '이동' 후 다시 본국으로 들어오는 것에 있었다. 길게는 수개월에서 짧게는 일주일 남짓 중국에서 필요한 물건 등을 사서 북한으로 들어와 장마당에서 팔아 근근이 가구경제를 유지하는 것이 가장 큰 목적이었기 때문이다. 하지만 강화된 '국경'은 이들을 불법 월경자로 규정짓고 강력한 처벌의 대상으로 삼는다.[30] 중국 공안에 잡혀서 북송되는 경우나 북한 측 국경경비대에 잡힌 북한주민은 구호소, 노동단련대, 관리소 등에서 강제 노동, 교화, 고문 등의 끔찍한 경험을 하게 될 뿐 아니라, 월경자의 가족들도 감시의 대상이 된다.[31] 이로 인해 국경을 오가며 이동하던 북한주민들은 북에 남을 것인가 아니면 감시를 피해 중국으로 이주할 것인가를 결정해야 하는 상황에 직면하게 되었다. 사례 H의 경우에는 할머니가 여관을 하였기 때문에 중국을 드나들며 밀수를 하는 사람들을 자주 만났고, 96년에 호기심에 그들을 따라 나선 것이

29) 송봉선, 『중국을 통해 북한을 본다』, 시대정신, 2011, 291-92쪽.

30) C. Choi, Eunyoung, "Everyday Practices of Bordering and the Threatened Bodies of Undocumented North Korean Border-Crossers," in D. Wastl-Walter, ed., *The Ashgate Research Companion to Border Studies*.

31) 리정순, 「함경북도 도 집결소」, 『두만강』, 6호, 2009, 62-76쪽.

처음 시작이었다고 한다. 후에 중국과 북한을 드나들면서 밀수도 하고, 중국에서 '놀기도 하면서' 지냈다고 한다. 그러다가 우연한 기회에 잡혔는데, 그때는 나이가 어려서 경미한 처벌을 받은 후 풀려났다고 한다. 하지만 계속적으로 여러 번 잡히자 북한 당국에서 그를 가장 힘들다는 노동단련대에 수감하였다.

> 단련대는 정치수용소보다 더 힘든 일을 하거든요. 겨울에 장갑 하나 없이 산에 가서 나무를 하는데, 3명이서 이따 만한 통나무를 하라는 거에요. 그때 손이 다 얼고 그때 정말 뼈밖에 안남아 있었어요. 그래가지고 거기서 병치료로 나왔어요. 너무 말라서 죽을까봐 나왔어요. 집에 가서 잤는데, 일어나지 못할 정도였어요.[32]

H를 더욱 더 북한에서 내몬 것은 동네 사람들과 친구들 앞에서 해야 했던 생활총화였다. "진짜 쪽 다 팔렸어요. 학교 다니던 동창애들도 있고, 비판이라는 게 있어요. 생활총화. 부령군에 있는 강당에 끌려 나가서 수갑까지 차고 수 백명이 보는 데서 당했지요." 단체 생활이 가장 중요한 북한에서 이와 같은 경험을 한 이후에 더 이상 그곳에서 살 수 없다고 판단한 H는

---

[32] 21개의 심층 인터뷰 사례 중 A, B, D, E, I, K, P, R은 적어도 한 번 이상 국경경비대에 잡혀 구류 이상의 처벌을 받았다. 처벌의 악몽 같은 기억이 이들이 북한을 떠나게 하는 데 상당히 작용했다는 것을 인터뷰에서 확인할 수 있었다. 하지만 2000년대 후반에 탈북한 경우 처음부터 남한행을 염두에 둔 경우도 있고, 남한에 이미 정착한 가족이 브로커 비용을 내고 이들의 탈북을 돕는 경우도 증가하여 이들의 이주 동기에는 강화된 국경이 결정적인 역할을 하지는 않는다.

북한을 완전히 떠날 것을 결심하게 된다. 또 다른 사례는 앞서 소개한 C씨인데 그녀는 중국 쪽의 "친척들과 힘을 합쳐서 돈을 벌 생각만 했지 중국에서 살 생각은 요만큼도 없었다"고 한다. 게다가 북에 두고 온 하나밖에 없는 딸 때문에 다시 북에 돌아가려고 온갖 노력을 다 하였는데 다시 넘어가면 처벌받는다는 이야기를 듣고 결국 딸아이를 중국으로 데려오게 되었다고 하였다.

> 그때(중국에 온 지 6개월 후, 2002년 10월) 다시 북한으로 가려고 했거든요 남양 중국 도문 쪽으로 해서 다시 오려고 했거든요…(그게 잘 안되서) 북경(북한)대사관에 찾아 갔어요 …북한 대사관 옆에 명품 매대 (북한 명품) 가게들이 6-7개가 있는데, 국제 전화 이용할 수 있다고 쓰여 있더라고요 그래서 들어가서 도와달라고 하니까. 그 사람들이 전화를 (북한대사관) 넘겨주더라구요 아파서 못 들어갔는데, 이제 조국으로 들어가려고 한다고 했더니. 그랬더니 심양으로 내려가라. 심양에 황영사라고 있다 그 사람을 찾아가라고 하더라구요 그날 저녁에 바로 심양으로 갔더니. 기다려라 이러더라고 그래서 계속 기다렸어요 3달을 기다려도 연락이 없는 거야. …다시 (심양에) 찾아갔더니 지금가면 처벌도 심하게 받고 그리고 왜 굳이 들어가려고 하느냐고 그러더라고

C씨의 경우 갑자기 강화된 국경이 C씨의 귀환을 막게 되었고, 북한 대사관까지 가서 도움을 요청했지만 북한으로 다시 들어갈 방도를 찾지 못한 경우이다.

게다가 강화된 국경은 일상생활 속에 파고들어 이들을 구별해내고 제외시키는 작용을 한다. 공안이 언제 잡아갈지 모른다는 공포심과 북한에

서 탈북자를 잡으러 군인이 조를 짜서 돌아다닌다는 소문까지 들은 이들은 매 순간 불법월경자로서 국경을 경험하게 된다. B씨의 경우 18살 때부터 밀수를 하면서 경계지역을 '휘젓고' 다니다가, 21살이 되던 2003년에 다시 북으로 돌아가지 않을 생각으로 두만강을 넘어 화룡과 용정까지 도착을 했는데 사스 발병으로 중국 전역에 경찰단속이 심해지자 큰 어려움을 겪었다고 회고한다.

어떻게 아는 집에 들어가야 되겠는데 공한들이 하도 검사를 해대서 둘이서 산에 앉아가지고 일주일 동안 물 한 방울 못 먹고 굶으니까 죽겠더라고요 …아무래도 안 되겠다. 여기서 이렇게 타향에 와가지고 굶어 죽으니 뭐야 저기 차라리 잡히는 게 낫겠다 싶었어요

또 다른 사례 F씨는 어머니를 따라 후에 중국으로 이주하였는데, 학교에서 경험하는 국경으로 인해 심각한 우울증에 시달렸다고 한다. 길림시 밖에 있는 시골 한족 학교를 다니다가 적응을 잘 하지 못해서 길림시 안에 있는 조선족 학교로 옮긴 F씨는 우연한 기회에 학급 친구들이 자신이 북에서 왔다는 것을 알게 되었고, 그 이후 '북에서는 사람을 잡아먹는다더라', '공안에게 신고할까 보다', '보상금이 500원이라더라', '북에서 와서 그런지 어떻다' 등의 놀림을 받게 된다. "북한에서 온 애라고 북한에서 사람을 잡아먹고 뭐 이런 식으로 알려진 거지요 인격적인 모욕도 주었고요 신경 안 쓰려고 해도 북한이라는 말만 나오면 신경이 쓰이게 된 거에요." 유복한 환경 덕분에 중국공민증까지도 있었던 F씨이지만 북한 출신이라는 놀림과 혹시라도 발각될지도 모른다는 두려움 때문에 결국 학교를 중도에서 포기하게 된다.

이와 같이 강화된 '국경'은 경계지역의 동일 문화·언어지대로서의 공동체적 문화까지 변화시켰고, 이는 조선족과 북한이탈주민의 대립적 관계까지 양산하게 된다.33) 특히 북한주민의 월경이 이주 산업화되면서 많은 수의 조선족이 탈북 브로커가 되거나 인신매매 산업에 뛰어들었고, 조선족과 북한주민 사이의 상당한 갈등을 야기하였다. 또한 농촌지역의 가난한 조선족들이 북한 월경자들을 숨겨준 후 이들의 노동력을 착취하고 중국정부에 신고하여 포상금을 받는 사례가 늘어나면서 '조선족은 믿으면 안 된다'는 말이 북한 월경자 사이에 퍼져 나가기도 하였다.34) 반대로 대다수의 젊은 조선족이 남한으로 경제이주를 떠나면서 텅 빈 조선족 마을을 탈북자들이 약탈을 하거나 부녀자와 노약자를 폭행하는 사례들이 늘어나면서 조선족 사이에서 탈북자에 대한 반감이 늘어나고 있는 것도 사실이다.35) 연변대학교의 박창익 교수는 일부 탈북자가 범죄 집단화되는 경향이 있고, 이로 인해 중국 동북지역의 새로운 사회문제로 떠오르고 있다고 진단한다.36)

하지만 한편으로는 북한이탈주민들이 여전히 조선족 사회와 협력관계

---

33) 윤여상, 『해외 탈북자 실태와 대책』, 북한연구소, 2009.

34) 인터뷰에서 만난 대부분의 북한이탈주민은 조선족을 상당히 불신하는 것으로 나타났다. 그 이유는 자신들이 불법월경자임을 알고 일을 시킨 후 월급을 줄 때쯤이면 공안당국에 신고하는 방식으로 자신들을 어려운 상황에 몰아넣었고, 극단적인 사례의 경우 자신들을 인신매매하였다고도 증언한다.

35) Lee, Keum-soon, "Cross-border Movement of North Korean Citizens," p. 45.

36) http://www.cwomen.net/bbs/board.php?bo_table=history&wr_id=1296; 탈북자의 범죄에 대한 조선족의 분노에 찬 시각은 연변통신 게시판에서도 쉽게 찾아볼 수 있다. http://yanbianforum.com/board.html?gid=nb&id=7812&include=&lc=1000000&mc=&mode=view&sc=0

를 유지하면서 다양한 방식으로 동일문화·언어지대를 재구성하고 있는 것도 관찰된다. 특히 북한이탈주민 중 약 70%를 차지하는 북한여성들은 남한으로 경제이주를 떠난 조선족 여성의 자리를 메우는 역할을 담당하게 되고, 이는 상대적으로 개발이 덜 된 농촌지역에서 눈에 띄게 포착된다. 물론 많은 수의 탈북여성들이 인신매매나 성폭력에 노출되어 있는 것도 사실이고, 결혼하지 못한 농촌 조선족들이 브로커들에게 돈을 지불하고 북한여성들을 데려와 정착한 사례가 많지만, 동북 3성 조선족 사회의 여성의 빈자리는 더 많은 북한여성들이 월경을 할 수 있게 하는 큰 동기임에 분명하다. 중국의 현지조사에서 만나게 된 한 북한이탈주민 여성은 자신이 살고 있는 마을에 적어도 6명의 북한이탈주민 여성이 결혼하여 살고 있다고 증언한다. 세대수가 50세대 정도인 작은 마을인 이곳은37) 이미 많은 여성들이 조선족 농부들과 결혼하여 이주하였고, 대부분이 5-10년 넘게 정주하면서 아이도 낳고 상대적으로 안정적으로 살고 있었다. 농촌에 남기를 원하지 않아 도시 혹은 한국으로 떠난 많은 수의 조선족 여성의 자리를 북한이탈주민 여성들이 채우고 있는 사례이다.38) 이곳의 북한이탈주민 여성들은 다른

---

37) 이곳은 중국 연변에서 한 시간 거리인 안도(安堵)에서도 다시 2시간 정도 버스를 타야 도착할 수 있는 농촌지역이다.

38) 조선족 마을에 정착한 여성의 실화를 소개한 『임진강』은 북한이탈주민 여성의 역할을 아래와 같이 소개한다. "이 마을은 조선녀자들이 오기 전에는 거의 보톨이와 로인들 세상이였다. 개혁개방을 맞으면서 젊은이들은 대부분 도시로 빠져나갔다. 처녀들은 물론 일할만한 여자들마저 속속 떠나버렸다. 결국 마을에 남은 것은 찾는 데가 없는 로인들과 미혼 또는 안해가 떠난 남자들—즉 보톨이들 뿐이였다…. 바로 이론 곳에 조선녀자들이 하나 둘 나타나면서 상황이 바뀌어 갔다. 마을의 보톨이들이 줄어들기 시작한 것이였다. 얼마 후에는 아이들이 태어나고 그 아이들의 울음소리, 웃음소리가 울리기 시작하였다."

곳으로의 이주를 전혀 고려하고 있지 않은데, 이곳이 자신들의 고향과 지리적으로 가깝고 언어와 문화가 비슷하여 살아가는 데 큰 불편이 없다는 것이 이유였다. 게다가 조선족과의 결혼과 출산 등을 경험하면서 의도했건, 그렇지 않았건 중국 조선족 사회에 자연스럽게 동화되어 이곳이 또 다른 고향이 되었다는 것이다.39) 물론 이들 또한 공안 단속의 공포와 법적 신분이 없기 때문에 겪는 여러 가지 어려움에 노출되어 있지만, 작은 단위로 구성되어 있는 시골 조선족 마을의 경우 유대감이 높고, 대부분의 촌장이 마을을 유지하기 위해서 북한이탈여성을 적극적으로 보호하고 있다.40) 이와 같은 사례를 볼 때 10-30만으로 추정되는 중국 내의 북한 사람들의 삶이 하루하루 극도의 불안과 함께 인간 이하의 생활을 하는 난민적 상황이기보다는 적절하게 조선족 사회와 연계하여 다양한 방식으로 동일문화·언어지대 내에서 안정감을 구축하면서 살고 있는 것으로 추정할 수 있다.

물론 일방적으로 중국 내 북한이탈주민의 삶을 낙관하기에는 일상에서 이들이 경험하는 확장되고 강화된 '국경'이 이들의 생활을 제한하고 있는 것은 분명하다. 일상의 길거리는 공포의 장소가 아닌 자기 인식의 장소가 되어야만 하는데,41) 적어도 중국 내 북한이탈주민들에게는 도심 곳곳의 장소와 위치들은 자신들의 신분이 드러날 수 있는 공포의 장소로 작동될 가능성은 충분히 있다. 즉 다른 국적의 사람들이 조우(encounter)하게 되는

---

39) 『임진강』은 북한여성이 조선족 마을에서 성공적으로 정착한 사례를 소개하고 있다. 리명희라는 북한출신 여성이 조선족 마을의 부녀회장으로 선출된 실화를 소개한다.
40) 리정순, 앞의 글, 30쪽.
41) 리처드 세넷, 『살과 돌: 서구문명에서 육체와 도시』, 임동근 외 옮김, 문화과학사, 1999.

일상의 접촉지대가 '국경'이 작동되는 첨예한 공간으로 변형되고 있는 것이 최근의 중국 내 북한이탈주민의 상황이라고 하겠다. 하지만 여기서 간과하지 말아야 할 점은 이렇게 작동되고 있는 '국경'은 동북아의 정치지형에 따라 혹은 이해당사자들의 편의에 따라 다시 약화될 수도 있다는 사실이다.[42] 즉, 일상에서 강화된 '국경'이 북한이탈주민을 난민적 상황에 처하게 하였다면, 향후 변화하는 동북아 정치지형과 당사국의 협의에 의해 약화될 여지는 충분히 있다.[43]

이주의 과정: 초국적 민족 공간 '경계 만들기'

2005년 자료에 의하면 북한이탈주민의 제 3국 체류기간은 총 41개월로 나타났다.[44] 이는 북한주민이 탈북을 하자마자 남한행을 선택하는 것이

42) 이금순은 그녀의 논문에서 북한주민의 월경에 대한 처벌이 2000년대 초에는 상당히 약화되었다고 주장한다. 그 이유는 너무 많은 수의 북한주민이 월경을 했기 때문에 정치범으로 간주하여 처벌하는 데 어려움이 있었기 때문이다. 또한 그 시기에 남과 북의 화해기류에 따라 김정일 정권이 한때 불법월경자에 대한 처벌을 눈에 띄게 완화하였다고 한다. 물론 이후에 남북관계가 냉각되면서 다시 처벌이 강화되었다는 것도 밝히고 있다(Lee, Keum-soon, "Cross-border Movement of North Korean Citizens").

43) 오랫동안 중국에 체류한 북한여성들 중 조선족이나 한족과 결혼 혹은 출산을 한 경우 이들에게 법적지위를 보장해주는 것이 우선적으로 진행되어야 할 것이다. 북한여성과 중국인 남성 사이의 자녀들에게도 법적지위를 보장해주는 것은 당장 당면한 문제로, 북한여성들의 불법적 삶의 고단함을 상당히 완화해 줄 것으로 보인다.

44) 김수암, 「해외 체류 탈북자 문제 쟁점과 과제」, 『Online-Series』, 06-05, 통일연구원, 2006, 13쪽. 2003년 입국한 북한이탈주민의 탈북 후 국내 입국까지 해외

아니라 오랜 시간 동안 중국이나 제3국에서 체류 혹은 이동을 반복하고 있음을 나타낸다. 초기에는 연변조선족자치주를 중심으로 체류하였던 북한이탈주민은 이후 중국 내 타지역으로 이동하거나 혹은 제3국으로 제2의 이동을 하고 있다. 일상에서 작동하는 강화된 '국경'은 중국 측 경계지역 내의 많은 수의 북한주민을 보이지 않는 '국경'이 없는 곳을 찾아 이동하게 하는 동력이 된다. 한두 번의 북송 경험과 이에 따른 고된 처벌은 북·중 경계지역을 위험한 곳으로 만들고, 작동되는 '국경'이 조금이라도 완화되어 있으면서도 이들이 문화적·경제적으로 정착할 수 있는 바탕이 있는 곳을 찾아 이동을 하게 만든다. 이 이동은 처음에는 동북 3성의 조선족 거주지역 도시(연길, 화룡, 훈춘, 단동 등)에서 점차적으로 주변 지역(청도, 심양, 천진, 위해)으로 옮겨가다가 이후에는 상해나 북경과 같은 대도시로까지 확장된다. 여기서 주목해야 할 점은 이들의 이동이 경계지역의 확장과 연관성을 갖는다는 점이다.

1990년대 중국과 한국이 본격적인 경제교류를 시작하면서 북·중 경계지역이 북한, 중국, 한국이라는 다소 다른 문화, 경제 단위들이 뒤얽혀 또 다른 모습으로 재탄생되었다면,[45] 최근에는 이 경계지역이 지정학적

에서 체류하는 기간은 4-5년이 28.2%로 가장 높았으며, 5-6년이 25.7%, 1년 미만이 12.1% 순서이며, 개인당 평균 체류기간은 3년 11개월이었다. 이것은 2002년의 경우 3-4년 47.4%, 1년 미만 20.9%, 1-2년 19.5%의 순서이었으며, 평균 체류기간 3년 2개월과 비교할 경우 점차 체류기간이 증대되고 있음을 보여주는 것이다(서윤환, 「재외탈북자의 인권문제와 개선방법-여성, 어린이를 중심으로」, 『워크숍 자료집: 재외탈북자 및 북한의 인권문제에 대한 새로운 접근』, 북한인권정보센타, 2004, 2쪽).

45) 이옥희, 『북·중 접경지역: 전환기 북·중 접경지역의 도시네트워크』, 푸른길, 2011, 30-40쪽; 노귀남, 「새터민의 이방성 이해-소통을 위한 문화담론을 찾

'국경' 지역에만 머무는 것이 아니라 중국 내 다른 지역으로 점차적으로 확장되고 있다. 경계지역은 조선족을 매개로 중국으로 진출한 한국 기업이나 선교사들이 조선족에 기대기 위해 중국으로 이동한 북한주민과 대면하게 되는 공간으로 재탄생되었고, 이 과정에서 만들어진 새로운 경계문화(border culture)는 단순히 북·중 경계지역(동북 3성)에 머무르는 것이 아니라 자본의 흐름에 따라 중국의 타 지역으로 확장되는 양상을 보여준다.

'국경'이 조금이라도 약화되어 있는 곳을 찾아 떠나는 북한주민에게 최소한의 터전은 바로 이 경계문화의 존재 여부이다. 중국이라는 타국의 공간에서 한국인-북한인-조선족으로 분리되어 있던 민족이 문화적 유사성과 경제적 관계를 바탕으로 서로 연결되어 중국 내의 민족의 공간(ethnic space)을 구성해 가는 것이 바로 변형된 형태의 경계문화인 것이다. 이 때문에 북한주민의 이동은 한국 사람과 조선족이 중국 내에 그 거주 반경을 넓혀가는 것과 비례해서 점차적으로 확장되고, 이는 중국이라는 장소 안에서도 한국인-북한인-조선족의 민족적/문화적 공간이 계속적으로 확장되고 있다는 반증이라는 점에서 중요하다.

이는 인터뷰에서도 잘 나타나는데 앞에서 소개한 A씨는 경계지역이 안전하지 않다는 것을 경험한 후 '한국 사람들이 많고 한국 기업들이 많은 곳이 심양'이라는 소리를 듣고 무작정 심양으로 떠난다. 심양에 도착한 A씨는 한국인과 조선족 밀집지역에 가서 주변을 둘러보면서, 북한 사람을 찾아냈다고 한다.

■■■ 아서」, 『생활세계 이방성: 젠더와 상호문화적 관점에서의 철학적 성찰』, 한국여성철학회·상호문화철학회 2011년 추계학술대회 자료집, 2011, 69-70쪽.

한국 사람이 한국 사람을 대번에 알아보는 것처럼 제 눈에는 북한애들은 금방 눈에 띄거든요. 한국 사람들이 많은 곳에 가면 북한애들이 분명히 모여 있어요. 조선족이랑 같이 있기도 하고.

그는 심양에 서탑가라는 곳은 한인들과 조선족이 모여 사는 곳인데 그곳에서 허드렛일도 하고 구걸도 하면서 근근이 버티었다고 한다. 그러다가 심양보다 살기 좋으면서도 한국 사람이 많이 있는 도시가 대련이라는 것을 조선족에게서 듣고 대련으로 이동한다. 이후 대련에서 만난 북한 사람들과 어울리면서 부둣가에서 한국인을 대상으로 짐꾼을 하면서 살게 된다. 하지만 누군가의 신고로 함께 일했던 북한 사람들이 잡혀가고, 친하게 지냈던 조선족이 산동 위해로 가면 한국 사람도 많고 그리고 '문명도시'여서 여기와 같이 위험하지 않다는 말을 듣고 다시 위해로 친구들과 이동을 한다.

친구 둘이랑 아는 형이랑 이렇게 넷이서 갔었어요. 그런데 도착해서 보니 도통 한국 사람들이 없더라고. 많다고 분명히 그랬는데 내 눈에는 보이지가 않더라고요. 말도 안통하고 눈앞이 캄캄하더라고. 그래서 아 여기가 아닌가보다 그러다가 그럼 청도로 가자. 거기는 분명 한국 사람들이 있을 꺼다. 그래서 버스 타고 4시간 정도 걸려서 청도로 갔어요.

청도에서 만난 한국 사람들은 돈은 몇 푼 쥐어주기는 했지만 일자리를 주거나 실질적인 도움을 주지는 않았다고 한다. 그래서 이곳저곳을 다니다가 그때 가봤던 위해에 다시 가기로 결심한 후 위해로 다시 이동을 하게 된다. 또 다른 사례인 H씨46)도 비슷한 경험을 하는데 심양-청도-심양-천진-위해-연태-상해-곤명-북경-심양-북경으로 이동을 하면서 조선족과 한인의 도움으로 돈도 모으고 일도 하면서 살 수 있었다고 한다. B씨의 경우에는 안도-연길-화룡 등 연길조선족자치주에서 주로 이동하다가 좀 더 안전한 삶을 찾아 심양-목단강-하얼빈 등에 머물다가 이후에는 북경까지 이동하게 된 사례이다.

북한이탈주민의 중국 내의 이동에서 주목해야 할 점은 조선족 교회 혹은 한인 교회가 중국 내에서 북한주민이 잠시라도 체류할 수 있는 초국적 민족적 공간이자 경계문화의 장으로 작동하고 있다는 점이다. B씨는 중국에 있는 동안에 끊임없이 교회에서 도움을 받으면서 한국까지 오게 된다.

교회, 교회 같은 데 들어가면 정 돈이 안 될 때는…차비 떨어질 때면 조선족 교회를 찾는 거예요. 조선족 교회를 찾아가지고 사정 이야기 좀 하고 처음에는 안 된다고 하죠. 그럼 뭐 버티고 그냥 안가고 그냥 버티고 그러니까 주더라고요. 그런 식으로 또 받아가지고 백 원, 이백 원 받아가지고 차비해 가지고 가고 그런 식으로 해가지고 목단강, 하얼빈 갔다가 그 다음 북경까지 간 거예요.

A씨의 경우 연길에서 2-3 차례 전도사들이 운영하는 곳에서 성경공부

---

46) A씨와 H씨는 이동의 경로가 상당히 일치하고 있다. 그 만큼 조선족과 한국 사람을 따라 북한주민이 중국 내에서 비슷한 이동 경로를 택한 것으로 짐작할 수 있다.

를 하면서 지내기도 하였고, 이후 연태라는 곳에서 한 달 동안 목사 가족과 지내기도 하였다. 성경공부만 하면 배부르게 먹여주기도 하고, 일단 편안하게 쉴 수 있었기 때문에 교회의 도움을 종종 얻었다고 한다. H씨의 경우 독일대사관으로 진입해서 한국으로 온 일종의 기획입국 케이스인데, 그 아이디어와 도움은 교회에서 얻었다고 한다.

> 한인 교회를 주마다 한 번씩 갔거든요. 돈 주니까요. 집사인가, 전도사인가 하는 분이 그 사람도 전도사 겸 영사관에서 일을 했는데요. 한국을 보내달라고 하니까, 딱히 말을 못 하더라고요. 이런 방법이 있으니까 너희 힘으로 독일 대사관으로 탈출을 해봐라 하고 가르쳐 주더라고요. 독일 대사관의 약점도 알려주고 그 조언에 힘을 얻어서 2003년 겨울에 대사관에 갔어요. 크리스마스 전에. 뛰어 들어가는데 카메라들이 뒤에서 받쳐주더라고

이렇듯 교회는 단순히 탈북자들이 금전적이나 생활적으로 도움을 얻을 수 있는 곳에서 더 나아가 남한행의 정보를 공유하고, 남한행을 가능하게 하는 네트워크 역할을 하고 있다. 특히 교회에서 활동하는 종교인이 북한인권활동가의 역할을 하거나 남한행 브로커의 역할을 하는 경우가 비일비재하고, 이와 같은 비공식적 네트워크는 기획탈북이나 후에는 동남아시아 이동 경로를 구축하는 데 결정적인 역할을 한다.

중국 내에서 도시를 옮겨 다니며 이동을 하는 이탈주민의 경우 결국 어느 한 곳에 정주하는 것이 쉽지 않다는 판단을 하게 되면서 한국행을 결심하게 된다. 중국 내의 이동 과정에서 한국인과의 확장된 접촉은 무의식적으로 두려움과 미지의 대상이었던 남한을 상대적으로 가깝게

느껴지게 하였고, 한국의 발전된 경제와 문화를 접할 수 있는 기회를 제공하기도 한다. 중국에서 떠돌이로 사는 것보다 한국에서 안정적으로 사는 것이 낫겠다는 결심이 서면 이들은 다양한 채널을 통해 한국행 정보를 수집한다.

2001년 장길수 가족이 유엔고등판무관(UNHCR) 사무실에 진입하여 난민신청을 하였고, 2002년에는 소위 '기획입국'이라는 스페인 대사관 진입을 필두로 이외 외국공관과 외국인학교 등이 남한행의 주요 통로였다면, 이후에는 몽골 사막을 넘는 경로와 동남아시아를 가로지르는 머나먼 여정이 새로운 루트로 부각된다.[47) 초기의 몽골 루트의 경우에는 몽골 정부가 중국과의 국경을 넘어온 북한이탈주민들을 남한에 인도해 주면서 활성화되었는데, 이와 같은 정보는 중국 내의 초국적 민족공간(transnational ethnic space)을 통해서 확산된다. 중국 내 북한주민의 불법적 상황과 정치적 상황에 따라 때로는 강화되고 혹은 약화되는 국경은 초국적 민족공간을 겉으로 드러나는 공식적인 관계들과, 비밀스러운 면식관계(face-to-face)를 통해서 확장되는 비공식적 관계들이라는 상이한 구조로 양분화한다. 비공식적 관계들로 구성된 촘촘한 네트워크는 북한주민을 중국 내에 체류하게 하기도 하고, 이들을 남한으로 이주시키는 것을 가능하게도 하는데, 몽골이나 동남아시아의 이동 경로를 통해 이주한 북한주민의 경우 주로 중국에 있을 때 교회에서 함께 있었거나(성경공부), 같은 일(허드렛일, 구두닦이, 한국인을 대상으로 하는 음식점이나 술집에서 노동)을 하였던 사람들, 혹은 같은 도시에서 서로 관계를 유지한 사람들이 함께 이주를

---

47) 좋은벗들, 앞의 책, 55쪽.

감행하는 특성을 보인다.

D씨의 경우 중국과 북한을 넘나들면서 밀수를 하다가 중국으로 마지막으로 월경을 한 후 한국 교회에서 기거하다가 그곳에서 한국행 방법에 대한 정보를 얻은 사례이다.

교회에서 아이들을 관리하고 있기도 하고 돈도 주고요. 거기서 교회 사역장(성경 공부만 하는 곳)을 들어갔어요. 8명 정도 모여서 공부하는 곳인데 연길 교회에서 있다가 사역장을 따라 심양으로 갔어요. 6개월 정도 그러다가 또 신고가 들어간 거에요. 그래서 사역장을 비워야 할 처지인데 거기 탈북자 선생이 있었는데 자기도 사역장을 비워야 하니까 같이 가자고 하더라고요. 2002년 7월 2일에 연길에서 출발해서 기차 타고 몽골하고 중국 국경까지 갔어요. 거기를 18시간을 걸었지요. …(앞에 먼저 출발했던 사람들이) 5시간만 걸으면 된다고 했는데, 우리가 철조망을 두고 계속 같은 방향으로 걷고 있었던 거예요

중국 당국을 피해 북한주민들이 모여서 성경공부를 하는 공간은 단순히 종교적 혹은 인권적 공간이 아닌, 남한과의 연결을 가능하게 해주는 비공식적 네트워크이다. 이곳에서 한국인(혹은 조선족) 종교인이나 인권활동가, 혹은 탈북자들이 남한행에 대한 정보(브로커망, 이동경로 및 방법) 등을 공유하고 함께 이주를 감행한다. 하지만 이들 존재의 불법성에 따른 위험이 이들의 이동 여정을 더욱 더 험난하게 한다. 위의 D씨의 경우에는 죽을 고비를 넘기면서 몽골 사막을 건넌 후에도 남한 대사관에 넘겨질 때까지 계속되는 추방의 두려움을 겪는다.

그날 저녁 5시에 국경경비대를 만났어요. 그때에도 몽골에서 다시 중국으로 보냈으면 큰일 났을 뻔 했어요. 우리 앞에 사람들은 한국 대사관에서 못 받겠다고 해서 다시 중국으로 보내졌어요. 우리는 애가 있고, 한 아이는 죽고 그래서 한국 대사관에서 받아준 것 같아요.

2000년대 초반 이후 탈북자들의 몽골 국경 월경이 빈번해지자 이 문제는 몽골과 중국의 외교 문제로 비화되었다. 이로 인해 몽골에 도착한 탈북자들이 중국으로 다시 보내지는 사례가 빈번하게 발생하게 되면서 또 다른 이동 경로인 동남아시아를 가로지르는 약 7,000km의 길이 만들어지게 된다. 가장 많이 선호되는 이동 경로는 중국(곤명)-버마-라오스-태국을 가로지르는 루트이고, 또 다른 경로는 중국-라오스-베트남-캄보디아 루트이다. 각국의 정치적 상황과 중국과 북한과의 외교적 관계에 따라 이 두 경로는 번갈아 이용되고 있고, 상당부분 탈북브로커들에 의해서 구축되었다. 동남아시아 이동경로의 경우 사막을 가로지르는 것과 같은 극한 상황이 덜하고, 탈북브로커들이 상당 수준 안전하게 길을 안내한다고 하지만 북한이탈주민이 겪는 불안감은 여전하다. 게다가 동북 3성을 떠나 언어와 문화가 상이한 중국, 버마, 라오스, 태국, 베트남, 캄보디아로 이동하는 이 여정에서 이들은 불법월경자로서 매순간 '국경'을 경험하게 된다. 아무리 브로커가 이들의 이동을 안내한다고 하더라도 언어가 통하는 한 명의 브로커가 이들의 이동 여정을 처음부터 끝까지 함께 하는 것이 아니라 중국에서는 주로 조선족이나 탈북자 브로커들이 안내하다가, 국경을 넘을 때마다 각 지역의 사람들이 이들을 인계받아 안내하게 되면서 이들이 경험하는 두려움과 공포는 극에 다다른다.[48] E씨의 경우 중국에서 10년 동안 장사를 하다가 남한으로 이주하는 것이 경제적으로 나을 것 같아 돈을 주고 동남아 경로를 선택하였는데, 중국말은 어느 정도 했지만 동남아에 도착하자마자 무슨 말을 하는지 알아들을 수가 없어 불안했다고 회고한다. 이상한 말로 배를 타라고 손짓하는 브로커를 따라 작은 배를 타고 메콩강을 건넌 기억은 그의 두려움을 잠시나마 엿볼 수 있게 한다.

내가 지금도 가장 무서웠던 순간이 메콩강을 건널 때에요. 와 내 아(아들-현재 중학교 2학년)랑 같이 다른 사람들이랑 털털거리는 배를 타고 메콩강을 건너는데 난 강이 그렇게 검고, 와 그 안이 막 빨려들어가는 것처럼 휘돌아치는데. 지금도 그때 생각하면 내 얼마나 무서운지.

I씨는 10명이 넘는 수의 일행과 함께 탈북브로커의 안내로 라오스 국경을 넘었는데, 그때 당시 하룻밤을 꼬박 산을 넘어야 하는 상황에 직면하였는데 혹여나 발각될까 걱정하였다고 한다.

날은 어둡고 안내해주는 사람도 없고, 애들은 있고 거기서 이 쪼만한 게(같이 출발한 일행 중에 한 여성의 4살짜리 아들) 울고불고 해서 내가 야를 등에 태워서 산을 하나를 넘었어요. 그때 생각하면 내가 지금도….

기나긴 이동을 마치고 무사히 남한 측과 접촉한 이후에도 복잡한 국제

___

48) 이로 인해 대부분의 북한이탈주민은 남한 사회에 도착한 이후 스트레스 장애와 같은 심리적 불안감으로 인한 질병으로 고통 받게 된다(정병호·전우택·정선경, 『웰컴 투 코리아: 북조선 사람들의 남한살이』, 한양대학교 출판부, 2006).

정세는 이들의 남한 이주를 지연시킨다. 중국과 베트남의 국경을 넘어 베트남의 호치민에 위치한 한국 대사관에 찾아간 A씨와 그의 일행 6명은 외교적 상황이 좋지 않자, 다시 한 번 캄보디아까지 이동을 해야 했다. 대사관에서 소개해준 사람들(남한 측 탈북브로커)의 안내에 따라 꼬박 하루 동안 기차를 타고 호치민에 도착했다. 그곳에서 베트남 브로커의 안내를 따라 이틀 동안 매일 6-7시간을 걸어 캄보디아 국경을 넘게 되고, 거기서 자신들을 기다리고 있던 한국인 목사를 만나, 북한주민들을 집단적으로 수용하고 있는 시설에서 약 40일을 보낸 후에야 한국행 비행기를 탈 수 있었다고 한다. 이 시설에는 약 80여명 가량 북한이탈주민이 수용되어 있었고, 한번에 10명씩 한 달에 3번 한국으로 보내졌다. 이 시설에 있는 동안에도 북한주민은 두려움에 노출되어 있는데, 언제 한국으로 보내질지 모른 채 기다리는 것과 성경공부를 하지 않거나 규율을 지키지 않을 경우 남한에 못간다는 식의 엄포를 매일 들어야 했기 때문이다.[49]

거기도 조직이어서 총반장, 조장, 밥하는 사람으로 다 나누어져 있고, 아침 먹고 성경공부, 점심 먹고 성경공부, 그리고 또 밥 먹고 성경공부를 해야 했어요. 종교라는 게 자유로워야 하는 건데, 이건 매일 그걸 해야 하니까. …아주 나쁜 새끼(조선족 총무)에요. (한국에)안 보내준다고 하면서 여자애들 엉덩이 툭툭 치고, 옷 다 벗고 자기 안마하라고 시키고 막 그랬어요. 그런데 그때는 정말 안 보내주는 줄 알고 다들 아무 말도 못하고 그랬어요.

[49] A씨는 북한이탈주민이 이 수용시설에 대해 문제를 제기해서 결국 이 시설의 목사와 조선족 총무는 더 이상 남한정부와 일을 하지 않는다고 정부관계자에게 들었다고 전언했다.

한동안 정착했던 중국을 떠나 머나먼 길을 이동한 북한주민에게 있어 남한행은 그만큼 절박한 사안이었다. 그만큼 상당한 기간 동안 체류하였던 중국을 벗어나서 동남아시아로 이동한 것은 북한에서 중국으로 넘어가는 것 이상의 큰 결단이 필요한 사안이었고, 그들에게 남한행이 좌절된다는 것은 다시 돌아갈 곳이 없는 것과 다름없었다. 이 때문에 이들은 남한행을 위해서라면 어떤 부당함과 고통도 감내하려 한다. 남한행이 좌절될까 하는 불안감은 사실상 이들이 남한정부가 제공하는 시설에서 지낼 때조차 계속되고, 이 때문에 시설에서 생활하는 시간은 고통스러운 기다림의 시간이 된다. 여기서 또한 간과하지 말아야 할 것은 이들의 동남아시아 체류는 이동의 중간기착지로의 성격이 강하다는 점이다. 대부분의 북한이탈주민은 동남아시아 국가 내에 체류하기보다는 동남아시아에 존재하는 한국-조선족 커뮤니티의 연결선을 따라 이동하고, 그 연결선 안의 영역에서만 체류하고 있다고 하는 것이 옳다. 게다가 장시간 지속되어온 중국 내의 체류도 중국 사회에 정착하거나 스며들어가는 것이 아닌 한국인-조선족-북한인으로 구성된 민족적 공간 내의 체류에 한정되기 때문에 이들이 남한에 들어올 때는 상당한 수준의 민족 정체성이나 민족적 공동체의 가치와 연관지어 자신들의 이주의 이유를 주장하기도 한다.

남한으로의 이주 이후 경험되는 '경계'

지난한 이동의 과정을 겪고 도착한 한국은 이들에게 법적 신분뿐 아니라 기본적 생활의 터전을 제공해준다. 중국이나 기타 다른 국가에서 체류하다가 남한으로 이주하게 된 북한이탈주민은 이미 초국적 민족공간에서 작동하는 정보망을 통해 정부의 지원 정책과 일자리 상황, 위험 요소 등을 파악하고 있다. 즉 어떤 지원과 사회적 안정망이 없었던 중국에서의 삶보다 임대주택과 기초생활수급비 등 여러 가지 혜택을 볼 수 있는 남한에서 더 부유하고 안정적으로 살 수 있다는 꽤나 이성적인 판단과 경계문화와 초국적 민족 공간에서 경험한 한국인과의 민족적 동일성과 문화적 유사성은 이들의 이주를 추동하는 요인임에 분명하다. 하지만 자신들의 정보와 실제 생활이 어긋나는 것을 인지하기 시작할 때 이들은 심한 박탈감과 적응 장애를 겪게 된다. 중국에 범람하는 한국 대중문화에서 본 화려한 한국에서의 삶이 자신들에게는 가능하지 않다는 것을 이들이 파악하기까지는 그리 오랜 시간이 걸리지 않는다. 임대주택과 기초생활수급비는 높은 기대수준에 미치지 못하고, 한민족이라는 막연한 믿음은 자신들이 결코 남한 사람들과 하나가 될 수 없다는 것을 인지하면서 빠르게 실망감으로 변해간다. 하나원에서 교육을 마치고 한국사회에 첫 발을 내딛는 날은 이들에게는 한국의 삶의 현실을 인지하게 되는 첫 순간이라고 할 수 있다. 대부분의 북한이탈주민은 '좁고, 더럽고, 낡은' 임대주택에 들어서자마자 크게 실망하고, 그 순간 자신들의 남한 사회에서의 위치를 어렴풋이 파악하게 된다.[50)]

이뿐만 아니라 남한 사회에서 겪게 되는 수많은 보이지 않는 '경계'들은 이들을 '특정인' 혹은 '이방인'으로 구분해내고, 남한 사회의 성원으로 정착하는 것을 방해한다. 중국의 초국적 민족 공간에서는 크게 도드라지

---

50) 사회복지사 J씨, G씨, K씨, L씨 인터뷰 자료; I씨 가족과 G씨 참여관찰 자료

지 않았던 생활습관, 언어, 억양 등은 한국 내에 오랫동안 잠재되어 있는 레드콤플렉스와 결합하여 이들을 타자화한다.[51] 이 타자의 경계는 생정치적인 방식(bio-politics)으로 일상의 층위인 학교, 직장, 지역커뮤니티, 교회 등에서 이들의 일상생활에 개입하고 특정한 방식으로 조율한다.[52] 이 때문에 많은 수의 북한 청소년들이 학교에 적응하지 못하고 북한이탈주민만을 대상으로 하는 학교로 전학을 가기도 하고, 외국인 노동자가 주로 하는 3D 업종이나 정부에서 제공하는 일자리에만 취업하게 되거나, 지역 커뮤니티나 교회에서는 일방적인 수혜자로서의 위치에 고정되기 일쑤이다.

자본주의 사회에서 경제적으로 경험하게 되는 '경계'는 좀 더 근본적으로 이들을 구분해낸다. 노동의 유연화, 자본의 축적화, 경쟁을 통한 이익의 증대 등으로 표방되는 신자유주의의 남한 체제 내에서 이들이 자력으로 어느 정도의 경제적 안정을 구축하기란 불가능에 가깝다.[53] 이 구조 내에서 북한이탈주민은 '경쟁'조차 가능하지 않은 약자로 구분되거나 아니면 최하위 노동자에 위치된다. 세금납부자인 대다수의 남한 국민의 일방적인 도움이 필요한 '생활보호대상자'이고, 숙련된 기술이 없는 저임금 노동자(low-skilled labour)이며, 남한 사회의 문화를 잘 이해하지 못하는 '이주자(migrant)'이다. 이동의 과정에서 민족 정체성과 민족 공동체에 대한 막연한

---

51) 김성경, 「북한이탈주민 일상연구와 이주연구 패러다임 신고찰」, 『아태연구』, Vol. 18, No. 3, 2011.

52) L. Amoore, "Biometric Borders: Governing Mobilities in the War on Terror," *Political Geography*, No. 25 (2006), p. 337.

53) D. Harvey, *Spaces of Hope* (Edinburgh: Edinburgh University Press, 2000); 리차드 세넷, 『신자유주의와 인간성 파괴』, 조용 옮김, 문예출판사, 2002.

믿음을 갖게 된 북한이탈주민들은 세금납부자인 남한 국민의 차가운 시선과 선입견이 견디기 힘들고, 생활보호대상자에서 벗어나기 위해서 받아들여야만 하는 저임금 노동자의 힘겨운 삶이 적응하기 괴롭고, 낯선 환경과 문화는 무의식적으로 믿었던 한민족이라는 공동체의 허상에 맞닥뜨리게 한다.

게다가 이동의 과정에서 구축된 다양한 초국적 경험과 관계는 동아시아에 산재되어 있는 초국적 민족공간과 그 관계의 연결을 남한까지 확장시키는 역할을 한다. 예를 들어 상당수의 탈북여성들이 중국에 체류할 때 결혼과 출산의 경험을 통해 중국인 남편이나 자녀가 있는 초국적 주체가 되고, 이 때문에 남한으로 이주한 이후에도 이들은 초국적 관계를 다양한 방식으로 유지한다.54) 하지만 냉전이데올로기가 여전히 작동되는 남한에서 '북한 출신'이라는 단순화된 경계는 이와 같은 초국적 경험과

54) 인터뷰 사례 U의 경우 중국에서 조선족과 결혼하여 이미 경제적으로 안정적으로 살고 있고, 중국에는 딸아이도 있다. 남한 정부 정책상 북한이탈주민이 제3국에서 10년 이상을 보낼 경우 정책적 혜택을 부여하지 않기 때문에 U씨는 급하게 중국 여권을 찢어 버리고 남한으로 이주하였다고 하였다. 하나원에서 나오기도 전부터 조선족 남편은 이미 한국으로 들어와 일을 하고 있었고, 앞으로 자신이 받게 될 임대주택에서 함께 살면서 돈을 벌어 중국으로 가는 것을 최종 목표로 하고 있다. 또 다른 인터뷰 사례 M의 경우 중국에서 아이를 낳고 남편과 살다가 아이와 함께 남한으로 이주하였다. 남한으로 이주를 원하지 않는 남편 때문에 아이를 혼자 키우며 남한생활을 시작하게 되었다. 하지만 혼자 아이를 키우며 사는 것이 힘겹고, 경제적으로도 생각했던 것만큼 안정적이지 않다는 것을 알게 되자 아이만 중국의 남편에게 보내고, 자신은 남한에서 새로운 삶을 살기를 원하고 있다. 하지만 매일 전화를 걸어오는 아이와 중국에 와서 다시 시작하자는 남편 때문에 남한 생활이 힘겹게 느껴질 때마다 차라리 다시 중국으로 나가는 것이 낫겠다는 생각을 한다고 한다.

관계의 다양한 층위를 충분히 이해하거나 표현하지 못하게 한다. 또한 상당수의 북한이탈주민이 북한에 있는 자신의 가족, 친척, 친구들과 연락을 하거나 북한으로 일정한 소득을 송금하는 등 이들의 초국적 관계는 끊임없이 유지되고 확장된다. 2000년대 중반에 들어서서는 단순히 소득을 송금하는 것에 그치지 않고, 일정한 비용을 브로커들에게 지불하고 북한에 거주하고 있는 친지를 탈북시키는 사례도 늘어나고 있다. 하지만 남한 사회에서는 북한과 관련된 일체의 접촉을 금지하고 있기 때문에 이들이 중국이나 북한에 남겨둔 가족과 연락을 취하거나 돈을 송금하는 것은 비밀리에 이루어진다. 이 때문에 북한이탈주민의 초국적 관계는 다른 이주자와는 다르게 여전히 냉전이데올로기가 작동하는 비공식적이고 비밀스러운 공간으로 맥락화된다. 즉 이동 과정의 초국적 경험을 충분히 포함하지 못하는 남한 사회 내의 북한출신이라는 공고한 경계와 냉전이데올로기가 제한하는 이들의 초국적 경험과 관계는 이들이 초국적 주체로서의 면면을 충분히 드러내지 못하게 하고, 이들의 공간이 출신지역과 도착지역의 문화가 뒤섞여 새로운 문화가 생성되는 초국적 공간이 되는 것을 끊임없이 방해한다.55)

탈북자의 이동과정의 이해

이번 장에서는 북한이탈주민의 이동의 경험과 동기를 북·중 경계지역

55) 마르쿠스 슈뢰르, 『공간, 장소, 경계』, 배정희·정인모 옮김, 에코리브르, 2006, 234-36쪽; S. Sassen, op. cit.

이라는 공간과 이곳에서 오랫동안 형성되어온 조선족－북한주민의 동일 문화·언어 커뮤니티와 연관 지어 설명하려는 시도를 해보고자 했다. 지금껏 대다수의 북한이탈주민 관련 연구는 북한이탈주민의 이동 동기를 단순히 정치적 혹은 경제적 요인으로 국한하여 분석하거나, 경계지역이라는 문화지리학적 공간과 이곳의 일상의 커뮤니티와의 관계라는 맥락에서 연구하지 못하였다. 더욱이 북한이탈주민의 이동의 경로와 중국 내에서의 이동 경험을 문화적으로 재구성하려는 시도는 오랫동안 학계에서 계속되어온 정치요인 혹은 경제요인이라는 다소 이분법적 연구 프레임에서 상대적으로 과소하게 연구되었다. 이에 이 글에서는 북한이탈주민의 출신지역과 경계지역과의 관계를 밝히는 것을 시작으로, 이들의 이동의 배경과 동기에는 북·중 경계지역에 오랫동안 자리한 동일 문화·언어 커뮤니티가 큰 역할을 했음을 주장하였다. 이렇게 시작된 북한이탈주민의 이동과 1990년대 중반 이후부터 시작된 한국과 중국의 경제 교류는 북·중 경계지역이 북한주민과 조선족의 친밀한 커뮤니티에서 한국인과 북한인이 조선족을 매개로 함께 만나 서로 경합하고 협력하는 새로운 초국적 민족 공간으로 재탄생하게 하였다. 이와 같은 초국적 민족 공간은 또 다른 형태의 경계문화로 지리적인 경계에 머물지 않고 중국 내의 자본의 이동에 따라 끊임없이 그 영역을 확장하고 있다. 이 확장된 경계문화는 북한이탈주민의 중국 내 이동을 가능하게 할 뿐 아니라, 이후 이들의 남한행까지도 지원하는 역할을 하고 있다.

하지만 북한이탈주민은 남한으로 이주한 이후에 지금까지 이동의 과정에서 경험해왔던 '국경'이나 '경계'와는 다른 방식의 보이지 않는 '경계'들을 경험하게 된다. 한민족이라는 막연한 믿음은 한국인과의 문화적 이질감을 경험하면서 깨지고, 일상에서 작동하는 냉전이데올로기는 이들의 존재를 정치화하거나 단순화하기도 한다. 게다가 한국의 치열한 경쟁구조에서 북한이탈주민은 경제적 약자이자 문화적 소수자로 구분되어진다. 초국적 민족 공간에서 오랫동안 살아온 이들의 경험과 역사는 남과 북이라는 경직된 사고에서 충분히 이해되지 못하고 종종 무시되기까지 한다. 게다가 북에 남겨둔 가족이나 친지와 연락하는 것과 같은 이들의 초국적 경험은 불법적인 것으로 법적 보호를 받지 못하고, 이 때문에 이들의 초국적 공간은 음성화되거나 비공식적으로 존재하게 된다.

문제는 북한이탈주민이 상당한 기간 기대어온 이들만의 초국적 민족 공간이 남한 사회 내에서 인정받지 못하면서, 이들의 남한 사회 정착에도 긍정적인 영향을 미치지 못한다는 점이다. 게다가 정부 정책이나 북한이탈주민을 대상으로 하는 대부분의 시민단체 활동이 이들의 북한이나 이동 과정의 경험을 충분히 활용할 수 있게 지원하는 것이 아닌, 이들의 경험을 '적대국 북에서 온 것' 혹은 '극한 상황에서 어쩔 수 없이 경험된 기억'으로 극복해야 할 대상으로 치부하는 경향이 있다. 이는 북한이탈주민이 자유롭게 과거의 경험과 정착지의 새로운 환경을 협상하여 그들의 이주 문화와 공간을 만드는 것을 방해하게 된다. 이를 극복하기 위한 첫 발걸음은 북한이탈주민의 초국적 경험의 다층성과 이들의 이동의 과정을 관통하는 문화지리학적 배경을 이해하는 것이다. 북한이탈주민은 다른 어떤 종류의 이주자보다도 이주의 동기와 과정에서 초국적 경험들을 축적하였고, 이는 북·중 경계지역부터 동남아시아를 가로지르는 기나긴 이동 경로에서 초국적 민족 공간을 끊임없이 생성하고 확장하였음을 보여준다는 의미에서 중요하다.

<면접대상자 기본 정보>

	성별	나이	입국년도	중국 체류기간	중국에서의 직업
A	남	28	2007년 8월	11년	룸살롱 웨이터, 구두닦이, 구걸, 밀수, 장사, 농촌에서 노동
B	남	30	2004년 3월	5년	밀수, 장사, 구걸, 노동
C	여	47	2009년 2월	7년	병간호, 장사
D	남	30	2002년	1년	성경공부
E	남	47	2004년	10년	밀수, 장사, 노동
F	여	24	2009년 6월	5년	학생
G	여	28	2012년 5월	5년	친인척 병간호, 골동품 밀수
H	남	30	2004년 3월	9년	구걸, 구두닦이, 노동
I	남	42	2011년 9월	6개월	밀수(마약), 장사
J	여	38	2011년 9월	8개월	
K	여	55세	중국 거주	99년 이래로	식당·농촌에서 노동
L	여	30세	2011년 10월	7년	식당·농촌에서 노동
M	여	40세	2011년 10월	7년	식당·농촌에서 노동
N	여	41세	2011년 10월	10년	식당 노동
O	여	40세	2011년 10월	3년	식당 노동
P	여	41세	2011년 9월	3년	장사, 노동
Q	남	57세	2011년 9월	5년	장사, 밀수
R	남	30세	2011년 9월		브로커 통해 바로 입국
S	여	24세	2011년 9월	2년 (최근 네덜란드로 이주)	식당 노동
T	남	28세	2011년 9월		브로커 통해 바로 입국
U	여	44세	2011년 9월	9년	식당 노동

참고문헌

김문조·조대엽, 「북한의 도시화와 도시문제」, 『아세아연구』, 제 35권, 제 1호, 1992.

김병로·김성철, 『북한사회의 불평등 구조와 정치사회적 함의』, 민족통일연구원, 1998.

김성경, 「북한이탈주민 일상연구와 이주연구 패러다임 신고찰」, 『아태연구』, Vol. 18, No. 3, 2011.

김수암, 「해외 체류 탈북자 문제 쟁점과 과제」, 『Online-Series』, 06-05, 통일연구원, 2006.

김정일, 『김정일 선집』, 14권, 북한, 2000.

노귀남, 「새터민의 이방성 이해-소통을 위한 문화담론을 찾아서」, 『생활세계 이방성: 젠더와 상호문화적 관점에서의 철학적 성찰』, 한국여성철학회·상호문화철학회 2011년 추계학술대회 자료집, 2011.

렐프, 에드워드, 『장소와 장소상실』, 김덕현 외 옮김, 논형, 2005.

리정순, 「함경북도 도 집결소」, 『두만강』, 6호, 2009.

리홍국·김호남·장희망, 『중국조선족문화 및 그 특색에 관한 연구』, 연변인민출판사, 2010.

마이어스, B. R., 『왜 북한은 극우의 나라인가?』, 권오혈·고명희 옮김, 시그마북스, 2011.

서윤환, 「재외탈북자의 인권문제와 개선방법—여성, 어린이를 중심으로」, 『워크숍

자료집: 재외탈북자 및 북한의 인권문제에 대한 새로운 접근』, 북한인권정보

　　　센타, 2004.

세넷, 리처드,『살과 돌: 서구문명에서 육체와 도시』, 임동근 외 옮김, 문화과학사,

　　　1999.

세넷, 리처드,『신자유주의와 인간성 파괴』, 조용 옮김, 문예출판사, 2002.

송봉선,『중국을 통해 북한을 본다』, 시대정신, 2011.

슈뢰르, 마르쿠스,『공간, 장소, 경계』, 배정희·정인모 옮김, 에코리브르, 2006.

오원환,「탈북 청년의 정체성 연구: 탈북에서 탈남까지」, 고려대학교 박사학위논문,

　　　2011.

윤여상,『해외 탈북자 실태와 대책』, 북한연구소, 2009.

윤인진,『북한이주민』, 집문당, 2009.

이옥희,『북·중 접경지역: 전환기 북·중 접경지역의 도시네트워크』, 푸른길,

　　　2011.

이우영 외,『북한 도시주민의 사적 영역 연구』, 한울, 2008.

정병호·전우택·정선경,『웰컴 투 코리아: 북조선 사람들의 남한살이』, 한양대학

　　　교 출판부, 2006.

정주신,『탈북자 문제의 인식 1 & 2』, 프리마, 2011.

좋은벗들,『탈북난민 북한식량난민, 1,694명 면담조사 결과 보고서』, 1998.

　　　http://www.goodfriends.or.kr/n_korea/n_korea6.html?sm=v&p_no=13&b_no

　　　=3306&page=3(검색일:2012. 4. 13.)

좋은벗들,『오늘의 북한, 북한의 내일』, 정토출판, 2006.

통일교육원,『2012 북한의 이해』, 통일교육원, 2012.

홍진표 외,『북한의 진실』, 시대정신, 2004.

Akaha, T. and A. Vassilieva, *Crossing national borders: Human migration issues in Northeast Asia*, New York: United Nations University Press, 2009.

Aldrich, R., "An Examination of China's Treatment of North Korean Asylum Seekers," *North Korean Review*, Vol. 7, No. 1, 2011.

Amoore, L., "Biometric Borders: Governing Mobilities in the War on Terror," *Political Geography*, No. 25, 2006.

Balibar, E., "The Borders of Europe," in P. Cheah and B. Robbins, eds., trans. J. Swenson, *Cosmopolitics: Thinking and Feeling Beyond the Nation*, London and Minneapolis: University of Minnesota Press, 1998.

Bricmont, Jean, *Humanitarian Imperialism: Using Human Rights to Sell War*, New York: Monthly Review Press, 2006.

Choi, Eunyoung C., "Everyday Practices of Bordering and the Threatened Bodies of Undocumented North Korean Border-Crossers," in D. Wastl-Walter, ed., *The Ashgate Research Companion to Border Studies*, Surry: Ashgate Publisher, 2011.

Chomsky, N. "Humanitarian Imperialism: The New Doctrine of Imperial Right," *Monthly Review*, 2008. www.chomsky.info/articles/200809--.htm

Dominian, L., "Linguistic Areas in Europe: Their Boundaries and Political Significance," *Bulletin of American Geographical Society*, Vol. 47, No. 6, 1915.

Gomà, Daniel, "The Chinese-Korean Border Issue: An Analysis of a Contested Frontier," *Asian Survey*, Vol. 46, No. 6, 2006.

Harvey, D. *Spaces of Hope*, Edinburgh: Edinburgh University Press, 2000.

Henrikson, A. K., "Border Regions as Neighbourhoods," in D. Wastl-Walter, ed., *The Ashgate Research Companion to Border Studies*, Surry: Ashgate Publisher, 2011.

Lee, Keum-soon, "Cross-border Movement of North Korean Citizens," *East Asian Review*, Vol. 16, No. 1, 2004.

Reichert, D., "On boundaries," *Society and Space*, Vol. 10, 1992.

Sassen, S. *Global City: New York, London, Tokyo*, Princeton, N.J.: Princeton University Press, 1991.

Smith, A., *Myths and Memories of the Nation*, Oxford: Oxford University Press, 1999.

Smith, H. "North Koreans in China: Sorting fact from fiction," in T. Akaha and A. Vassilieva, eds., *Crossing national borders: Human migration issues in Northeast Asia*, New York: United Nations University Press, 2005.

Vaughan-Williams, N., *Border Politics: The Limits of Sovereign Power*, Edinburgh: Edinburgh University Press, 2009

Yoon, In-jin, "North Korean Diaspora: North Korean Defectors Abroad and in South Korea," *Development and Society*, Vol. 30, No. 1, 2001.

3장 '장소'로서의 북·중 경계지역과 탈북여성의 '젠더'화된 장소 감각[*]

삶의 장소, 북·중 경계지역

북한이탈주민의 본격적인 이주는 1990년대 중반 이른바 고난의 행군으로 알려진 극심한 식량난을 기점으로 하고 있다. 북한이탈주민의 한국으로의 이주는 이보다 몇 년이 지난 1990년대 후반부터 본격적으로 시작되었는데, 최근에는 그 수가 약 2만여 명을 훌쩍 넘겼다.[1] 갑작스런 북한이탈주민의 대량 이주와 이들의 한국사회로의 정착을 이해하려는 시도는 학계에서뿐만 아니라 미디어와 정치·사회 곳곳에서 다양하게 시도되었는데, 아직까지도 한국사회에 잔존하는 냉전이데올로기는 북한이탈주민의 이동의

---

[*] 이 글의 초고가 된 글은 한국사회학 47-1호에 실린 「북한이탈주민의 월경과 북·중 경계지역: '감각'되는 '장소'와 북한이탈여성의 '젠더'화된 장소 감각」이다. 초본에 수정과 첨삭을 가했다.

1) 통일부. www.unikorea.go.kr

경험에 대한 다양한 해석을 방해하기도 하였다. 특히 미디어에서 그려내는 북한이탈주민의 이동의 경로와 경험은 극한의 굶주림과 폭압적인 정권의 횡포를 견디지 못하고 국경을 넘은 피해자(victim)로 다소 단순화하는 위험 성을 내포하고 있다. 게다가 상당수의 북한이탈주민 관련 연구2)는 북한주민의 월경을 경제적 혹은 정치적으로 어쩔 수 없는 상황에서 강압된 이주로 암묵적으로 정의해 왔고, 북한이탈주민은 최악의 경제 상황에 놓인 피해자이거나 독재 정권의 인권 탄압의 희생자로 위치되어 왔다.3) 물론 이와 같은 기존의 연구는 북한이탈주민의 주요 이주 동인과 특수성에 대한 그

---

2) 탈북이 본격화된 이후 북한이탈주민관련 연구는 다양한 영역에서 진행되어 왔다. 하지만 대부분의 기존 연구는 북한이탈주민의 남한 사회 정착과 이들의 이주를 받아들이는 한국사회의 반응에 대한 문제에 깊이 천착해있다. 북한이탈주민의 남한 정착을 통합의 관점에서 살펴본 정병호 외, 『웰컴투 코리아: 북조선 사람들의 남한살이』(한양대학교출판부, 2006), 정신의학적 시각으로 정착의 문제를 다룬 전우택, 『사람의 통일을 위하여, 남북한 사람들의 통합을 위한 사회정신의학적 고찰』(오름, 2000)과 남한에 온 북한이탈주민의 정착과정을 7년에 걸친 패널 연구로 살펴본 전우택의 『통일 실험, 그 7년: 북한이탈주민의 남한살이 패널연구』(한울, 2010) 등이 있다. 이 연구들은 북한이탈주민의 정착을 한국사회 내의 통합과 공존이라는 관점으로 심도 있게 연구했다는 장점이 있지만, 북한이탈주민의 이동의 동인과 과정을 공간과 생활세계라는 층위에서는 심도 있게 다루고 있지 않다. 한편 북한이탈주민의 이동의 과정을 다룬 연구는 주로 국내외 인권단체와 NGO의 보고서(Committee for Human Rights in North Korea, *Lives for Sale* [Seoul: National Human Rights Committee, 2009])의 형태로 소개되고 있기는 하나 북한이탈주민의 이동의 문제를 북·중 경계지역이라는 공간의 문화적 의미와 연계하여 학술적으로 규명하려는 시도는 기존 연구에서는 미진한 수준에 머물러 있다.

3) 윤인진, 『북한이주민』, 집문당, 2009; 정주신, 『탈북자 문제의 인식 1 & 2』, 프리마, 2011; 김수암, 「해외 체류 탈북자 문제 쟁점과 과제」, 『Online-Series』, 06-05, 통일연구원, 2006; R. Aldrich, "An Examination of China's Treatment of North Korean Asylum Seekers," *North Korean Review*, 7(1) (2011).

나름의 효과적인 이해의 틀을 제공한다는 점에서 평가될 수 있지만, 다른 한편으로는 북한이탈주민의 이주를 전 세계에서 유례를 찾아볼 수 없는 사례로 박제화하고, 이주의 동인을 경제위기나 정치적 억압과 같은 사회구조적 환경에 집중함으로써 행위주체의 역할을 충분히 고려하지 못하는 한계점을 갖고 있다. 한편, 최근의 이희영, 유해숙 등의 연구4)는 북한이탈주민의 행위주체성과 정체성의 재구성 문제를 심도 있게 분석하였는데, 이 연구들은 주로 북한이탈주민이 남한 사회에 정착하는 과정에서 드러나는 행위주체성에 주목한다는 점에서 이동 과정에서의 행위주체성에 대한 연구의 필요성이 대두되고 있다는 것을 보여준다. 이에 이번 장에서는 북한이탈주민이라는 행위주체가 적극적으로 개입하는 이주의 동학을 규명하여, 이들의 이주의 동인과 경험이 사회구조와 행위주체의 관계성 내에서 복잡하게 (재)구축되고 있음을 보여주고자 한다. 지금까지의 '희생자' 혹은 '피해자'의 틀에서 쉽게 규명되지 못했던 여러 사례들, 즉 많은 수의 북한이탈주민이 경제위기 시 중국의 경계지역으로 월경한 후 단기간 동안 체류하면서 경제적 이득을 취하고 다시 북한으로 돌아가기를 반복했다는 점, 경계지역 출신들 중에서도 오랫동안 조선족 커뮤니티와 교류를 해온 함경북도 지역의

---

4) 북한이탈주민의 정체성 재구성의 문제를 인정투쟁과 임파워먼트라는 개념으로 살펴본 두 개의 논문으로는 이희영, 「새로운 시민의 참여와 인정투쟁: 북한이탈주민의 정체성 구성에 대한 구술 사례연구」(『한국사회학』, 44집, 1호, 2010)와 유해숙, 「새터민의 무력감의 원인과 임파워먼트 전략」(『동향과 전망』, 77호, 2009)이 있다. 또한 한국 시민권을 획득하는 과정에서 북한이탈주민이 경험하게 되는 젠더적 불평등과 근대성의 문제를 '민족화된 시민권(ethnicized citizenship)'이라는 개념으로 연구한 Choo, Hae Yeon, "Gendered Modernity and Ethnicized Citizenship: North Korean Settlers in Contemporary South Korea"(*Gender&Society*, 20[5], [2006]) 등이 있다.

주민이 주로 월경을 반복하거나 중국으로 이주하였다는 점, 그리고 아직도 상당수의 북한이탈주민이 남한으로의 이주보다는 중국에 정주하고 있다는 점 등에 천착하여 본 연구는 북한이탈주민의 이동을 북·중 경계지역이라는 공간과 공간의 문화적 자원을 통해 설명할 것이다.[5] 즉, 이번 장에서는 북한이탈주민의 이주는 경제적·정치적 상황이 결정적으로 작동하였음을 부정하지 않으면서도 좀 더 근원적인 요인으로서 '문화'적 영향이 작동하였음을 주장할 것이다. 특히 북·중 경계지역이라는 오랫동안 역사·문화적으로 구축되어 온 특수한 '공간'이 북한이탈주민의 대량 이주를 가능하게 한 중요한 문화적 동인이 되었음을 밝히고자 한다. 다른 말로 하면 법적 신분을 보장 받지 못하는 중국 내 위험성에도 불구하고 많은 수의 북한이탈주민이 북·중 경계지역에 정주하는 이유는 경계지역이라는 '공간'을 자신들의 정체성의 주요한 '장소'로 적극적으로 의미화하고 실천하였기 때문이라고 주장할 것이다.

북·중 경계지역은 중국과 북한의 정치적 권력의 중심부와는 지리적·사회적으로 변방에 속하는 지역이다. 이 때문에 두 국가의 외교적 관계나 영토로 분할되는 '공식적' 경계가 일상의 차원에서는 강력하게 작동하지 않았고, 문화와 언어를 공유했던 경계지역의 정주민들은 국경을 넘어 이 지역만의 커뮤니티를 형성하고 서로 밀접하게 협력하고 교류해왔다. 북·중 경계지역에서 오랫동안 뿌리를 내리고 살아왔던 많은 수의 북한주민에게는 경계지역이라는 공간은 자신들의 생활세계의 장(場)이었고, 이들은 경제난이 가중되었을 때 자연스레 자신들의 생활세계 내에서 해결방안을 찾았다고 할 수 있다. 즉 경계지역의 북한주민이 국가 내의 타 지역으로

---

5) 김성경, 「경험되는 북·중 경계지역과 이동경로: 북한이탈주민의 경계 넘기와 초국적 민족 공간의 경계 확장」, 『공간과 사회』, 22집, 2호, 2012.

이동을 하거나, 자신들의 로컬 내에서 극복방안을 도출해내는 것이 아니라 국경을 넘어 중국까지 확장된 공간 내 이동을 통해 경제위기를 타개하고자 하였다는 점은 이들의 생활세계가 국경으로 제한된 것이 아니라 국경을 넘어서는 경계지역이라는 공간으로 확장되어 있음을 짐작케 한다. 이런 맥락에서 북한이탈주민의 이주의 성격을 규명하기 위해서는 북·중 경계지역이라는 공간의 의미를 이들의 경험과 현상학6)적 인식의 차원에서 살펴볼 필요가 있다. 이는 중국에 남아 있는 상당수의 북한이탈주민의 정주와 경계지역 출신의 월경 경험을 설명할 수 있는 가능성을 제공한다.

또한 본 장은 북한을 끊임없는 교류가 발생하고 있는 공간(spaces of

---

6) 현상학은 훗설(Husserl, 1859~1939)의 철학에 근간을 두고 슈어츠(A. Schutz)에 의해 사회학에 큰 영향을 준 철학적 이론이자 방법론이라고 할 수 있다. 현상학은 인간의 의식 세계에 관심을 기울인다. 현상은 사건의 겉모습이 아니라, 인간의 의식 세계 심연에 존재하는 것이다. 현상학은 의식 세계에 존재하는 현상 자체를 파악해야 한다고 주장하면서 현상 자체는 여기에 있으며, 동시에 없고, 알려져 있으며 동시에 오해되어 있다. 이 때문에 인간이 경험하는 세계는 현상에 의해서 구성되는 것일 뿐이고, 훗설은 '판단중지(bracketing)와 환원(reduction)'이라는 방법론을 통해서 현상 자체를 파악하는 것이 가능하다고 주장한다. 훗설의 이론을 사회학적으로 발전시킨 슈어츠는 각 개인은 자신의 상황에 맞는 지식의 창고(stock of knowledge)를 구축하고 있기 때문에 각 개인의 지식과 인식은 서로 다르다고 주장한다. 개인들은 자신들이 인식하고 있는 일상의 지식이 타인에게도 통용될 것이라고 여기면서 소통하고 있는 것이다. 슈어츠는 각 개인이 당연하게 여기는 것이 어떻게 의미화되고 인지되는지를 분석하여 인간의 의식 속에 있는 현상과 본질에 접근해야 한다고 주장한다. 본 논문에서는 경계지역 출신의 북한이탈주민이 당연하게 여기는 공간의 의미와 인식이 경계지역을 경험하지 못한 타인과 어떻게 구분되는지를 살펴보기 위해 현상학적 시각과 개념을 활용하고자 한다. 특히 현상학자 메를로-퐁티(Merleau-Ponty)가 주장하는 신체를 통해 지각되는 세계라는 개념은 신체가 공간을 인식하는 과정에서 중요한 역할을 하고 있음을 뒷받침한다.

flow)으로 이해하고 지금까지의 교류는 공식적이고 국가적 차원이 아닌 주민들의 일상의 차원에서 이루어지고 있음을 다시 한 번 확인하고자 한다. 다시 말해 북한주민은 중국/러시아와 강 하나를 두고 맞닿아 있는 경계지역에서 외부 세계와 끊임없는 교류와 소통을 지속해왔고, 이 과정에서 지속적으로 확장된 이들의 생활세계는 이들이 경제난을 겪는 시기에 능동적으로 이주를 결정하게 하는 주요한 동인으로 작동하였음을 밝히겠다. 특히 이번 장에서는 북·중 경계지역을 북한이탈주민 이주의 문화적 배경이 된 공간으로 주목하면서 이 지역이 북한이탈주민의 이주의 경험과 인식을 통해 절대적 '공간'에서 사회적 관계로 구성되어지는 '장소'가 되었음을 주장할 것이다.

연구방법

최근 북한이탈주민 연구에서는 양적연구방법뿐 아니라 질적연구방법이 활발하게 활용되고 있다.[7] 심층면접이나 생애사 분석의 경우 이주자들의 삶의 경험을 생생하게 포착할 수 있다는 장점이 있지만, 면접대상자와 면접자간의 신뢰가 절대적으로 요구된다는 점에서 조심스런 접근이 필요하다. 게다가 북한이탈주민의 경우 오랫동안 계속되어온 남·북한 대치상황과 잔존하는 냉전이데올로기, 그리고 이들의 이주 경험이 극한의 위험을 내포한다는 점 때문에 면접대상자가 자신의 경험을 드러내는 데 소극적일

---

7) 이희영, 앞의 글; 조정아 외, 『북한주민의 일상생활』, 통일연구원, 2008; 조정아 외, 『북한주민의 의식과 정체성: 자아의 독립, 국가의 그늘, 욕망의 부상』, 통일연구원, 2010; 김귀옥 외, 『북한여성들은 어떻게 살고 있을까』, 당대, 2000.

뿐 아니라 면접대상자와 면접자 사이의 적절한 신뢰감(rapport)을 형성하는 것 또한 쉽지 않다. 이와 같은 어려움을 극복하기 위해서 본 연구는 연구자가 경기도의 하나센터에서 시행하고 있는 정착 도우미 프로그램의 정착 도우미로 2011년 4월부터 2012년 7월까지 활동하면서 만난 북한이탈주민을 에스노그라피(ethnography)를 통해 관찰하고 면접한 자료를 중심으로 한다. 연구자는 총 두 가족의 정착도우미로 한 달에 1-2회, 많게는 일주일에 1회씩 지속적으로 만나면서 북한이탈주민과 신뢰를 구축하였고, 두 가족의 하나원 동기와 지인을 '눈덩이' 표집으로 모집하여 심층면접을 하였다. 심층면접 사례의 경우 일회성 인터뷰가 아닌 지속적인 만남과 교류 후에 2~3차례 면접을 진행하였다. 또한 면접대상자들이 좀 더 편안하고 솔직하게 이주경험을 진술하게 함으로써 이동 과정에서의 북·중 경계지역이라는 공간의 의미와 실천을 포착하려 하였다. 심층면접의 경우에는 모든 면접내용을 녹음하였으나 관찰하고 있는 두 가족은 그 내용과 양이 방대하여 모든 대화 내용을 녹음하지 못하였다. 그러나 이 경우 만남 이후에 작성한 연구자의 필드노트와 기억을 통해 재구성한 증언을 전언으로 명시하여 논문에 포함시켰다. 덧붙여 연구자는 2011년 6월과 2012년 8월에 북·중 경계지역의 현지조사(field research)를 진행하였다. 북·중 경계지역에 정주하고 있는 북한여성을 인터뷰하는 것은 이들의 신변노출과 안전상의 이유로 상당한 어려움이 있어, 총 4명의 북한여성을 인터뷰하는 데 만족해야 했다. 연구자는 북·중 경계지역 내 탈북자의 상황을 좀 더 알기 위해 이들을 오랫동안 도와온 종교계 관련자(한국인과 조선족)와 인권활동가, 한국인과 조선족 사업가 등과의 인터뷰를 진행하였다.[8]

에스노그라피는 절대적 시간이 소요되는 어려움에도 불구하고 관찰대

<표 1> 본 조사 응답자 기본정보(탈북자)

	성별	나이	입국년도	중국 체류기간	출신지역	중국에서 직업
A	남	28	2007	11년	함경북도	웨이터, 구두닦이, 구걸, 밀수, 장사, 농촌 노동
B	남	30	2004	5년	함경북도	밀수, 장사, 구걸, 노동
C	여	47	2009	7년	함경북도	병간호, 장사 (친척도움)
D	남	30	2002	1년	함경북도	성경공부
E	남	47	2004	10년	함경북도	밀수, 장사, 노동
F	여	24	2009	5년	함경북도	학생 (친척도움)
G	여	28	2012	5년	함경북도	친인척 병간호, 골동품 밀수
H	남	30	2004	9년	함경북도	구걸, 구두닦이, 노동
I	남	42	2011	6개월	함경북도	밀수(마약), 장사
J	여	38	2011	8개월	함경북도	
K	여	55	중국 거주	99년부터	함경북도	식당 노동 및 결혼
L	여	30	2011	7년	함경북도	식당 노동 및 결혼
M	여	40	2011	7년	함경북도	식당 노동 및 결혼
N	여	41	2011	10년	함경북도	식당 노동 및 결혼
O	여	40	2011	3년	함경북도	식당 노동 및 결혼
P	여	41	2011	3년	함경북도	장사, 노동
Q	남	57	2011	5년	함경북도	장사, 밀수
R	남	30	2011		평양	브로커 통해 바로 입국
S	여	24	2011	2년	함경북도	식당 노동 및 결혼 (최근 네덜란드로 이주)
T	남	28	2011		평양	브로커 통해 바로 입국
U	여	44	2011	9년	함경북도	식당 노동 및 결혼
V	남	54	1996	-	평양	남한의 친척의 도움으로 바로 남한 입국
W	여	42	중국거주	2000년부터	함경남도	한족과 결혼, 이후 청소 및 보모
X	여	39	중국거주	2000년부터	함경북도	조선족과 결혼, 교회에서 사역활동
Y	여	71	중국거주	2009년부터	함경북도	조선족과 사실혼 관계
Z	여	41	2004	7년	함경남도	함경북도로 이주 후 중국으로 결혼이주, 식당 노동

상자의 삶, 행동양식, 경험과 기억을 심층적으로 포착할 수 있다는 장점이 있다. 특히 본 연구는 북한이탈주민의 이주와 북·중 경계지역의 관계를 현상학적 시각으로 분석하는 것을 목표하기 때문에 에스노그라피를 통해 축적한 자료와 필드노트는 이들의 이동을 추동한 '감각'하는 '장소'로서의 북·중 경계지역의 의미와 실천을 구체화할 수 있게 하였다. 하지만 연구자가 관찰하고 면접한 북한이탈주민은 때때로 이주 과정에서의 위험과 어려움을 토로하기도 하였고, 특히 중국 공안이나 북한 정부의 위협에 대한 두려움을 지속적으로 언급하였다. 북한여성의 경우 중국에서의 삶을 이야기하는 것을 극도로 꺼리기도 하였고, 면접자에게 어느 정도 신뢰감을 느낀 이후에 초기 인터뷰에서 진술한 내용이 거짓이었다고 고백한 사례도 있었다. 이 때문에 연구대상을 오랫동안 관찰하는 에스노그라피와 이에 바탕을 둔 심층인터뷰는 여러 층위에서 숨겨져 있는 북한이탈주민 이동의 다층적 의미를 확인할 수 있는 기회를 제공한다는 장점이 있다.

북·중 경계지역: '일상의 공간(들)' 혹은 '장소'

세계화 시대에 시간과 공간의 장벽을 허물려는 다양한 시도는 "시·공간 압축(time-space compression)"을 가능하게 하였고, 이에 따라 공간에 대한 다양한 논의가 최근 사회학에서 본격화되고 있다.9) 특히 오랜 시간

---

8) 한국인 선교사 2인, 조선족 선교사 3인, 조선족 사업가 1인, 한국인 사업가 1인, 인권활동가 2인을 심층 인터뷰하였다.

9) 데이비드 하비, 『신자유주의와 세계화의 공간들』, 임동근 외 옮김, 문화과학

동안 절대적이면서 균질하다고만 정의되었던 공간은 다양한 충위로 구분되거나 "상대적인 공간"으로 분화되기도 하였고, 때로는 공간 내의 역동적 역학관계에 따라 다른 성격을 내포한 "관계적 공간"으로 재위치되기도 한다.10)

소자(E. Soja)는 절대적이고 물리적인 공간과 사회적 공간을 구분하면서 사회적 공간은 "사회행위의 중매자이며 또한 사회행위에 의해 발생하는 결과물이다"라고 정의하는데,11) 여기서 물리적 공간과 사회적 공간은 동일한 지정학적 영역에 위치될 수 있지만 다른 충위에서 작동하는 것으로 사람, 조직, 혹은 삶의 방식에 따라 다르게 실천되고, 소비되고, 생산된다.12) 하비의 경우 경제의 흐름(Economic Flows)에 따라 공간이 재배열되고 각 주체에 따라 다르게 생산되고 소비되는 것에 주목하기도 하고, 르페브르의 경우에는 경제의 흐름에 의해 구성되어 있는 개념적 공간(abstract space)이 공간 실천(spatial practices)이나 공간의 재현(representation of space)을 통해 일상을 식민화하는 것을 비판하면서 일상의 공간(들)(spaces of everyday life)을 재확립하는 것에 관심을 기울였다.13) 이들은 단일하고 균질한 지정학적 공간이 아닌 다원적이고 사회적인 공간(들)을 주목하면서 공간의 다층

사, 2010.

10) John Agnew, "Space and Place," in J. Agnew and D. Livingstone, eds., *Handbook of Geographical Knowledge* (London: Sage, 2011), pp. 8-10; 데이비드 하비, 앞의 책, 189-206쪽.

11) E. Soja, *Social Relations and Spatial Structures* (London: Macmillan, 1985), p. 92; 김왕배, 『도시, 공간, 생활세계』, 한울, 2011, 41쪽에서 재인용.

12) H. Lefebvre, *The Production of Space* (London: Blackwell, 1991); 데이비드 하비, 앞의 책.

13) 데이비드 하비, 앞의 책; H. Lefebvre, op. cit.

성을 전면화하였을 뿐 아니라 공간을 다양한 행위주체, 구조, 실천들이 경합하는 장(場)으로 개념화하여 공간(들)이 유동적이면서 다양한 네트워크로 연결되어 있음을 주장하였다.

이와 같은 공간의 개념은 북한이탈주민의 이주와 경계지역 경험을 이해하는 데 중요한 시작점이 된다. 특히 북·중 경계지역의 공간이 다층적으로 구성되어 있다는 점과 경계지역 정주민들의 일상의 공간(들)이 행위 주체들의 사회적 삶의 장으로 작동하고 있다는 점은 북한이탈주민의 이주라는 맥락에서 경계지역이 갖는 함의를 이해하는 개념적 틀을 제공한다. 북·중 경계지역이라는 절대적이고 지리학적인 공간은 두 국가의 영토 및 지리적 특이성과 같은 성격을 갖고 있기도 하면서, 또 다른 차원에서 경계지역의 다양한 주체들이 네트워크로 연결되어 사회적/관계적 공간을 구성하고 있음을 짐작해볼 수 있다. 이는 경계지역이라는 절대적 공간과는 구별되는 일상의 차원에서 생산, 소비, 작동하는 **공간들**이 존재하고 있음을 나타낸다. 르페브르의 개념을 빌려온다면 경계지역의 일상의 공간들은 자본이나 국가에 의해서 형성된 '주어진' 개념적 공간에서 소외된 행위주체들이 아래에서부터 만들어낸 '삶'의 공간이 된다.14) 특히 북한의 독재정권의 힘이 작동하는 공간과는 구별되는 북한주민이 살아가기 위해서 만들어내는 삶의 공간은 경계지역이라는 역사적/지리적 특성을 반영하여 중국의 조선족 커뮤니티와의 소통과 교류로 구성되는 공간이 되고, 이 공간은 국가와는 다른 차원으로 작동하면서 행위 주체들의 일상을 가능하게 한다. 1990년대 중후반부터 시작된 북한의 최악의 경제위기는 국가 공간의 작동을 상당부분

---

14) H. Lefebvre, op. cit; John Agnew, op. cit., p. 18.

약화시켰고, 북한정권이 '고난의 행군'이라는 이름 하에 각 지역별로 '자력갱생'할 것을 요구하면서 일반 북한주민들이 좀 더 적극적으로 자신들의 삶의 공간에서 위기를 타개하려고 한 점 등이 이와 같은 맥락에서 주목할 만하다. 예를 들어 애기밭이라고 불리는 개인 텃밭의 확대, 장마당을 중심으로 한 비공식적 경제활동의 증대, 중국에 살고 있는 친·인척 네트워크의 활성, 보따리장수라고 불리는 밀수의 확대, 국가 권력과는 다른 차원에서 작동하는 뇌물과 인맥 등이 모두 일상의 차원에서 북한주민이라는 행위주체들이 만들어낸 공간(들)이라고 할 수 있다. 이와 같은 공간(들)은 북한주민이 경제적·정치적 위기 상황 속에서도 어떻게든 살아갈 수 있게 하는 역동성의 장이고, 경계지역 북한주민의 일상의 공간(들)은 중국 쪽 경계지역 정주민과의 다양한 교류와 소통을 바탕으로 국경 너머까지 확장되어 있음을 확인시켜 준다.[15]

르페브르의 경우 개념화된 공간과 일상의 공간을 대비시키면서 행위주체들이 만들어가는 일상의 공간(들)의 중요성을 강조한다면 다른 몇몇의 학자들은 '공간'과 구별되는 개념으로 '장소'의 중요성을 강조하면서 행위주체들이 경합하는 장을 설명하기도 한다. 특히 투안(Tuan)의 경우, 일반적인 공간의 개념에서 행위주체가 충분히 고려되지 않았다면서 공간과는 구별되

---

15) 최근 북·중 경계지역의 다층성과 다양한 주체들의 움직임을 살펴본 연구가 꾸준히 발표되고 있다. 그 중에서도 오랜 시간 동안 단동에서 머물며 경계지역의 특성을 북한사람, 북한외교, 조선족, 그리고 한국사람 이렇게 4 그룹의 이동과 교류의 과정을 통해 연구한 강주원의 논문은 경계지역 특히 단동의 공간의 의미를 확인하는 중요한 자료이다(강주원, 「중조 국경도시 단동에 대한 민족지적 연구: 북한사람, 북한외교, 조선족, 한국사람 사이의 관계를 통해서」, 서울대 인류학과 박사학위논문, 2012).

는 개념으로 행위주체가 상당시간에 걸쳐 의미화하고 실천하는 공간을 '장소'로 개념화할 것을 제안한다.[16] 글로벌화가 가속화되면서 강화되는 다양한 모빌리티는 더 이상 행위주체가 경험하고 감각하는 '장소'가 아닌 공간 재현과 이미지만이 넘쳐나는 "비장소적(place-less)" 혹은 "장소 상실" 적 상황을 만들게 되고,[17] 이로 인해 행위주체들은 자신들의 정체성을 (재)구축할 수 있는 장소를 잃어버린 채 "사이버 공간을 헤매는 가상적 존재"로 전락할 가능성마저 있다.[18] "비장소(place-less)"는 세계화시대에 곳곳에 산재되어 균질화된 동시대성을 나타내고 "사람이 생을 함께 하지 않으면서도 공존하거나 혹은 공생하는 공간"을 뜻한다.[19] 반면에 '장소'는 사람들이 접촉하고, 인식하고, 근접해 있고, 친밀하고, 익숙한 공간으로 그 장소의 행위주체들이 관계적이고 역사적으로 경험하는 공간을 의미한다. 즉 공간은 인간이 살지 않지만, '장소'는 인간이 "살아가는 곳"이다.[20] 글로벌 모빌리티가 급속하게 증대되고 있는 현 시점에서 행위주체들이 경험하여 의미를 만들어내는 공간으로서의 '장소', 각 행위주체들이 근접하게 얽혀있는 관계성과 역사성을 갖고 있는 '장소' 복원의 중요성이 강조되고 있음은 놀랄 일이 아니다.

---

16) Y.-F. Tuan, *Space and Place: The Perspective of Experience* (Minneapolis: University of Minnesota Press, 1974).

17) 에드워드 렐프, 『장소와 장소상실』, 김덕현 외 옮김, 논형, 2005.

18) D. Harvey, *Justice, Nature and the Geography of Difference* (London: Blackwell, 1996), p. 246.

19) M. Augé, *Pour une anthropologies des mondes contemporains* (Paris: Aubier, 1994), p. 246; 요시하라 나오키, 『모빌리티와 장소: 글로벌화와 도시공간의 전환』, 이상봉 · 신나경 옮김, 심산, 2008, 297쪽에서 재인용.

20) E. Casey, *Getting Back Into Place* (Bloomington: Indiana University Press, 1993), p. xiii.

'장소'의 중요성을 주장하는 마시(D. Massey)의 경우 장소의 특징은 단순히 과거의 역사의 진실성(authenticity)에 바탕을 둔 것이 아니라 "어떤 특정한 위치에서 일괄적으로 조정된 여러 관계들의 특정한 배치로 구축"되면서 미래의 변화에 가능성을 열어둔 공간으로 주장한다.[21] 특히 장소는 사회적 관계의 흐름(flows of social relations)으로 구성되고, 장소 감각(sense of place)은 특정 로컬 공간에 뿌리를 내리는 것을 의미하는 것인데, 장소 내의 행위주체들은 "웰빙(well-being), 혼란(confusion), 삶의 경험(living experience)" 등을 통해 장소 감각을 구축한다.[22] 특히 마시는 지금까지 장소의 정의와는 구별되는 장소의 대안적 해석을 강조한다. 이 해석에 따르면 장소는 고정불변의 공간을 나타내는 것이 아니라 사회적 관계라는 유동적인 흐름으로 구성되는 것이므로 고정된 공간이 아닌 변화 가능한 과정(processes)이다. 또한 장소는 경계(boundary)로 구분되어 내부와 외부로 나뉘지 않고 항상 외부와 연결되어 있다. 마지막으로 장소는 단일하고 유일한 정체성을 갖고 있지 않고 다양한 충돌과 이해관계로 끊임없이 재구성된다.[23] 이렇게 정의되는 장소의 대안적 해석은 장소를 구성하는 행위주체의 차이에 따라 다르게 경험되고 인식되는 장소 감각(sense of place)을 설명할 수 있다는 점에서 중요한데, 가령 사회구조 내에서 소외된 주체들(여성, 어린이, 성적 소수자 등)은 각기 자신들 나름의 장소와 장소 감각을 구축할 수 있고 이는 결코

---

21) D. Massey, *Space, Place and Gender* (Cambridge: Polity Press, 1994), p. 41; "Power-Geometries and the Politics of Space-Time," in *Hettner Lecture 1998* (Heidelberg: University of Heidelberg, 1999), p. 288.

22) D. Massey, "Power-Geometries and the Politics of Space-Time."

23) D. Massey, "A Global Sense of Place," *Marxism Today*, June (1991). http://www.amielandmelburn.org.uk/collections/mt/index_frame.htm

고정되어 있거나 동일하지 않은 방식으로 나타난다.

마시의 '장소' 개념은 세 가지 측면에서 특히 의미가 있는데, 첫 번째는 장소는 과거에 바탕을 둔 것이 아닌 현재라는 기점에서 배열되어 있는 사회적 관계의 흐름이라는 점이고, 이 관계의 흐름은 고정된 것이 아니라 유동적이라는 사실이다. 글로벌 시대의 장소의 상실 혹은 시공간 압축에 대한 두려움 등으로 인해 장소의 역사적 특이성 혹은 로컬리티의 복원에만 집중되어 왔던 장소 논의에서 벗어나 과거, 현재, 그리고 미래와 연결되어 있는 사회적 관계의 장이라고 규정함으로써 시간의 연속선상의 장소의 역동성을 강조했다는 점을 주목할 필요가 있다. 장소는 과거의 단편적인 경험의 기억을 단순히 복원하는 것이 아니라 과거를 내포한 현재의 관계의 배열이고, 이 배열은 미래의 배경이 된다. 즉 장소는 특정 지역에 과거로부터 정주해온 지역 사람들뿐 아니라 현재에 이주해온 이주자들이 함께 만들어내는 관계들로 구축되는 것이고, 이와 같은 관계의 배열이 바로 미래의 장소의 시작점이 되면서 장소는 변화하는 흐름이자 과정이 된다.

또 한편으로는 장소는 행위주체들이 시간성을 가로지르면서 자신들의 경험을 의미화하면서 구체화된다. 여기서 간과하지 말아야 할 부분은 행위주체들은 공간을 신체를 통해 접촉하고 경험하면서 친밀감을 형성하고, 이를 바탕으로 행위주체들은 특정한 공간에 "뿌리내리는 것(dwelling)"을 행하면서 장소로 인식하게 된다는 점이다.[24] 장소가 위에서 언급했던 공간(들)과 특히 구별되는 지점은 장소는 행위주체들이 단순히 경험하는 공간에서 한걸음 더 나아가 오감으로 접촉하고, 감각하며, 또한 경험하여 만들어내

---

24) M. Heidegger, *Poetry, Language, Thought* (New York: Harper & Row, 1971); 요시하라 나오키, 앞의 책, 292-95쪽.

는 공간이라는 점에서 행위주체들과 좀 더 강한 유대관계를 구축한다고 할 수 있다.

마지막으로 마시의 장소의 대안적 해석은 '장소'를 전유하는 행위주체들 내의 차이에 관심을 기울이면서 장소의 개념에 젠더적 시각의 중요성을 강조하였다. 특히 마시는 이주는 단순히 경제적·정치적 요소에 의해 결정되는 것이 아니라 수많은 사회·문화적 자원에 의해서 다층적으로 구축된다고 주장한다. 마시는 젠더가 경제적·정치적 요소에 못지않게 중요하다고 보았는데, 여성의 이주는 남성의 이주와는 다른 방식으로 작동할 뿐 아니라 여성이 구성하는 장소와 장소 감각은 남성과는 구별되기 때문이다. 마시는 영국의 킬번(Kilburn)이라는 탄광 도시의 예를 들면서 여성의 장소 감각은 남성의 공간과는 구별되는 "만남의 장소(the meeting places), 외부와의 관계망(network and connections outside), 일상의 이동 경로(the moves in everyday)" 등을 통해서 구축된다고 주장한다.[25] 즉 동일한 지정학적 '장소'는 그 공간을 생산하고 소비하는 행위주체에 따라 다층적으로 경험·접촉되고, 다르게 인지되면서 상반되는 장소 감각으로 존재할 수 있다. 문제는 남성과는 구별되는 여성의 장소와 장소감각이 종종 불균등한 사회적 관계의 반영이기 쉽고, 이는 젠더간의 불평등한 지리적 (재)구성으로 귀결되곤 한다는 점이다.

북·중 경계지역이라는 '장소'

북한은 1990년대부터 조금씩 개방을 진행해 왔는데, 1991년 나진·선

---

25) D. Massey, *Space, Place and Gender*.

봉 경제무역지대, 1998년 금강산 관광, 2002년/2011년 신의주 경제특별구,[26] 2003년 개성공업단지 등 "외부의 영향을 극소화 할 수 있는 곳으로 북한 내에서 가장 변경지역인 4개의 모서리 지점"을 개방하였다.[27] 금강산과 개성이 남한과의 교류가 중심인 개방지역이라면, 나진·선봉과 신의주는 북한이 압록강과 두만강으로 맞닿아 있는 러시아와 중국과의 자유로운 경제교류가 가능한 지역이다. 만약 지리적/역사적 여건을 감안하여 북한이 점차적인 개방을 하게 된다면 북한의 북쪽의 국경지역이 더 큰 폭으로 개방될 확률이 높다. 그 만큼 이 지역은 오랫동안 비/공식적으로 중국과 러시아와 교류를 해왔던 지역이고 지리적으로 강 하나를 두고 맞닿아 있어 교류 비용도 최소화할 수 있다는 장점이 있기 때문이다.

　북한의 북쪽 국경의 대부분은 중국과의 경계이고 이는 1,376.5km에 달한다. 러시아와의 국경은 두만강 하구의 16.93km에 불과한데, 이 지역은 나진·선봉 지역과 러시아의 핫산 지역으로 국경을 두고 연결되어 있다. 북한과 중국은 1964년 「국경지역에서 국가 안전과 사회질서 유지 업무 중 상호 협조에 관한 의정서」에서 경계지역을 "두 나라가 인접하여 있는 시와 군, 현"으로 지정하였다.[28] 이에 따르면 북한은 평안북도(신의주), 자강도(만포), 양강도(혜산), 함경북도(나선특별시, 회령)가, 중국은 랴오닝성(단둥시), 지린성(연변조선족자치주, 백산시, 통화시)이 경계지역을 형성

---

26) 중국과 협상해왔던 신의주 경제특별구는 2002년에 무산되었다. 이후 북한의 핵문제와 중국 내 국내문제 때문에 큰 진전이 없다가 2011년에 북한이 다시 신의주를 경제특별구로 선포하고 중국과의 자유로운 무역을 허용하고 있다.
27) 이옥희,『북·중 접경지역: 전환기 북·중 접경지역의 도시네트워크』, 푸른길, 2011, 15쪽.
28) 같은 책, 18쪽.

하고 있고, 특히 함경북도의 무산, 회령, 온성 등의 지역과 두만강을 두고 맞닿아 있는 중국 쪽 지역에는 연변조선족자치주(옌지, 투먼, 훈춘 등)가 위치해 있다.

경계지역(borderland)은 사회·지리적으로는 두 개 이상의 국가의 영토가 국경이라는 경계로 나뉘고 구분되는 지역이다.[29] 근대 국가의 영역이 확고하였던 20세기 초반에는 국경이라는 상징적, 정치적, 지리학적 경계는 다름(difference)과 타자(the other)를 구축하는 중요한 기준으로 작동되어 왔다. 즉 국경은 근대 국가의 영토가 제도화되거나 생산되는 것에 따라 사회적으로 구성된 근대의 산물이다.[30] 구성된 국경은 때때로 지역에 뿌리 내리고 있는 커뮤니티나 역사성을 고려하지 않은 채 일방적으로 작동되기도 한다. 때문에 '국경'이 '명백한' 정치적·경제적·문화적 '경계'라는 믿음에 균열이 감지되기도 하고 지도상에 그려진 국경이 일상에서 통일적으로 작동하지 않는 사례도 많다.[31] 즉 현실에서는 국경이라는 경계선을 기준으로 국가와 영토가 명백하게 구분되지 않을 뿐 아니라 이 경계선은 다른 방식으로 작동할 수 있다. 호스트만(H. Horstmann)은 경계지역의 역동성을

29) K. Takamura, "Not "Divided Places," But "A Living Space": Chinese Women on the Thai-Malaysian Border," *Journal of Asian and African Studies*, 68 (2004), pp. 174-75; N. Vaughan-Williams, *Border Politics: The Limits of Sovereign Power* (Edinburgh: Edinburgh University Press, 2009).

30) D. Newman and A. Passi, "Fences and Neighbours in the Postmodern World: Boundary Narratives in Political Geography," *Progress in Human Geography*, 22(2) (1998).

31) E. Balibar, "The Borders of Europe," in P. Cheah and B. Robbins, eds., *Cosmopolitics: Thinking and Feeling Beyond the Nation*, trans. J. Swenson (London and Minneapolis: University of Minnesota Press, 1998).

강조하면서 이 지역을 구성하는 내러티브는 두 가지 다른 층위에서 작동한
다고 주장한다. 첫 번째는 국가와 국경이라는 정치적 주권이 작동하는 층위
이고, 두 번째는 경계지역을 살아가는 사람들이 만들어가는 공간이다.[32]
국경으로 나뉜 경계지역은 각 국가와의 유사성이나 문화적 유대감보다
경계지역만의 특정한 지역·문화적 동질감을 갖고 있는 경우가 빈번하다.
때문에 두 국가가 국경을 중심으로 맞닿아 있다고 이해하기보다는 공통의
사회공간이자, 경계지역에 뿌리내리고 살고 있는 "공통의 사람"들의 "공통
의 장소"로 이해해야 한다.[33] 또한 경계지역은 국가 내 타지역보다는 외국
인과 경계를 넘는 다양한 교류와 행위주체들로 구성되는 지역이다.[34] 근대
의 국경이 만들어지기 전부터 공통의 일상 공간을 만들어온 경계지역은
국경이라는 공식적인 분할이나 장벽과는 다른 차원의 경계지역의 커뮤니티
를 지속해 왔고, 특히 같은 민족이나 언어를 사용하는 사람들이 경계지역에
'뿌리를 내리고 있다(dwelling)'면 국경이라는 근대 영토의 경계와 또 다른
일상의 공간이 강력하게 작동할 수 있다.

　　북·중 경계지역 내 위와 같은 경계지역의 특징을 확인할 수 있는

---

32) H. Horstmann, "Incorporation and Resistance: Borderlands, Transnational
Communities and Social Changes in South Asia," unpublished presented paper
(2002), p. 7.

33) M. Baud and W. Van Schendel, "Towards a Comparative History of Borderlands,"
Journal of World History, 8(2) (1997), p. 216; O. Brednikova and V. Voronkov,
"Border and Social Space Restructuring," (2000). www.indepsocres.spb.ru/bredvv_
e.htm/

34) T. Wendle and M. Rosler, "Frontiers and Borderlands: the Rise and Relevance
of an Anthropological Perspectives," in T. Wendle and M. Rosler, eds., *Frontiers and
Borderlands: Anthropological Perspectives* (Munich: University of Munich, 1999), p. 8.

지역은 북한의 함경북도와 연변조선족자치주에 이르는 지역이다. 19세기 조선인들이 간도 지방으로 이주한 이후부터 이 지역은 근대의 국경이 구축된 이후에도 조선족과 북한주민이 혈연, 언어, 민족, 문화로 교류하고 연결되어 있는 경계지역의 성격을 유지하고 있다. 약 200만여 명에 달하는 조선족은 경계지역에 집중적으로 집단 거주하고 있고, 중국의 소수민족 정책에 힘입어 조선어와 문화를 유지할 수 있었다. 특히 두만강 이북으로 이주해온 대부분의 조선인들이 함경북도 출신이었기 때문에 그들은 함경북도 주민과는 혈연적 관계 및 일상적 교류를 계속해왔다.[35] 중국이 경제적 어려움을 겪었던 70년대 초반까지는 많은 수의 중국 조선족이 북한으로 넘어와 물건을 팔고 북한의 자연광물이나 식품을 구입해가는 방식으로 조선족과 북한주민의 교류는 혈연관계를 바탕으로 계속 유지되고 있었고, 이후 북한의 경제난이 심화되자 많은 수의 북한주민이 중국 조선족 사회에 도움을 요청하는 것으로 확인된다.[36] 즉 두만강을 사이에 두고 조선족과 함경북도 주민은 과거의 혈연을 바탕으로 이들만의 일상의 공간을 만들어냈고, 이는 동일 문화와 언어를 바탕으로 한 일종의 "동일문화·언어지대"로 안정되어 있었다. 이로 인해 경제위기 시기에 많은 수의 북한이탈주민이 감행한 월경을 엄격한 의미에서의 국가를 등지고 '국경을 넘어' 이주한 것으로 일반화하기보다는 이들과 조선족이 오랫동안 구축한 일상 공간의 측면에서 살펴볼 필요가 있다.[37]

---

35) 리홍국·김호남·장희망, 『중국조선족문화 및 그 특색에 관한 연구』, 연변인민출판사, 2010, 14쪽.
36) 김성경, 앞의 글.
37) 같은 글.

특히 위에서 살펴본 '일상의 공간(들)'이나 '장소'라는 개념을 차용하여 북·중 경계지역을 다시 살펴본다면 함경북도 주민이 경험하는 공간인 북·중 경계지역은 국가 내의 어떤 지역보다도 친밀감이 형성된 이들의 '장소'로 작동하였을 가능성이 있다. 예를 들어 북·중 경계지역을 오가면서 평생을 보낸 Y씨에게 경계지역은 친밀함과 익숙함의 장소이다. 나진에서 출생한 Y씨는 일제 강점기 시대에 "품팔이 하는" 부모님을 따라 두만강을 건너 중국 동북지역으로 이주한다. 부모님을 어린 나이에 여의고 친척집을 전전하면서 보모생활을 하면서도 학업에 남다른 재능을 보였던 Y씨는 연변대 조선어문학과에서 수학하게 되었고, 그곳에서 남편을 만나 가정을 꾸리게 된다. 하지만 60년대 초반 북한에서 대대적으로 "조국으로 돌아오라"는 홍보를 하기도 하였고, 문화혁명 시기의 연길보다는 북한이 나을 것 같아 남편과 함께 이주를 감행한다. Y씨는 북한으로의 이주는 특별한 결심이나 경험이기보다는 비슷한 환경으로의 이동이었다고 증언하고 있다.

…글쎄 내 땅(조선)이라는 생각이 들었지. 조선 사람이니까 그저 조선이 고향이다 그리고 나갔지…그때 그저 그냥 그랬어. 부모님도 북에서 와서 여기서 산 거니까. 여기랑 별로 차이가 없었어. 조선사람 다 조선으로 나간다하니까 조선으로 나갔지. 생활은 별 차이 없었습니다. 여기랑.(사례 Y씨 인터뷰)

북·중 경계지역이라는 공간은 Y씨에게는 국경이나 상이한 환경(언어, 습관, 생활양식)으로 구분되는 곳이 아니라 언어와 문화적 유사성, 친인척 관계 등의 다중의 네트워크로 연결된 유동하는 공간이자, 살아가는 장소이다. Y씨는 남편과 함께 북으로 갔지만 Y씨의 두 명의 오빠들은 중국 군대에서 생활하면서 경계지역에 정착하였고, 오빠들과의 계속된 교류는 Y씨가 중국 쪽 경계지역과의 친밀감을 유지하는 중요한 역할을 한다. 이와 같은 친밀감과 중국에 정착할 수 있다는 자신감은 2004년 보위부에서 일하던 남편이 사망하자, 자식들에게 부담을 주기보다는 강을 건너와 돈을 벌어 자식들을 지원하겠다는 결심을 하게 하는 주요한 자원이 된다.

> 중국말도 그간에 조선에 가 있다가 그저 한 40년 만에 왔는데, 여기서 와서 좀 대상하니까 하나도 잊어 안먹고 술술 다 나옵디다. 그런데 글 경우는 좀 까리까리하지뭐…. 말은 그저 지금도 그저 많은 사람들이 어쩜 그렇게 한족 같은가 합니다…. 일 없습니다. 난 여기 있는 게 그렇게 힘들지 않단 말입니다. 한어도 좀 하지 예전에 있던 곳이어서 다 알고, 그리고 지금 아바이가 영 고와하지….(사례 Y씨 인터뷰)

40여년이 지난 후에 돌아온 연길은 많이 변해 있었지만 곳곳에는 Y씨가 살았던 때의 흔적을 간직하고 있었고, 언어적 문제가 없는 Y씨에게는 연길이 낯선 공간이 아닌 친숙하고 익숙한 장소로 감각되고 있다. 시장에 나가 장을 보는 것부터 연길 시내 곳곳을 걷는 것이 익숙한 Y씨는 그만큼 빠르게 장소감각을 구축하고 있었다. 하지만 과거에는 연변대를 졸업한 재원으로 중국 정부에서 일을 한 중국 조선족이었다면 다시 돌아온 중국에서 Y씨는 불법적 신분을 갖고 돌봄 노동과 살기 위해 조선족과 동거를 하는 불안정한 위치에 놓여 있다. Y씨가 장소감각을 구축할 수 있는 공간은 조선족 노인과 살고 있는 사적 공간, 자신의 신분을 지켜줄 수 있는 극소수의 친인척 네트워크, 그리고 일상생활의 제한된 경로(시장, 병원, 약방 등)에 국한되어 있다. Y씨는 같은 공간인 연길지역을 과거-현재-미래의 시간 축을 가로지르면서 유사하면서도 구분되는 '장소성'과 '장소감각'을 구축하고 있다.

신체를 통해 감각되는 '장소'

국가라는 공간과 구별되는 일상에서 경험되는 경계지역은 공간을 생산하고 소비하는 행위주체들이 신체를 통해 감각하는 '장소'로 확장되고 이는 북한주민의 대규모 이동과 중국 쪽 경계지역 내의 북한주민의 정주 현상을 설명할 수 있는 단초를 제공한다. 북·중 경계지역의 북한주민이 친밀하게 '감각'하는 '장소'에 대해서는 메를로-퐁티의 현상학적 시각이 의미있는 틀을 제공해준다. 일반적으로 공간의 현상학은 인간이 자신이 살고 있는 공간(혹은 세계)을 어떤 의미와 본질로 인지하고 있는지를 탐구한다. 특히 메를로-퐁티는 '감각'한다는 것의 의미의 풍부함을 경험주의의 수동적이면서도 일상적 수용과 거리를 두고 설명하면서, '감각'한다는 것은 곧 신체가 세계를 친숙한 것으로 지각하는 것이라고 설명한다. 메를로-퐁티는 공간을 감각한다는 것은 "언제나 신체와의 관련을 포함"하며, 결국 "세계를 우리의 삶의 친숙한 환경으로 나타내는, 세계와의 생명적인 의사소통"을 의미한다고 주장한다."[38]

신체를 통해서 지각된 세계는 결국 인간이 세계-내-존재(being-in-the-world)임을 드러내는 것이고, 이는 선험적 의식(transcendental consciousness)

---

38) 메를로-퐁티, 『지각의 현상학』, 류의근 옮김, 문학과지성사, 2002, 105쪽.

이전에 '신체를 통해서 직접적으로 지각되는 체험적 세계'의 중요성을 강조한 것이라 할 수 있다.[39] 이런 맥락에서 신체는 "자연적인 종(species)"으로 주어진 것이 아니라 사회적/물리적으로 지각되는 과정을 통해 "역사적인 개념"으로 구성되는 것이 된다.[40] 자아의 체험에 관한 구체적인 접근에 관심을 기울였던 메를로-퐁티에게 있어서 세계는 인간과 실존적인 관계 속에서 실현되고, 살아있는 '역사적인' 신체를 통해서만이 지각될 수 있다. 데카르트의 코키토라는 개념은 이성을 통한 사유를 통해 추상성(abstraction)과 보편성(universalism)을 지향한다면, 메를르-퐁티의 세계를 지각하는 것은 보편화가 불가능하고, 각 존재들의 시·공간과 지각 주체의 차이는 지각의 개별화를 가능하게 한다.[41] 이 때문에 각각의 "세계 및 타자와 연루되어" 있는 인간은 존재의 "애매성"을 피할 수 없다.[42] 초월적 자아와 통일된 실존이 아닌 인간의 지각의 층위에서 혼란과 애매함이 뒤섞여 있음은 바로 인간이 역사와 결부되어 있고 경험 속에 연루되어 존재함을 드러낸다는 점에서 의미 있다.[43]

메를르-퐁티의 신체와 지각되는 세계에 대한 이론은 경계지역에 살고

39) 김현경, 『현상학으로 바라본 새터민(탈북이주자)의 심리적 충격과 회복경험』, 한국학술정보, 2009, 68쪽.

40) Z. Maurice Merleau-Ponty, "The Body in its Sexual Being," in *The Phenomenology of Perception*, trans. Colin Smith (Boston: Routledge, 1962); Judith Butler, "Performative Act and Gender Constitution: An Essay in Phenomenology and Feminist Theory," *Theatre Journal*, 40(4) (1988), p. 520에서 재인용.

41) 뱅상 데꽁브, 『동일자와 타자: 현대 프랑스 철학(1933-1978)』, 박성창 옮김, 인간사랑, 1990, 78-83쪽.

42) 피에르 테브나즈, 『현상학이란 무엇인가: 후설에서 메를로 퐁티까지』, 김동규 옮김, 그린비, 2011, 97쪽.

43) 같은 책, 98-101쪽.

있는 거주 주민들이 자신들의 신체를 통해서 지각하는 세계가 국경이라는 경계로 제한되거나 구분되는 것이 아님을 설명하는 틀이 된다. 신체가 감각하는 세계는 특정 공간과 시간성 아래 역사적으로 지각되는 것이고, 이 때문에 자연적 의미로의 신체 감각은 항상 문화적 의미의 틀에서 해석되어야 한다.44) 우리가 감각하는 (냄새를 맡고, 촉감을 느끼고, 색을 구분하고, 습관이나 생활방식을 실천하는 등의) 공간이 바로 행위주체들이 지각하는 세계이면서, 이들이 세계-내-존재(being-in-the world)로 인지할 수 있는 '장소'가 된다. 절대적 공간으로부터 행위주체들이 살아가는 '장소'를 만드는 과정에서 신체는 중심에 위치할 뿐 아니라 아비투스의 장이다. 신체는 장소를 의미 있는 통일된 전체(coherent entity)로 구성해내고, 이 과정에서 장소의 시·공간성은 몸을 통해 체화된다.45)

대다수의 변경지역에 살고 있던 북한주민들이 감각하여 지각하는 세계는 오랫동안 관계를 맺어온 국경너머 조선족 커뮤니티와 연결되어 있는 일상에서 작동하는 세계이고, 이 세계는 이들이 자신과 세계와의 관계를 확인할 수 있는 '일상의 공간(들)'이나 '장소'가 된다. 이로 인해 경제적 위기가 심화될 때 변경지역 거주민들은 북한 내 이동이나 지역에 정주하면서 위기 타개를 하는 것은 자신들이 지금껏 지각해온 세계에서는 생각해내기 힘든 것이었고, 자신들이 지각하는 세계에서 가능했던 방안 중에 하나인 중국으로 넘어가 경제적 이득을 취하는 것을 쉽게 생각해내고 이행한 것으로 볼 수 있다.

---

44) Merleau-Ponty, op. cit., p. 146.
45) E. Casey, *The Fate of Place* (Berkeley: University of California Press, 1997), pp. 716-18.

함경북도의 경우 지리학적으로 압록강보다는 강폭이 좁고 물살이 빠르지 않아 조선족과의 교류가 빈번하게 이루어졌던 지역이었고, 백두산 자락이 완만해지는 지역이어서 산세가 험하지 않아 거주민의 이동이 상대적으로 자유로운 지역이다. 실제로 중국에서 상당기간 살다가 북한으로 이주를 하거나, 조선족과 두만강을 사이에 두고 물건을 교환하거나, 어린 아이들의 경우 두만강에서 조선족과 수영을 한다든지, 조선족 친척이 방문했던 경험이 있다든지, 마을에 조선족 보따리 장사가 왔다거나, 북한주민이 중국으로 장사를 다니는 것 등을 직·간접적으로 경험하고, 더 나아가 보는 것, 듣는 것, 느끼는 것 등 신체를 통해 감각하면서 북한주민은 자신의 생활세계를 경계지역이라는 이들만의 특수한 일상의 '장소'로 지각하게 된다.

함경북도 출신인 A씨는 두만강 강변에서 조선족과 계속적인 교류를 하다가 아버지와의 불화로 홧김에 월경을 한 경우인데, 경계지역 출신이 탈북자의 대부분이라는 사실을 경계지역이라는 지정학적 자원과 연계해서 설명할 수 있는 사례이다. 경계지역을 일상의 생활세계로 감각할 수 있는 사람들만이 탈북이라는 것을 계획하고, 감행할 수 있다는 것이다.

결국 다 강가에요. 황해도나 강원도에서 올 확률은 거의 없어요. 그 사람들은 아예 오려고 생각도 안하고, 생각조차도 못하고 혹시나 함경북도 쪽에 장사하러 다니는 사람들이나 올 생각을 하지. **강 쪽 사람들은 빠삭하지요 맨날 넘어 다니고 그러는데 뭐. 다 알아요 귀가 있고 눈이 있는데 알지 않겠어요?**(사례 A씨 인터뷰)

A씨가 말한 것처럼 Z씨의 경우에는 함경남도에서 살 때는 강을 건너

는 것을 엄두도 못 내다가 함경북도 청진으로 이주한 이후에 장사를 하면서 중국 쪽으로 가는 것을 익숙하게 인지하게 되면서 월경을 한 사례이다.

> 함주(함경남도)에서 어머니랑 살 때는 **아무 것도 몰랐어요.** 그러다가 어머니가 사망되고, 언니가 청진(함경북도)에 살았는데 거기에 살러 갔어요. 가서 낙지 여기서는 오징어라고 하는데 그걸 떼다가 무산의 아는 언니한테 넘기고 그런 걸 했는데, 그 언니가 중국을 왔다 갔다 하면서 장사를 했단 말이에요. 그래서 그걸 매일 보다가, 언니까지 사망되니까 그 언니가 가자고 하더라고요.(사례 Z씨 인터뷰)

경계지역에 살고 있는 사람들은 중국 쪽 경계지역의 조선족과 그만큼 많은 교류가 있었고, 경계지역 사람들과 장사를 하였던 타지역 출신 Z씨까지도 빠르게 경계지역만의 특징을 감각하게 된다. 경계지역을 하나의 생활세계로 감각하기 시작하면 강을 넘는다는 것은 국경을 넘는다는 것이기보다는 자신들의 생활세계 내에서 움직이는 것이 된다.

참여관찰 사례 J씨의 경우는 두만강과 그리 멀리 떨어지지 않은 곳에서 태어나서 북한을 떠날 때까지 같은 동네에서 거주하였다. J씨의 남편은 한번 나가면 한 달씩 소식이 없다가 중국에서 돈을 가져오거나 물품 등을 사서 돌아왔다고 하였다. J씨는 북에서 지낼 때 '중기'라고 하는 가전제품이나 가구 등은 모두 다 중국에서 가져온 것이었을 만큼 유복하게 지냈다.

여기서 보면 저기. 중국이 저기 정도 밖에 안되요. 저기 불빛 보이는 곳

만큼이요(약 3~40 미터 정도의 거리를 가리키며) 그렇게 가까워요. 여기는 전기도 없어서 깜깜하지만 저쪽 저렇게 불이 환하게 밝혀져 있거든요. 중국이 잘 살기 시작하면서 그쪽은 하루하루 변하는 게 보였어요…. 거기서 뭐라도 있으면 폭죽이 터지고 그러는데, 다 보이거든요. 그럼 우리들 다 두만강변에 나가서 그 폭죽 보고 좋다고 뛰어다니고 그러면서 살았지요(참여관찰 사례 J씨, 전언)

J씨가 생활하는 세계에서 중국은 머나먼 타국이 아닌 손을 뻗으면 닿을 수 있을 정도로 지리적으로 가까운 공간이다. 게다가 가까운 친지가 살고 있고, 남편이 일상에서 방문하는 공간이다. J씨는 중국 조선족에게 시집을 가서 연길에 정착한 여동생이 음식이며 기타 생활용품을 보내주기도 해서 이미 강 너머 공간에 대한 친밀감이 상당했다. 이 때문에 한국에 온 이후에도 중국에서 동생이 보내주는 고춧가루며 젠차(말린 향채가루) 등으로 식생활을 하고 있다. 익숙한 풍경, 음식(맛), 소리, 날씨, 촉감 등이 감각하는 공간을 구성하게 되는데, J씨의 경우도 중국에서 구할 수 있는 다양한 식재료를 통해서 그 지역을 친밀하게 감각하고 있다. J씨의 생활세계는 그 만큼 중국과 밀접하게 연결되어 있었고, 강 너머는 다양한 물건, 음식, 냄새, 색감, 소문 등으로 감각되는 세계의 일부였다. 때문에 남편과 관계가 악화되자 아이와 함께 중국 쪽으로 건너가 새로운 삶을 살아보고자 하는 계획을 비교적 쉽게 세울 수 있었다.46)

46) J씨가 중국으로 이주할 때보다 더 큰 용기가 필요했던 것은 남한으로의 이주였다. 남편과의 불화로 중국으로 이주한 이후 남편이 찾아와 용서를 빌었고 이 때문에 다시 새롭게 시작하기 위해서 남한으로 이주하였다고 한다. 중국에서 지내는 것이

반면에 경계지역이라는 문화적 배경이나 자원과 거리가 있었던 사례들의 이주 경험은 감각되는 경계지역의 의미를 다시 한 번 확인할 수 있게 한다. 또 다른 사례 V씨는 군인으로 복무하던 중에 남한 쪽 친척들에게 연락을 한 것이 발각되어 처벌 받을 위기에 처하자 월경을 하였다. 경계지역에서 살아본 경험이 없었기 때문에 어떻게 해야 할지 감이 잡히질 않았다고 하였다.

> 일단 중국 쪽으로 나가려면 두만강 강가로 가야 할 것 같아서 군대에서 나와서 그쪽으로 가 있었어. 그런데, 도무지 엄두가 나지 않는 거야. 그래서 일주일 동안 아무 것도 안하고 강가에 그냥 앉아 있었어. 이걸 어떻게 해야 하나. 그런데 내가 군복을 입고 그쪽에 앉아 있으니까 경비대들이 이상하게 생각해서 잡으러 왔더라고. 그래서 잡혔는데, 그때 수용소에서 온갖 고생을 다하고 …거기서 도망치고 나서는 도무지 방법이 없더라고. 그래서 밤에 강을 넘었지. (사례 V씨 인터뷰)

중국으로 넘어온 V씨는 중국에 머무르지 않고, 곧바로 남한의 친척들에게 연락을 하였고 부유한 친척의 도움으로 가짜 여권을 만들어 남한으로 입국할 수 있었다고 하였다. V씨는 중국에 머무르는 것을 생각해본 적도 없었다. V씨에게는 북한에 거주하거나 그것이 어렵게 되었을 때는 남한으로의 이주만을 고려하였다. 북·중 경계지역이 낯설었던 V씨에게 있어서 강을 넘는다는 것은 곧 남한으로의 이주를 의미하는 것이었고, 이 때문에 경계지역에서 오랫동안 망설였음을 알 수 있다.

편하기는 하였지만 친정어머니와 친정 식구들이 남편과의 재결합을 반대하였고 이 때문에 가족 간의 감정의 골이 깊어져서 중국에 살기 어려웠다는 것이다.

젠더화된 북·중 경계지역

북한이탈주민의 이주의 또 다른 특징은 약 70%가 넘는 여성의 비율이다. 다음의 표에서 설명하듯이 탈북자의 수가 상대적으로 적었던 시기(1948-98)에는 여성 탈북자의 비율은 12.2%에 머물렀다. 한국전쟁 이후에 남한으로 탈북한 사람들은 대부분 남성 군인이나 정부 관료였고, 이와 같은 성비는 1990년대 중반 이후 본격적인 대량 탈북 시기까지 지속되었다.[47] 하지만 98년을 기점으로 탈북 여성의 수가 기하급수적으로 증가하였고, 2002년에 과반수를 넘긴 이후 최근 수년간 70%를 훌쩍 넘겼다. 이를 볼 때 북한이탈주민의 이주는 젠더화되었고, 이들이 처음으로 정주하는 공간인 북·중 경계지역 또한 젠더화된 관계의 공간/장소 틀 안에서 재규명하는 작업이 필요하다. 즉 대다수의 탈북자가 여성이라면 그것을 가능하게 하는 여러 가지 사회/문화/경제적 요소들이 존재할 것이고, 이 요소들이 북·중 경계지역이라는 공간 내에서 구체화되고 있는 것은 아닌지 확인이 필요하다.

---

47) 국제정세의 변화와 북한 내 사정 등으로 인해 탈북자의 수는 고정적이지 않지만 최근의 탈북자 수는 2000년대 중반에 비해 눈에 띄게 급감하였다고 한다(인권활동가 L씨 인터뷰). 2000년대 후반부터 북한과 중국이 함께 작업한 국경지대 철책 사업이 어느 정도 완성되어 북한주민이 불법적으로 강을 넘는 것이 예전보다 어려워졌을 뿐 아니라, 북한 정부가 비공식적인 월경을 최대한 억제하는 대신 북한주민이 중국을 공식적으로 방문하는 것을 허가하는 쪽으로 정책을 수정한 것이 주요 원인으로 알려졌다. 게다가 남한과 중국에 있는 많은 수의 탈북자가 타향살이의 고달픔을 전해오기도 하고, 당국의 강화된 통제 등으로 무작정 월경하기보다는 친지의 송금을 통해 경제적 도움을 받는 것에 만족하고 있는 것으로 나타났다.

<表 2>　　남한입국 북한이탈주민의 수와 여성비율(통일부 자료)

구분	~'98	~'01	'02	'03	'04	'05	'06	'07	'08	'09	'10	'11	합계
남(명)	831	565	509	473	626	424	514	571	606	662	589	798	7,321
여(명)	116	481	632	809	1,272	958	1,512	1,980	2,195	2,252	1,812	1,908	16,247
합계(명)	947	1,046	1,141	1,282	1,898	1,382	2,026	2,551	2,801	2,914	2,401	2,706	23,568
여성 비율	12%	46%	55%	63%	67%	69%	75%	78%	78%	77%	75%	70%	69%

공간이 경제적 흐름에 의해서 재구성되는 것이 근대사회의 중요한 특징이라면, 이 경제적 흐름에는 젠더적 요소가 밀접하게 연관되어 있다. 즉, 공간/장소의 구성에서 젠더는 중요한 구성요소이자, 공간/장소는 특정한 젠더의 문화적 구성과 젠더 관계의 장이다.[48] 구성된 공간과 장소는 젠더가 사회 내에서 구축되고 이해되는 방식에 중요한 영향을 미친다. 게다가 공간과 장소는 그 곳의 사회적 관계들의 구조에 따라 각 행위주체들에 의해 다르게 감각되거나 경험되기도 한다. 그렇다면 지금까지 우리가 주목한 북·중 경계지역이 경제적 흐름과 동시에 젠더적 관계들에 의해서 '장소화' 되고 있음을 주장하면서 북·중 경계지역이라는 장소는 글로벌 자본주의와 초국적 민족 경제, 그리고 이를 가능하게 하는 가부장적 젠더 관계들이 복잡하게 얽혀 있는 공간임을 밝히겠다.

북한주민의 북·중 경계지역 내 이주는 중국 측 조선족 사회의 변화와 밀접하게 연결되어 있다. 중국은 1990년대 이전까지 각 지역의 거주민 이동을 정책적으로 제한하였고 이 때문에 97%의 조선족이 동북 3성 지역에 거주하고 있었다.[49] 한 지역에 오랫동안 정주하였던 까닭에 조선족은 그

---

48) D. Massey, "Power-Geometries and the Politics of Space-Time," P. 177.
49) 권태환·박광성, 「중국 조선족 대이동과 공동체의 변화－현지조사 자료를 중심으로」, 『한국인구학』, 27집, 2호, 2004, 538쪽.

만큼 북한쪽의 주민들과 계속적인 교류와 연계를 구축할 수 있었다. 하지만 1992년 한중 수교가 이루어지면서 양국 간의 경제교류가 기하급수적으로 늘어나면서 조선족과 한국인의 이동이 늘어나기 시작한다. 2001년에 20여만 명이었던 남한 이주 조선족의 수는 2010년에는 약 43만여 명으로 두 배 넘게 늘어났고, 2011년에는 약 49만여 명의 조선족이 남한 사회로 이주한 것으로 나타난다. 조선족이 남한으로 경제이주를 떠난 후 그 빈자리로 인해 북한이탈주민이 중국 내로 이주할 수 있는 충분한 공간이 만들어졌다고 짐작해볼 수 있다. 특히 90년대 중후반부터 본격화된 조선족의 남한이주는 글로벌 경제이주의 특징인 '이주의 여성화(Feminization of Migration)'의 성격을 보여준다. 남한 사회의 서비스 산업의 확대와 남한 여성의 사회진출로 가사도우미, 보모, 간병인 등의 수요 증가와 여성의 결혼 기피로 인한 결혼 이주자 증가 등의 이유로 남성 조선족에 비해 더 많은 여성 조선족이 남한으로 이주를 하였다.[50]

남한으로 이주한 여성의 자리를 메운 것은 북한에서 이주해온 북한여성이었다. 이들의 정확한 숫자를 파악하는 것은 쉽지 않지만 최소한 10만에서 많게는 30만 정도까지 중국 내 탈북자를 예상했을 때 이들 중 과반수가 넘는 북한여성이 남한으로 떠난 조선족 여성의 역할을 수행하고 있다고

50) 이혜경·정기선·유명기·김민정, 「이주의 여성화와 초국적 가족: 조선족 사례를 중심으로」, 『한국사회학』, 40집, 5호, 2006, 259쪽; S. Sassen, *The Global City: New York, London, Tokyo* (Princeton, N.J.: Princeton University Press, 1991). 「이주의 여성화와 초국적 가족: 조선족 사례를 중심으로」에서는 한국으로 이주한 외국인 노동자의 경우 이주의 여성화가 뚜렷하게 드러나지 않는 반면에 조선족의 경우에는 경제이주자의 48%가 여성이고 여기에 결혼이주자를 합하게 되면 여성의 수가 남성보다 훨씬 더 많은 것으로 나타났다고 밝히고 있다(259-60쪽).

볼 수 있다. 남한 여성들이 기피하는 '여성'의 직업을 조선족 여성이 채웠다면, 그 빈자리를 더 값싸고 어떤 부당한 대우도 감당할 수 있는 불법적 지위에 있는 여성, 즉 북한여성들이 채우고 있는 형국이다. 글로벌 경제 시스템 내의 불평등의 구조가 작동하는 "재생산(노동)의 국제분업"이 북한 여성의 이주와도 연결되어 있음을 나타낸다.[51]

하지만 조선족 여성의 빈자리가 단순히 북한여성의 월경을 가능하게 하였다고 단순화하기에는 중국 쪽으로 이주한 북한여성의 수가 남성보다 월등히 많다. 게다가 여성으로 겪게 되는 위험과 고초를 감안할 경우 많은 수의 북한여성이 남성보다 더 적극적으로 월경을 한 이유를 단순히 조선족 여성의 빈자리로만 설명하기에는 무리가 있다. 감각하는 장소로 북·중 경계지역과 연결하여 북한여성의 월경을 분석하자면 북한여성의 장소와 장소감각은 과정(processes)과 흐름(flow)으로 변화하며 경계지역을 가로지르며 더욱 더 확장되어 배열되었다는 것을 확인할 수 있다. 1990년대 중반부터 시작된 북한경제의 위기는 많은 여성들을 장마당을 중심으로 밀수와 장사 등의 비공식적 경제 활동의 주체로 재위치시켰다면, 남성들은 여전히 북한 당국에서 정해준 직장에 몸담고 있거나 무기력하게 경제위기에 대처하는 모습을 보였다.[52]

과거의 북·중 경계지역의 대부분의 북한여성들은 직접 월경을 하여 경계지역을 '감각'하기보다는 월경의 경험이 있는 남편과 아버지, 혹은 조선족 친척의 방문 등을 통해 간접적으로 '감각'하였다면, 경제위

---

51) S. Sassen, op. cit; 이혜경 외, 앞의 글.

52) 조정아 외, 『북한주민의 의식과 정체성: 자아의 독립, 국가의 그늘, 욕망의 부상』, 247-97쪽.

기 이후에는 공적인 영역에 주로 종사한 남성보다 상대적으로 자유로웠던 여성이 월경을 하기 시작하면서 이들의 장소와 장소 감각 또한 북·중 경계지역으로 끊임없이 확장되었다. 경계지역에 정주해온 북한여성은 국경너머의 조선족 커뮤니티와 친인척 방문 등을 통해 직·간접적으로 교류를 해왔던 사회적 자원과 신체적으로 감각된 경계지역의 친밀감을 이용하게 된다. 이들의 대부분은 국경을 넘어 이주하여 정착을 한다는 생각보다는 중국 내 친척의 도움을 받는다거나, 식량을 구한다거나, 장사 밑천을 마련하기 위해 단기적 이동을 목적으로 한다. 경계지역으로 묶여있었던 중국 측 조선족 커뮤니티와 북한주민들은 "강을 두고 왕래하는 이웃마을과 같았기 때문에 국경선을 넘는다는 사실을 심각하게 고민하지 않았"[53)]는데 상대적으로 비공식적 경제활동이 여성에 의해서 작동되고 있었던 북한의 사정상 여성들이 더 활발하게 월경을 결행할 수 있었다.

하지만 '이웃'에 가듯이 단기적 월경을 한 북한여성들에게 중국 쪽 경계지역의 상황은 그리 녹록한 것이 아니었다. 불법적 신분으로 인해 공식적인 경제활동보다는 비공식적 경제영역에 종사하면서 부당한 대우를 감당해야만 하거나, 공안을 피해 시골 마을에 숨어 살아야만 하는 상황에 직면한다. 북한여성에게 장소 감각을 구축할 수 있는 공간(들)은 같은 불법적 신분인 북한남성보다도 더 협소하고 불평등한 젠더적 성격을 띤다. 북한남성이 도시 혹은 농촌의 최하위 노동자 계층이나 다양한 초국적 공간(들)에서 장소 감각을 구축하면서 정주하게 된다면, 북한여성의 경우 '여성'이면서

---

53) 국가인권위원회, 『탈북여성의 탈북 및 정착 과정에서의 인권침해 실태조사』, 국가인권위원회, 2009, 69쪽.

'불법적 신분'으로도 정주가 가능한 특정한 공간(들)에 주로 뿌리를 내리게 된다. 이 때문에 북한여성들의 이주 사례는 농촌지역의 조선족이나 한족과 결혼하여 가부장제에 봉사하거나 도시에서 식당, 마사지 숍, 술집 등에서 (유사)성노동 산업에 종사하는 경우로 크게 나누어진다.

그 중에서 농촌지역에 정착한 북한여성들은 돈을 벌러 한국이나 대도시로 이주한 조선족 여성을 대신해서 가부장제 내의 '어머니', '아내', '며느리' 등의 역할을 수행하게 된다. 즉 가부장제와 글로벌 경제는 구분되는 것이 아니라 서로 맞물려 작동하고 있음을 보여준다.[54]

우리 오빠야가 글쎄 결혼을 못했단 말입니다. 요즘 시골에서 농사짓겠다는 사람도 없고 해서 나이가 사십이 넘도록 혼자 살고 있었는데, 아침에 어머니가 턱 일어나보니까 여자가 마당에 쓰러져 있었다는 겁니다. 가엾기도 하고 그래서 그냥 집에서 살라고 하고 우리 오빠야랑 살았습니다. 한 일 년은 넘게 살았단 말입니다… (첫 번째 북한여성이 도망가고) 여자가 있다가 혼자 사니까 오빠야가 또 너무 안 된 겁니다. 그래서 괜찮은 북한 여자 있다고 해서 돈을 좀 내고 데려왔지 않습니까. 그때 돈으로 2,000원 줬단 말입니다.(조선족 K씨 인터뷰)

농촌에서 농사일과 결혼생활을 유지하면서 가족을 꾸려가는 가부장제에서의 여성의 역할을 북한여성이 수행하고 있고, 이는 쇠락해가는 북·중 경계지역 내 농촌지역이 유지되는 데 북한여성이 중요한 역할을 하고 있음

---

54) 북한 소식을 전하는 『임진강』에서는 중국 농촌지역에 정착한 북한여성 관련 기사를 게재하였다(임진강 편집위원회, 『임진강』, 6호, 2009, 30쪽).

을 나타낸다. 이곳에서 북한여성은 '출산', '가사노동', '농사', '부모공양'을 수행하는 주체가 된다. 하지만 이들이 가부장제의 불평등한 관계(남편 혹은 시부모)를 순응적으로 받아들이는 이유는 이들의 불법적 신분에서 기인하는데, 수차례의 월경이나 북송을 경험한 여성일 경우 안정적인 정주 공간을 찾게 되고, 농촌마을은 도시와 떨어져 있고 마을 공동체가 발달되어 이들에게는 상대적으로 안전한 공간이 되기 때문이다. 물론 상당수의 북한여성이 인신매매를 통해 농촌지역에 결혼이주자로 팔려가는 경우도 많은데, 그 과정에서 상당한 (성)폭력을 경험하기도 하고 인권 유린이 발생하기도 한다.55) 즉 브로커들에게 매매되는 북한여성들은 "중국사회에서 최하위의 계층으로 매매되고 거래되는 성으로 취급"되면서 인권의 사각지대에 노출되어 있다.56)

북한여성이 경험하는 인권의 문제에도 불구하고, 이들은 자신들이 살아가는 공간을 차츰 의미화하기도 하고 다양한 방식으로 정착하려는 시도를 하고 있다. 이는 인터뷰 사례 K에서 잘 드러나는데, K씨는 97년도부터 월경을 하기 시작해서 수차례 중국과 북한을 드나들었고, 그러던 차에 2004년에 지금의 남편과 결혼하여 연변지역의 농촌마을에 정착을 하게 된다. 식당 등에서 일을 하면서도 불법적인 신분 때문에 불안하게 생활하였던 K씨는 차라리 시골에서 결혼해서 정착하는 것이 나을 것 같아 시골 마을로 결혼 이주를 하였다.

---

55) 이화진, 「탈북여성의 이성 관계를 통해본 인권침해 구조와 대응」, 『평화연구』, 가을호, 2011; 이금순, 「북한여성의 이주혼인과 인권문제」, 『북한인권 개선을 위한 전문가 토론회 자료집』, 2006.
56) 조정아 외, 『북한주민의 의식과 정체성: 자아의 독립, 국가의 그늘, 욕망의 부상』, 341쪽.

떠돌이 짓하지 말고 농촌에 시집가라 그래야 네가 살 수 있지 그랬단 말입니다. …처음에는 굽이굽이 돌아서 고랑을 척 들어가니까 그래도 조선은 아무리 그렇다 해도 다 농촌에 가면 문화주택이지 않습니까. 그런데 남편집이라고 찾아들어가니까 아이고 이건 집이란 초가집이지. …그렇지만은 왠지 그 집에 발을 척 들여놓자마자 마음이 그렇게 편안하더란 말입니다. 낯설다 이런 감이 없고 이게 내 집이다 이런 감이 들더라고 그 다음에 사람들과 적응을 해야 하지 않습니까. 하자고 보니까 거기 사람들은 지금도 그렇지만 농촌하고 시내 사람들이랑 차이가 엄청 많습니다. 농촌사람들은 정말 무식하단 말입니다. 거기 사람들의 문화정도 지식정도를 놓고 보면 다 소학교도 못나온 사람이란 말입니다. **거기 들어가서는 한마디로 내가 코디랄까. 내가 그 사람들 끌고 다니면서 다 해줬단 말입니다. 노래방도 데리고 다니고, 내가 연길에서 4-5년 을 돌아다녔으니까 다 도와주고 서시장 가서 물건도 다 사게 해주고**(사례 K씨 인터뷰)

북한에서 대학교육까지 받은 K씨는 생전 해보지 않은 농사일을 하면서 남편 뒷바라지를 하고, 마을에서는 자신의 경험과 지식을 활용하여 마을 사람들을 도와주는 역할을 능동적으로 수행하고 있다.[57] 이와 같은 정착경험으로 인해 K씨는 한국으로의 이주를 전혀 고려하고 있지 않은데, 그

---

57) 『임진강』에서는 북한여성이 중국 농촌마을의 부녀회장이 된 사례를 소개하고 있다. 한국으로 이주한 여성으로 인해 공석이 된 마을 부녀회장 자리를 마을 사람들의 의견을 모아 북한여성인 명희에게 맡긴 사례인데, 북한에서 상당수준의 교육을 받은 명희는 농촌마을에서도 상당한 리더십을 발휘하면서 살고 있었고 이로 인해서 그녀의 불법적인 신분에서 불구하고 마을 부녀회 회장을 맡게 된다는 성공스토리가 주된 내용이다(임진강편집위원회, 『임진강』, 36-43쪽).

만큼 정착한 농촌마을을 자신이 살아가야 할 장소로 의미화하고 있기 때문이다. 또한 K씨가 정착한 농촌마을이 경계지역에 위치해 있기 때문에 북한과의 다양한 소통이 가능하다는 점도 K씨가 현재의 생활에 만족하는 주요한 요인이다. K씨는 북한에 딸을 남겨두고 왔는데, K씨를 대신해서 조선족 남편이 여러 차례 딸을 방문하여 돈이나 필요한 물건 등을 전해주었다고 하였다. 게다가 딸에게 전해준 핸드폰을 이용하여 정기적으로 통화를 할 수 있게 되자 이 모든 것이 가능한 농촌마을에 정주하면서 조선족 농부의 아내로 사는 것에 불만이 없다고 하였다.

물론 결혼이주 이후에 농촌마을에 적응하지 못하거나 남편과의 불화로 인해 남한으로의 이주를 감행한 여성들도 상당수에 이른다.[58] 특히 중국인(한족) 농부와 결혼을 한 북한여성들은 말이 통하지 않고, 매매혼에 의한 부부관계에 대한 거부감 등으로 도망가는 일도 비일비재하다. 예를 들면 W씨의 경우 허베이성으로 팔려가 나이 많은 한족과 결혼생활을 8년간 지속하였는데, 계속되는 스트레스로 심한 두통에 시달린 사례이다.

거기 이렇게 족(族)이 다르니까 벌써 위안이 안 붙지 않습니까. 내가 **의사소통 제대로 표 달 할 수 없고 어떻게 이렇게 갈등이 자꾸 지나까**. 내 자체를 비하하고 참고 하다가도 그게 얼마간 쌓이고 쌓이면 원래 머리 아프던 것이 와 머리 아파가지고 물도 못 먹고 막 토하니까 너무 아프면 머리 팡팡 치매 때려보고 (사례 W씨 인터뷰)

58) 최현실, 「탈북여성들의 트라우마와 한국사회 정착지원에 관한 현상학적 연구」, 『여성학연구』 21집, 1호, 2011; 이화진, 앞의 글; 국가인권위원회, 앞의 책.

반면에 조선족 농촌 마을로 결혼이주를 간 북한여성들은 언어와 문화의 이질감이 상대적으로 덜해 좀 더 수월하게 적응하는 것으로 나타난다. 하지만 또 한편으로는 한족 남성이 조선족이나 북한남성에 비해 가부장적인 태도가 상대적으로 덜해 북한여성들이 남편에게 호의를 가지고 정착하는 경우도 사례연구에서 나타난다.[59] 인터뷰 사례 M씨의 경우 한족 농부와 결혼하여 정착한 이후 아들도 출산하고 약 7년의 시간을 중국에서 보냈다. 하지만 북한에서 예술단에서 활동할 정도로 미모가 뛰어나고 춤/노래 실력이 있었던 M씨는 끝없는 농사일 때문에 중국에서 사는 것보다 남한으로 이주하는 것이 낫다는 판단을 하였다.

> 일이 해도 해도 끝이 없어요. 남편은 잘해줬고, 그렇게 착한 사람 없지만, 그래도 평생 그렇게 일만 하면서 지낼 생각을 하니 끔찍해서…. 지금도 남편이 전화해서 돌아오라고 울고 그러는데….(인터뷰 사례 M씨 전언[60])

M씨는 강요되는 '어머니'의 역할이나 특히 '농부의 아내'로 살아가는 데 상당한 어려움을 겪었던 것으로 확인된다. 즉, 결혼이주 북한여성들은 가부장제 내의 여성의 역할에 한정되는 자신들의 삶의 영역에 때로는 협상이나 타협을 통해서 적응하기도 하고, 때로는 적응하지 못하여 중국 내 도시 혹은 남한으로의 또 다른 이주를 감행하기도 한다.

---

59) 이화진, 앞의 글, 389-91쪽.

60) M씨는 인터뷰를 2차례 진행하였다. 위의 전언은 연구자가 2011년 8월 J씨 가족과 M씨 그리고 M씨의 아들(5세)과 함께 수영장으로 나들이를 가서 얻은 자료이다. 2011년 11월에 M씨의 아들은 중국의 아버지에게로 보내졌다.

한편 글로벌 경제체제와 초국적 민족 경제의 확장은 중국 내 초국적 민족 공간을 구축하였고 이 공간은 북한여성의 경계지역 이동과 밀접한 관련이 있다. 중국의 개방 이후 꾸준하게 증가한 한국인의 중국 이주는 2008년까지 꾸준히 상승하여, 이 시점을 기준으로 약 50만여 명에 이른다.[61] 한국인의 중국 이주는 조선족의 도시이주를 추동하는 주요한 원인인데, 1992년 개방 이후 한국 기업이 중국 연안지역에 집중적으로 진출하자 한국어에 능통한 조선족 인력이 필요하게 되었다. 한국인의 유입에 따라 조선족의 오랜 정착지였던 동북 3성 내 농촌에서 벗어나 동북 3성의 도시로의 이동과 북경이나 상해와 같은 대도시로 이동, 혹은 한국과 배편으로 연결되어 있는 연해지역의 도시(청도, 위해, 연태)들로 이동하였다.[62]

전경수와 허시유는 한국 기업이 중국에 진출할 때 조선족과 긴밀한 관계를 유지한다는 점에 주목한다. 특히 '한국인=고용인 · 조선족=피고용인' 혹은 '한국인=투자자 · 조선족=매개자'라는 구도로 한국인과 조선족의 관계를 분석하면서 한국 기업이라는 서식처에 한국인, 조선족, 한족 커뮤니티가 함께 공생하고 있다고 주장한다.[63] 한국인이라는 새로운 경제

---

61) 구지영, 「지구화 시대 한국인의 중국 이주와 초국적 사회공간의 형성─칭다오의 사례를 통해」, 『한국민족문화』, 40집, 1호, 2011, 423-24쪽.

62) 권태환 · 박광성, 앞의 글, 65쪽.

63) 전경수 · 허시유, 「재중 한국계 기업의 본지인 · 조선족 · 주재원: 생태학적 관점에서」, 백권호 외, 『중국내 한국계 외자기업의 경영 현지화』, 지식마당, 2004, 296-352쪽; 구지영, 앞의 글, 425쪽. 한국인이 모여 사는 연해지역의 도시 중 청도의 경우에는 그 만큼 많은 수의 조선족이 거주하고 있다. 하지만 대부분의 조선족이 경제이주자의 성격을 띠고 있고, 이 때문에 이들은 호적을 청도로 옮기지 않아 정확한 조선족의 수를 확인하기는 어렵다. "청도에 있는 조선족의 인구는 통계할 수가 없다. 왜냐하면 호적을 청도로 이전하지 않으면 통계가 잡히지 않기 때문이다. 하지만 대략적으로 한국인과 조선족 인구수의 비율은 2009

적/문화적 교류의 대상이 등장하면서 조선족 사회도 빠르게 변화되었을 뿐 아니라 월경을 한 북한주민 또한 재배열되고 있는 조선족 사회의 변화와 공간 변형에 따라 함께 이동하고 있다.[64] 많은 수의 북한주민이 조금이라도 더 안전한 곳으로 이동을 하고 있고, 이 과정에서 조선족과 한국인 밀집지역은 북한주민의 이동에 필수조건이 된다. 물론 불법적인 신분인 북한주민은 한국인과 조선족의 경제적 협력 관계의 등가적 존재로 초국적 민족공간을 만들어가기보다는 북한주민의 절대적 필요에 의해 민족공간에 진입하는 것으로 이해하는 것이 옳다. 하지만 탈북자들은 초국적 민족공간 내 가장 낮은 지위의 노동력으로 위치하면서, 조선족이 회피하는 노동집약적 직종, 돌봄 노동, 혹은 서비스 노동 영역에 종사하면서 조선족이나 한국인의 경제적·생활적 필요를 충족시키기도 한다. 이런 의미에서는 조선족과 북한인이 오랫동안 대면하고 교류하였던 북·중 경계지역은 지정학적 경계지역에 머무르지 않고 중국 내 대도시와 연안도시로 확장되었고, 과거와는 상이하게 한국인이라는 또 다른 행위주체가 개입하였을 뿐 아니라 경제적 지위에 따라 민족 내 서열이 구축된 것으로 볼 수 있다. 초국적 민족공간은 과거의 교류와 소통의 경계지역으로서의 성격보다는 민족 내 서열과 착취의 경제구조의 성격을 강하게 띤다는 점에서 주목된다.

한편 초국적 공간을 경험하는 북한주민 중 북한여성의 경험은 남성과는 상당한 거리가 있다. 북한남성들이 주로 단순 노무 등의 일을 하면서 살아간

년 상황을 따지면 1:4로 계산하면 큰 오차가 나지 않을 것이라고 생각한다."(청도시 전임 공안국 대외처 처장, 정강 인터뷰; 위군, 「청도 코리아타운에 관한 연구」, 『글로벌문화콘텐츠』, 7호, 2011, 68쪽에서 재인용).

64) 김성경, 앞의 글.

다면, 북한여성들은 유흥업소나 성관련 업종에 종사하는 경우가 흔하다. 한국 기업이나 자영업자들의 이주에 따른 서비스 업종의 수요 증가는 그만큼 많은 이주여성의 수요를 발생시켰고, 더 큰 문제는 조선족 여성보다도 더 열악한 환경과 불법적 지위에 놓여 있는 북한여성에게 있어 직업 선택의 폭은 그 만큼 더 제한적일 수밖에 없다는 것이다. 식당에서 일을 하는 것으로 알고·월경한 북한여성이 성매매 산업에 넘겨진 사례, 농사일을 하면서 지내는 것을 견디지 못해 도시로 도망친 이후 유사 성매매를 하게 된 사례 등 다양한 경로를 통해 성매매 산업으로 흘러들어가고 있다.[65] '몸을 파는 일'을 하는 북한여성은 탈북주민들 사이에서 이미 새로운 사실이 아닌데, 중국에서 상당기간 머물렀던 여성의 경우 중국인(조선족 혹은 한족)과 결혼생활을 했거나, 서비스 업종에서 일을 한 것으로 이해되고 있다.

그 아이는 중국에서 결혼했어요? …아무래도 중국에서 그런 곳(성매매 산업)에서 일한 것 같은데요 북한 여자들 중에 중국에서 결혼했거나 아니면 애를 낳았거나 하지 않으면 정말 다 몸 판 거에요. 내 하나원에 있을 때도 어쩜 그렇게 괜찮고 얼굴도 곱고 그런 애가 하나 있었는데 난 정말 그 애가 그럴꺼라고는 생각도 못했다고요. 워낙 참해서. 그런데 결혼도 안하고 애도 없고 친척집에 있었다고 했는데 나중에 보니까 그게 다 아니더라고 그러고 살았던 거에요.(참여관찰 사례 J씨의 전언)

가난하면서 불법적 신분인 북한여성들이 중국 쪽 경계지역에서 살아갈

---

65) 국가인권위원회, 앞의 책.

수 있는 방법은 이렇듯 글로벌 경제에서 소외된 하류계층의 남성들과 결혼하여 가부장제 내에서 최소한의 안정감을 구축하거나, 초국적 민족 경제의 확장의 일환으로 중국으로 진출한 한국 기업과 자영업자들, 그리고 도시로 이주한 조선족들이 만들어낸 초국적 민족 공간 내에서 서비스 산업 특히 유사 성매매 산업에 종사하는 것이다. 북한여성의 경험과 신체를 통해 감각되는 경계지역은 남성의 경계지역과는 구별되는 것이고, 공간 내에서 북한여성의 위치는 '어머니', '아내', '며느리'로 살아가거나, 그렇지 않을 경우에는 경제력 있는 남성의 성 욕망을 충족시키는 성적 대상이 되는 것이다.

그 만큼 북한여성이 경험하고 신체화하는 경계지역의 장소 감각은 젠더화되어 있고, 북한여성은 중국과 북한의 사회 내에서 한계 지어진 여성의 자리에 일방적으로 위치되는 폭력을 경험하고 있다. 북한여성의 경계지역 장소 감각은 가부장제 관계의 틀이나 성적 대상화된 관계들을 통해 구축될 가능성이 높고, 다양한 사회관계의 흐름으로 구성된 경계지역에서 그들은 가장 소외된 소수자이며 공간 내 권력관계에서 불법적 이주자와 젠더적 약자라는 이중의 억압에 노출되어 있다. 다시 말해 북한 여성들이 감각하고 신체화하는 경계지역이라는 장소는 불균등하고, 혼란스럽고, 착취구조가 작동하는 불평등한 공간이다. 이와 같은 장소적 특징은 북한여성이 북·중 경계지역에서 삶의 경험과 혼란 등을 통해 특정하게 젠더화된 장소 감각을 구축하고 있음을 나타내고, 북한여성이 감각하는 장소로서 북·중 경계지역은 현재의 불평등한 젠더적 관계와 사회·경제적 관계망이 유동적으로 변화하는 과정(processes)으로 존재함을 확인시켜준다.

일상이라는 공간(들)과 장소성의 구축

전 세계에서 유일한 분단국가이며 탈냉전 시기에 냉전이 첨예하게 작동되고 있는 한반도에서 북한이탈주민을 다층적 시선으로 바라보는 것은 쉬운 일이 아니다. 냉전의 프레임에서 북한이탈주민의 극한의 인권적 상황을 접하는 것은 흔한 일이 되었고, 요동치는 북한 내부의 상황과 맞물려 강제 북송된 탈북자가 경험한 수용시설의 끔찍함은 북한정권의 폭압을 보여주는 상징으로 널리 알려져 있다. 이와 같은 시각은 탈북자가 겪어온 수많은 고통과 고초를 드러낸다는 점에서 충분히 의미있지만 또 다른 한편으로는 이들이 남한으로 오기까지의 이주의 과정과 동인을 정치적 이유 혹은 극한의 경제난이라는 단일한 변수로 단순화하는 문제점이 있다.

이와 같은 논리로는 북한이탈주민 중 많은 수가 불법적 지위에도 불구하고 중국 내에 머무르고 있다는 점, 대다수의 북한이탈주민이 경계지역 중 함경북도 출신이라는 점, 상당수의 북한이탈주민은 북한으로의 재입국을 반복하고 있다는 점 등을 설명할 수 없다는 한계가 있다. 이와 같은 한계를 극복하기 위해 본 논문은 북한이탈주민의 월경이 즉자적이거나 단일한 원인으로 인한 이주가 아닌, 오랫동안 일상에서 구축된 경계지역이라는 공간과 경계지역 정주민의 장소 감각에 의한 것이라고 주장하였다. 남한 입국 북한이탈주민 중 약 70%에 이르는 함경북도 출신의 탈북자들은 북·중 경계지역을 국경이라는 경계로 구분되고 구획화된 공간으로 지각하기보다는 다양한 교류와 관계로 이루어진 '장소'로 감각하고 있다. 신체화된 세계로서의 북·중 경계지역은 이들에게는 친밀한 생활세계의 일부분이었고, 이 때문에 경제 위기가 가중되자 큰 고민 없이 월경을 감행할 수 있었다.

물론 북·중 경계지역은 두만강과 압록강을 중심으로 두 개의 근대 국가가 영토를 맞대고 있는 지역임에 분명하다. 정치적으로 공식화된 공간의 구획이 '절대적 공간'으로 작동하고 있다면 일상의 차원에서 이곳에 정주하고 뿌리내리고 살아가는 사람들에 의해 생산, 소비, 재배열되는 '상대적 공간' 혹은 '일상의 공간'이 존재하고 있다. 즉 국가 차원의 공간과는 구별되는 주민들 사이의 일상의 소통과 교류를 통해 구축되는 일상의 공간은 국경으로 나뉜 것이 아니라 사람들의 이동의 선을 따라 확장된 형태로 구성되어 있고, 이 일상의 공간은 행위주체들이 다양한 경험과 감각을 통해 친밀함과 일상성을 만들어내는 '장소'이다. 특히 행위주체들이 감각하는 장소에서 신체(body) 혹은 신체화(embodiment)의 과정은 중요한데, 메를로-퐁티가 주장한 것처럼 신체는 행위주체가 세계와 관계를 맺는 통로이고 역사성과 지역성이 신체화되는 장(場, habitus)으로 의미가 있기 때문이다. 익숙한 풍경, 냄새, 소리, 사람 관계 등으로 감각되는 장소의 친밀함은 지금까지 적게는 30만여 명에서 많게는 100만여 명에 이르는 북한이탈주민이 강을 넘어 중국 측 경계지역으로 이동한 주요한 문화적 배경과 자원이 된다.

하지만 여기서 북·중 경계지역이라는 일상의 공간과 장소는 행위주체들에 따라 다르게 감각된다는 점에서 또 한 번의 조심스런 접근이 요구된다. 즉 일상의 공간이나 장소가 세계화 시대의 균질화된 공간이 아닌 공간의 다면성을 보여주면서도 행위주체나 미시적 일상의 측면에서의 불평등과 불균형한 공간의 정치학 또한 여실히 보여주고 있다. 특히 경험하고 감각되는 북·중 경계지역은 일상에서 소통과 교류의 흐름으로 이루어진 가능성의 공간인 동시에 그 흐름의 구조에서 소외된 몇몇에게는 불평등, 폭력 그리고 착취가 가능한 공간이 된다. 다시 말해 북·중 경계지역은 북한여성이 경제위기를 극복할 수 있는 기회의 공간이며 이들이 일상에서 경험하고 감각하여 친밀함을 구성하는 장소이지만, 다른 한편으로는 이들에게 가부장제의 여성 혹은 성적 대상으로의 여성의 역할만을 강요하는 불평등한 장소이다.

북·중 경계지역은 북한이탈주민에게는 경험하고 감각되는 장소로 작동하였고 월경한 이후에도 다양한 경험(웰빙, 혼란, 삶의 경험)을 통해 이 지역의 장소성은 계속적으로 신체화되고 있다. 북한여성이 경험하는 북·중 경계지역과 초기의 조선족과의 커뮤니티라는 문화적 자원과 배경은 점차적으로 확장되어 남한(사람)이라는 또 다른 문화적 자원과 함께 뒤섞여 현재적 북·중 경계지역의 장소성이 (재)구축되고 있음을 잊어서는 안 된다. 남한 경제와 조선족의 관계로 인해 재구성되는 북·중 경계지역은 북한여성에게 경제적 기회를 제공하면서도 다중의 코리안들 사이의 불평등한 관계가 재생산되는 곳이기 때문이다. 게다가 한국인과 한국 경제의 관계가 포함되어 확장된 북·중 경계지역은 단순히 지정학적 북·중 경계지역에서 머물지 않고 중국의 타 도시로 혹은 북한과 남한의 국경을 넘나들며 확장되고 있다. 이는 오랫동안 서로 대치하고 있는 남/북의 관계와 철저하게 고립되어 있는 국가이자 균질화된 공간으로 이해되어온 북한이 행위주체와 일상의 차원에서 교류와 관계의 흐름을 통해 변화하는 상대적 공간(들)으로 존재하고 있음을 확인시켜 준다. 바로 이 점이 좁게는 북한이탈주민과 북·중 경계지역의 관계성을 문화적 시각으로 접근해야 하는 이유가 확인되는 지점이고, 넓게는 정치적·이념적으로 이분법의 논리로 단순화하여 이해해온 북한을 다층적 공간(들)의 측면에서 다시 조심스럽게 살펴봐야만 하는 주된 근거가 된다.

참고문헌

강주원, 「중조 국경도시 단동에 대한 민족지적 연구: 북한사람, 북한외교, 조선족, 한국사람 사이의 관계를 통해서」, 서울대 인류학과 박사학위논문, 2012.

구지영, 「지구화 시대 한국인의 중국 이주와 초국적 사회공간의 형성−칭다오의 사례를 통해」, 『한국민족문화』, 40집, 1호, 2011.

국가인권위원회, 『탈북여성의 탈북 및 정착 과정에서의 인권침해 실태조사』, 국가 인권위원회, 2009.

권태환·박광성, 「중국 조선족 대이동과 공동체의 변화−현지조사 자료를 중심으 로」, 『한국인구학』, 27집, 2호, 2004.

김귀옥 외, 『북한여성들은 어떻게 살고 있을까』, 당대, 2000.

김성경, 「경험되는 북·중 경계지역과 이동경로: 북한이탈주민의 경계 넘기와 초 국적 민족 공간의 경계 확장」, 『공간과 사회』, 22집, 2호, 2012.

김수암, 「해외 체류 탈북자 문제 쟁점과 과제」, 『Online-Series』, 06-05, 통일연구 원, 2006.

김왕배, 『도시, 공간, 생활세계』, 한울, 2011.

김현경, 『현상학으로 바라본 새터민(탈북이주자)의 심리적 충격과 회복경험』, 한국 학술정보, 2009.

나오키, 요시하라, 『모빌리티와 장소: 글로벌화와 도시공간의 전환』, 이상봉·신나 경 옮김, 심산, 2008.

데꽁브, 뱅상, 『동일자와 타자: 현대 프랑스 철학(1933-1978)』, 박성창 옮김, 인간사랑, 1990.

렐프, 에드워드,『장소와 장소상실』, 김덕현 외 옮김, 논형, 2005.

리흥국・김호남・장희망,『중국조선족문화 및 그 특색에 관한 연구』, 연변인민출
　　판사, 2010.

메를로-퐁티, 모리스, 『지각의 현상학』, 류의근 옮김, 문학과지성사, 2002.

슈뢰르, 마르쿠스,『공간, 장소, 경계』, 정인모・배정희 옮김, 에코리브스, 2006.

위군, 「청도 코리아타운에 관한 연구」, 『글로벌문화콘텐츠』, 7호, 2011.

유해숙, 「새터민의 무력감의 원인과 임파워먼트 전략」, 『동향과 전망』, 77호, 2009.

윤인진, 『북한이주민』, 집문당, 2009.

이금순, 「북한여성의 이주혼인과 인권문제」, 『북한인권 개선을 위한 전문가 토론회
　　자료집』, 2006.

이옥희, 『북・중 접경지역: 전환기 북・중 접경지역의 도시네트워크』, 푸른길,
　　2011.

이혜경・정기선・유명기・김민정, 「이주의 여성화와 초국적 가족: 조선족 사례를
　　중심으로」, 『한국사회학』, 40집, 5호, 2006.

이희영, 「새로운 시민의 참여와 인정투쟁: 북한이탈주민의 정체성 구성에 대한 구
　　술 사례연구」, 『한국사회학』, 44집, 1호, 2010.

이화진, 「탈북여성의 이성 관계를 통해본 인권침해 구조와 대응」, 『평화연구』, 가
　　을호, 2011.

임진강 편집위원회, 『임진강』, 6호, 2009.

자너, 리차드 M.,『신체의 현상학: 실존에 바탕을 둔 현상학』, 최경호 옮김, 인간사
　　랑, 1993.

전경수・허시유, 「재중 한국계 기업의 본지인・조선족・주재원: 생태학적 관점에

서」, 백권호 외, 『중국내 한국계 외자기업의 경영 현지화』, 지식마당, 2004.

전우택, 『사람의 통일을 위하여, 남북한 사람들의 통합을 위한 사회정신의학적 고찰』,
오름, 2000.

전우택 외, 『통일 실험, 그 7년: 북한이탈주민의 남한살이 패널연구』, 한울, 2010.

정병호 외, 『웰컴투 코리아: 북조선 사람들의 남한살이』, 한양대학교출판부, 2006.

정주신, 『탈북자 문제의 인식 1 & 2』, 프리마, 2011.

조정아 외, 『북한주민의 일상생활』, 통일연구원, 2008.

조정아 외, 『북한주민의 의식과 정체성: 자아의 독립, 국가의 그늘, 욕망의 부상』,
통일연구원, 2010.

최현실, 「탈북여성들의 트라우마와 한국사회 정착지원에 관한 현상학적 연구」, 『여
성학연구』, 21집, 1호, 2011.

테브나즈, 피에르, 『현상학이란 무엇인가: 후설에서 메를로 퐁티까지』, 김동규 옮
김, 그린비, 2011.

하비, 데이비드, 『신자유주의와 세계화의 공간들』, 임동근 외 옮김, 문화과학사,
2010.

Agnew, John, "Space and Place," in J. Agnew and D. Livingstone, eds., *Handbook
of Geographical Knowledge*, London: Sage, 2011.

Aldrich, R., "An Examination of China's Treatment of North Korean Asylum
Seekers," *North Korean Review*, 7(1), 2011.

Balibar, E., "The Borders of Europe," in P. Cheah and B. Robbins, eds., *Cosmopolitics:
Thinking and Feeling Beyond the Nation*, trans. J. Swenson, London and
Minneapolis: University of Minnesota Press, 1998.

Baud, M. and W. Van Schendel, "Towards a Comparative History of Borderlands," *Journal of World History*, 8(2), 1997.

Brednikova, O. and V. Voronkov, "Border and Social Space Restructuring," 2000. www.indepsocres.spb.ru/bredvv_e.htm/

Butler, J., "Performative Act and Gender Constitution: An Essay in Phenomenology and Feminist Theory," *Theatre Journal*, 40(4), 1988.

Casey, E., *The Fate of Place*, Berkeley: University of California Press, 1997.

Casey, E., *Getting Back Into Place*, Bloomington: Indiana University Press, 1993.

Choo, Hae Yeon, "Gendered Modernity and Ethnicized Citizenship: North Korean Settlers in Contemporary South Korea," *Gender&Society*, 20(5), 2006.

Committee for Human Rights in North Korea, *Lives for Sale*, Seoul: National Human Rights Committee, 2009.

Harvey, D., "The Geopolitics of Capitalism," in Derek Gregory and John Urry, eds., *Social Relations and Spatial Structures*, London: Routledge, 1985.

Harvey, D., *Hybrids of Modernity*, London: Routledge, 1996.

Harvey, D., *Justice, Nature and the Geography of Difference*, London: Blackwell, 1996.

Horstmann, H., "Incorporation and Resistance: Borderlands, Transnational Communities and Social Changes in South Asia," unpublished presented paper, 2002.

Lefebvre, H., *The Production of Space*, London: Blackwell, 1991.

Massey, D., "A Global Sense of Place," *Marxism Today*, June 1991. http://www.amielandmelburn.org.uk/collections/mt/index_frame.htm

Massey, D., *Space, Place and Gender*, Cambridge: Polity Press, 1994.

Massey, D., "Power-Geometries and the Politics of Space-Time," in *Hettner Lecture 1998*, Heidelberg: University of Heidelberg, 1999.

Merleau-Ponty, Z. Maurice, "The Body in its Sexual Being," in *The Phenomenology of Perception*, trans. Colin Smith, Boston: Routledge, 1962.

Newman, D. and A. Passi, "Fences and Neighbours in the Postmodern World: Boundary Narratives in Political Geography," *Progress in Human Geography*, 22(2), 1998.

Sassen, S., *The Global City: New York, London, Tokyo*, Princeton N.J.: Princeton University Press, 1991.

Takamura, K., "Not "Divided Places," But "A Living Space": Chinese Women on the Thai-Malaysian Border," *Journal of Asian and African Studies*, 68, 2004.

Tuan, Y.-F., *Space and Place: The Perspective of Experience*, Minneapolis: University of Minnesota Press, 1974.

Vaughan-Williams, N., *Border Politics: The Limits of Sovereign Power*, Edinburgh: Edinburgh University Press, 2009.

Wendle, T. and M. Rosler, "Frontiers and Borderlands: the Rise and Relevance of an Anthropological Perspectives," in T. Wendle and M. Rosler, eds., *Frontiers and Borderlands: Anthropological Perspectives*, Munich: University of Munich, 1999.

제2부

스크린 위의 탈북자,
스크린 밖의 탈북자

오영숙

탈북의 영화적 표상과
아시아라는 공간

4장

1. 탈북자 영화의 등장

최근 한국영화에 두드러진 현상 가운데 하나는 탈북자[1]에 대한 관심이 크게 늘었다는 것이다. 한국형 블록버스터와 독립영화, 그리고 조선족 감독의 영화에 이르기까지 탈북자 재현은 다양한 방식으로 진행되고 있는 중이며,[2] 근자에는 탈북자 자신이 직접 제작에 참여하는 영화들도

---

1) '탈북자'라는 용어 외에도 '북한이탈주민' 내지 '새터민'이라는 용어가 널리 사용되고 있으며 그 함의가 조금씩 다르지만, 이 논문에서는 좀 더 보편적으로 사용되고 있다고 판단되는 '탈북자'라는 용어로 통일하기로 한다.
2) 한국영화 평균제작비를 훨씬 상회하는 자본이 들어간 탈북/귀순 관련 장편영화로는 <이중간첩>(김현정, 2003), <태풍>(곽경택, 2005), <나의 결혼 원정기>(황병국, 2005), <여섯 개의 시선('가방을 멘 소년')>(정지우 외 5인, 2005), <국경의 남쪽>(안판석, 2006), <크로싱>(김태균, 2008) <의형제>(장훈, 2010), <무적자>(2010)가 있다. 저예산으로 제작된 경우로는 <처음 만난 사람들>(김동현, 2009), <무산일기>(박정범, 2010), <댄스타운>(전규환, 2010), <풍산개>(전재홍, 2010), <시선 너머('이빨 두 개')>(강이관 외 3명, 2010), <줄

등장하고 있다.3) 물론 지금이 세계적으로 이주자가 넘쳐나고 있는 글로벌 시대임을 감안한다면, 이러한 시대에 이산과 이주자의 스크린 등장이 새삼스러울 바는 없을 것이다. 그러나 오랜 동안 한국영화에서 매우 희귀한 존재였던 탈북자가 2000년대 중반에 접어들면서 서사의 중심으로 대거 진입하고 전시대와는 구별되는 영화적 풍경들을 구성해내고 있다는 점은 시사적일 수밖에 없다. 더군다나 탈북이라는 현상이 세계 유일의 분단국가인 우리나라의 특수한 상황과 무관하지 않은 만큼, 일정한 주목과 해명이 요구된다.

탈북자 영화의 부상은 중국 동포와 동남아 이주민에 이어 적지 않은 수의 탈북자들이 우리 사회의 구성원으로 자리잡는 데 따른 자연스러운 변화로 이해된다. 남한에 정착한 누적 탈북자 수는 2012년 10월에 이미 2만4,000여 명을 돌파했으며, 현재 중국과 러시아, 동남아시아, 몽골 등지에 머무르고 있는 탈북자의 수는 30만에 이른다. 이는 휴전 이후부터 1993년까지의 누적 탈북자 수가 650명을 채 넘지 않았던 전시대와는 현격하게 달라진 현상이다.

그러나 그 압도적인 수적 증가도 그러하지만, 탈북자가 영화의 소재로 비중있게 다뤄지기 시작한 보다 근본적인 이유로 주목해야 할 것은 탈북자

탁동시>(김경묵, 2011) 등이 있다. 외국 국적 제작자가 탈북자 문제에 접근한 경우로는 조선족 감독인 장률의 <두만강>(장률, 2009), <경계>(장률, 2006)와 미국 출신의 N. C. 하이킨이 미국과 프랑스의 자본으로 만든 다큐멘터리 <김정일리아>가 있다.

3) 탈북자 감독이 직접 메가폰을 든 <겨울나비>(김규민, 2011)와 <량강도 아이들>(정성산, 2011)도 제작을 마치고 일반 개봉을 앞두고 있으며, 그 외에도 <선택>을 비롯하여 적지 않은 수의 단편영화들이 제작되어온 상태이다.

의 위상 변화이다. 전시대에 탈북자의 존재는 문화적 반향을 일으킬 만큼 수적으로 큰 비중을 차지하지 못하였을 뿐만 아니라, 탈북자라는 말 대신에 '월남인'이나 '귀순용사' 등의 용어가 사용되던 것에서 짐작되듯, 탈북자를 바라보는 시선 역시 실용적이거나 프로파간다적인 것에 국한되곤 했다. 하지만 이제는 상황이 달라졌다. 지금의 탈북자는 북한을 부정하고 남한 사회에 적극적으로 동화되려 하는 자라는 단일한 틀로만 파악되기는 어려운 다층적인 존재가 되고 있다. 근자에 들어와 정치적인 동기와는 무관한 탈북자들이 눈에 띄게 증가했으며, 이전의 탈북자가 주로 특권층 내지 엘리트들이었던 것과는 달리 경제적인 이유로 들어오는 탈북자들이 늘어나면서 그들의 정착이 전시대에 비해 많이 어려워졌다는 점 역시 탈북자가 문제시되는 상황을 만들고 있다. 그들의 정체성을 어떻게 정의할지는 의견이 분분하겠지만, 분명한 것은 탈북자를 보는 시선이 냉전시대에 비해 달라지고 있으며, 이제 탈북자는 국민국가의 이데올로기를 봉합하는 존재라기보다는 우리 사회의 구조적인 모순을 드러내는 의미심장한 성원이 되고 있다는 사실이다.

　　그러나 탈북자에 대해 언급하는 일은 여전히 곤혹스럽다. 탈북자라는 말이 지니고 있는 함의의 민감함도 그러하거니와 탈북자 담론이 형성되는 주된 장이 이념적으로 편향되어 있기 때문일 것이다. 탈북자에 대한 사회문화 담론들 중에 현재 비중있게 진행되고 있는 것은 북한의 인권담론과 직결되어 있는 경우이다. 얼마 전에 유엔인권위원회가 탈북자에 대한 처벌금지와 식량원조, 국제 인도적 지원 등을 촉구하는 대북 결의안을 채택하는 등, 북한의 인권문제는 국제적으로 공론화될 움직임을 보이고 있는 상황이다.

당연히, 북한이 얼마나 폐쇄적이고 권위적인 국가인가 하는 것은 새삼 강조할 필요가 없다. 북한정권의 폐쇄성과 잔인성에 대해서는 여러 목소리로 증언되고 있으며 다양한 저널과 많은 미디어 등을 통해 반복적으로 확인되고 있는 바이다. 그러나 탈북자 문제를 북한인권의 실태를 증명하는 사안으로 연결시켜 접근하는 것은 시선 자체를 이데올로기 차원으로 제한할 위험이 많으며, 자칫하면 북한과의 대결구도를 지향하는 남한 내부의 보수 우익의 입장들과 쉽게 결합될 여지를 갖는다. 북한 인권문제 해결을 위해서는 어떻게든 북한정권 내지 체제가 붕괴되어야 한다는 시선이 수반되곤 하기 때문인데,4) 북한 인권문제가 과거 반통일정권들과 보수언론들이 반북여론을 형성하는 일에 정치적으로 동원되어 왔다는 점은 그러한 사정을 잘 보여준다고 하겠다. 탈북자 영화가 쏟아지고 있음에도 불구하고 아직 그에 관한 논의가 충분히 본격화되거나 사회문화적으로 활성화되지 못한 이유 역시 이러한 담론의 협소함이라는 문제와도 무관하지 않은 듯하다.

사정이 그러하다면 북한 인권을 중심으로 한 시선을 탈북자 문제에 접근하는 유효한 방식으로 보긴 어렵다. 그렇다면 북한인권담론의 한계를 보완할 대안적인 시선으로 취할 수 있는 방식은 탈북자 문제를 전 세계의 보편적인 난민이나 디아스포라로 접근하는 것일 터이다. 지금은 이동 (displacement)과 탈영토화(deterritorialization)가 평범한 조건들이 되어버린 시대이고, 국경의 경계를 넘어선 자들의 정체성의 조건들이 보다 중요한 사안으로 부각되는 때이다. 그만큼이나 디아스포라로서 접근하는 방식은

4) 박진형, 「뉴라이트와 이명박 정권의 냉전적 대북관과 반통일 행태」, 『자주민보』, 2008. 3. 14.

앞의 방식보다는 위험성이 덜하고 보다 흥미로운 접근이 되겠지만, 이 또한 행동을 위한 지침으로서의 담론, 즉 프락시스(Praxis)로서의 담론에는 미치지 못한다는 한계가 있다. 무엇보다도 탈북자의 특수한 위치를 간과할 위험이 있기 때문이다. 여전히 탈북자 문제는 분단모순과 남북의 대치라는 우리의 특수한 상황을 배제해놓고 논하기 힘들다는 면이 존재한다. 탈북자의 증가라는 문제는 북한정권의 억압 이전에 북한 압박을 위해 진행된 국제적인 경제봉쇄 조치로 말미암아 악화되어온 식량난 때문에 벌어진 일이기도 하다. 탈북자가 양산되는 근본적인 요인은 남북 분단 모순의 결과이며, 따라서 여전히 사라지고 있지 않은 냉전의 잔재를 문제삼지 않고서는 탈북자 문제를 제대로 다룰 수 없다는 것이다.

요컨대 탈북자는 난민이자 국제적 이민자, 남북 분단이라는 특수성 등이 혼재한 복합성을 갖고 있어 그들의 위상은 여타의 이민자와 크게 다를 수밖에 없으며, 따라서 기존의 동화주의 틀과는 다른 접근방식이 요구된다고 하겠다. 탈북자를 바라보는 시선 역시 이념적 테두리 내에서 주로 이루어지던 전시대와 결별하고 있으면서도 아직은 안정된 위상으로 자리잡지 못한 과도기적 상태에 머물러 있다고 할 수 있다. 그러므로 탈북자 표상에 대한 논의는 난민 일반이나 디아스포라 논의와 전체적인 틀은 공유하되 세밀한 부분에서는 궤를 달리 하는 접근을 취할 수밖에 없다. 디아스포라는 우리에게 풍경(landscape)이지만, 탈북의 문제는 우리도 그 안에 포함되어 있는 장소(place)인 것이다. 이 글에서는 디아스포라 일반의 논의로 접근하기보다는 난민이자 소수자이면서 분단체제가 낳은 특수한 존재로서 탈북자의 재현 문제에 접근해보고자 한다.

탈북자에 대한 직접적인 규정은 그리 어렵지 않겠지만, 여기서 다루고

자 하는 것이 이와 같은 사회학적 관심사가 아님은 물론이다. 이 글에서 문제 삼고자 하는 대상은, 포괄적이고 다양한 의미를 가진 채 문화의 영역에서 점차 모습을 드러내고 있는 탈북자의 존재와 탈북이라는 현상이다. 구체적으로는 영화적 표상에 주목하고자 한다. 수년 전부터 문학를 비롯한 여타 문화담론의 영역에서도 탈북자 문제가 비중있게 부각되기 시작했지만, 사회적인 기호와 담론을 대중에게 제시 내지 전달하거나 대중들의 인식을 바꾸고 새로운 담론을 형성시키는 능력으로 말하자면, 영화야말로 가장 효과적인 미디어일 터이다. 게다가 영화적 표상의 검토는 명시적인 사회담론으로는 채 포착되지 않는, 혹은 포착하기에 실패한 탈북자의 의미를 검토해볼 기회가 되리라 생각한다.

　　탈북자의 위치와 문화적 의미를 탐색해가기 위해서는 표상을 만들어내는 주체에 따라 크게 두 가지로 구분하여 접근할 수 있을 것이다. 탈북자들을 바라보는 외부자들의 시선, 그리고 탈북자 스스로가 자기 자신을 바라보는 시선, 이 둘이 그것이다. 이 글에서는 우선 전자의 사안에 집중하고자 한다.5) 우리 시대가 탈북자를 어떻게 규정하고 있는지, 그리고 대중영화는 그러한 사람들이나 상태에 대해 어떤 심사로 바라보고 있는지, 탈북자가 어떤 문화적 욕망에서, 그리고 어떠한 맥락과 의미에서 표상화되고 있는지를 일차적으로 검토하게 될 것이다. 이를 통해, 우리 사회의 지형 속에서 탈북자라는 존재 혹은 탈북현상이 함축하고 있는 문화적인 의미를 도출해보는 것, 더 나아가서는 탈북의 표상이 대중들에게 제공하는 상상의 공간과 지리적 인식을 성찰하고자 한다. 그 과정에서

5) 이 글에서는 탈북자를 재현한 영화들을 가리켜 편의상 탈북자 영화라 명명하며 논의를 진행시키고자 한다.

새로이 재구되는 아시아의 공간상상과 그것이 갖는 문화정치적 맥락들을
문제화하게 될 것이다.

2. 국민국가의 외부

탈북의 시도는 분단 시대 수십 년에 걸쳐 지속적으로 이루어져 왔지만
탈북자가 한국영화의 재현 대상으로 등장하기 시작한 것은 2000년대 중반
에 들어와서의 일이다. 특히 한국영화로서는 제법 큰 자본이 든 영화들이
탈북자를 서사의 영역으로 들여와 적지 않은 관객을 끌어들였다. <이중간
첩>(김현정, 2003)과 <태풍>(곽경택, 2005)을 시작으로 <나의 결혼 원정
기>(황병국, 2005), <국경의 남쪽>(안판석, 2006), <무적자>(송해성,
2010) 등을 거쳐 <의형제>(장훈, 2010), <무산일기>(박정범, 2010), <댄
스타운>(2010), <풍산개>(전재홍, 2011), <줄탁동시>(2011)에 이르기
까지, 탈북자를 담아낸 영화적 모험이 이어지고 있는 중이다.[6]

탈북자의 위상이 제대로 자리잡지 않은 상태에서 대중적인 형식으로
탈북자에 접근하는 일이란 매우 조심스럽고 위험한 일이 아닐 수 없다.
지금도 진행 중인 사회적 현실이기에 그만큼 허구적 상상력이 개입할 여지

---

6) <태풍>의 관객동원수는 손익분기점인 620만명에는 이르지 못해 상업적으
   로 실패한 영화라는 평을 듣고 있지만, 전국 409만 4,395명이라는 적지 않은
   관객을 동원했다. <나의 결혼 원정기>는 80만(손익분기점 100만), <국경의 남
   쪽>은 25만 2457명(손익분기점 180만), <무적자>는 155만 8,575명(손익분기
   점 500만), <의형제>는 547만 4,192명(손익분기점 200만), <풍산개>는 70만
   (손익분기점 25만)의 전국 관객을 동원했다.

가 적고, 자칫하면 아직 정리되지 않은 사건에 대해 과장과 왜곡의 우를 범하기 십상이기 때문이다. 탈북과 같은 민감한 사안의 영화화에 임하는 제작자들 앞에 놓여 있는 길은 아마도 두 갈래일 것이다. 하나는 목숨을 건 길고 고된 탈출과정이나 탈북자의 정착과정을 전경화하여 충실하게 재현하는 것이고, 다른 하나는 탈북의 구체적 현실은 후면으로 미루고 영화가 지닌 상상력의 묘미를 발휘하는 것이다.

투입된 자본의 정도에 따라 탈북자를 재현하는 방식에는 편차가 있을 수밖에 없다. 대자본을 들인 한국형 블록버스터들[7]이 선택한 것은 두 번째 길이다. 현실 자체에 대해 접근하기보다는 드라마를 만들어내겠다는 것인데, 대자본을 투입한 대중영화의 틀을 고수하는 한, 탈북자 현실에 대한 직접적인 접근이 그리 쉽지만은 않았을 것이다. 대부분의 한국형 블록버스터들이 액션스릴러나 갱스터, 멜로드라마와 같은 장르적 구성방식을 취하고 있는 것은 탈북자라는 민감한 이슈들을 건드리는 데 수반될 위험들을 가능한 한 배제하고자 하는 의도의 산물로 보인다.

과연 '탈북자 영화'라 칭할 수 있을까 싶을 정도로 이들 영화가 장르적 공식에 압도되어 있는 것이 사실이지만, 그럼에도 어려움은 여전히 남는다. 탈북자를 스크린의 한가운데로 끌어오는 순간, 남북문제와 분단모순, 패권주의적 국제정세와 같은 무거운 사안들로부터 완전히 자유로워지기 어려운 까닭이다. 탈북자라는 이름이 처음으로 등장하게 되는 영화는 <이중간첩>이다. 스파이 스릴러의 외양을 지니고 있는 이 영화는 탈북자로 위장한 간첩의 이야기를 담고 있는 까닭에 본격적인 탈북자 영화라 보기에는 무리

7) 통상적으로 100억원 이상의 제작비가 투여된 영화를 한국형 블록버스터라 칭한다.

가 따른다. 그러나 탈북자의 위상이 냉전시기와 탈냉전 시기에 어떻게 다르며 탈북자의 재현이 갖는 어려움은 무엇인지를 간접적으로나마 보여준다는 점에서 일정한 의의를 갖는다.

이야기 자체가 1980년이라는 냉전 시기를 배경으로 하는 만큼, 영화는 냉전시기에 우리 사회가 탈북자를 바라보던 지배적 시각을 크게 벗어나지 않는다. 서사의 많은 부분이 탈북자 남녀(한석규와 고소영 분)가 과연 남과 북의 어디에 귀속되는가를 따져묻는 일에 할애되는데, 이러한 경우 불가피하게 탈북자의 정체성을 국가라는 어떤 단일 공동체로 소속시키려는 시선이 전면에 나설 수밖에 없다. 그러나 결과적으로는 그들을 남과 북 모두로부터 버림받은 유랑자로 만들어버리고 제3국에서 남/북 어느 쪽인가에 의해 죽임을 당하는 모습을 보여줌으로써,[8] 탈북자를 어느 국가 공동체로도 소속될 수 없는 유랑자로 제시한 첫 영화적 시도였다고 할 수 있다.

탈냉전 시기의 탈북자의 정체성 문제에 한발 더 다가간 영화는 <태풍>이다. 150억이 투자된 곽경택의 초대형 블록버스터 <태풍>은 탈북자를 대중적 서사의 전면에 끌어온 개척적인 시도라 할 만하다. 정치적 공동체라는 틀에서 완전히 벗어나고 있지는 않지만, 정체적 일체감의 형성에 있어 주된 역할을 하던 국민국가가 그러한 능력을 상실하고 있음을 보여준다는 점에서 앞의 <이중간첩>보다 한 발 더 나아간다.

21세기에 들어와 액션영화가 확보한 새로운 흥미의 원천은 국제간의

---

8) 주인공(한석규 분)은 리오 데 자네이로의 어느 길 위에서 누군가의 총을 맞고 죽어가지만 영화는 남과 북 중, 어느 편이 그를 살해했는가에 대해서는 답을 내리지 않고 침묵한다.

이해관계가 얽혀 있는 비밀과 음모이다. 국제적 규모의 액션 스릴러의 외양을 취하고 있는 <태풍> 역시 그러한 서사적 모양새를 취하고 있다. 한반도를 중심으로 한 동북아 질서의 역학 변화와 국제정세를 배경으로 하는 <태풍>은 탈냉전 초기의 시대적 요구들을 어느 정도 의식하고 있는 듯하다. 냉전체제의 종식에도 불구하고 시대착오적으로 여전히 영향력을 행사하려 들고 있는 미국의 패권적 태도에 대한 비판적인 시선, 탈패권적 국제질서와 민족자주권에의 요구 등과 같은 시대정신들을 영화 속에서 목격할 수 있다.

영화의 서사는 탈냉전 시대에 접어들면서 더욱 복잡해진 국가 간의 이해관계만큼이나 단순하지 않다. 다소 복잡한 줄거리를 요약적으로 정리하면 이러하다. 타이완 근처 해상에서 비밀리에 핵미사일의 주요 부품을 싣고 운항 중이던 미국의 선박이 해적에게 털리는 사건이 발생한다. 국정원은 이 사건이 냉전 이후 복마전처럼 전개되는 미-일-중-러의 패권다툼과 관계된 일이자 남한의 안전과도 무관하지 않은 사안이라 판단하고, 해군대위 출신인 비밀요원(강세종-이정재 분)을 급파한다. 강세종은 방콕에서 러시아에 이르는 추적 끝에 이 사건을 이끈 조직의 우두머리인 탈북자 쎈(장동건 분)과 마주하게 되고, 그의 의도가 남한에 복수하기 위해서였다는 점과 이렇듯 복수의 꿈을 키우게 되기까지의 아픈 사연을 접하게 된다. 1983년, 쎈의 가족은 탈북하여 오스트리아 대사관으로 망명을 신청하고 남한으로 들어오려 했으나 중국과의 관계를 고려한 남한 정부의 외면으로 가족들은 결국 국경 근처에서 몰살당한다. 쎈은 구사일생으로 살아남지만 가족의 죽음을 지켜 본 기억 때문에 오랜 동안 남한정부에 대한 증오를 키우게 된다. 중국에서 꽃제비 생활을 하며 떠돌던 쎈은 태국 해적단의 우두머리가 되고, 국익을 내세워 자신들을 저버린 남한을 상대로 하여 대규모의 복수전을 펼쳐나간다.

표면적으로 영화는 남한 청년 강세종과 탈북 청년 씬의 대결로 진행되며, 종국에는 씬의 음모가 저지되고, 강세종이 강대국들 간의 이권 다툼에서 남한의 안위를 지켜내는 것으로 이야기가 마감된다. 그러나 실제로 서사의 초점과 비중은, 위기에 빠진 국가를 구하겠다는 공적 사명감으로 무장한 남한의 청년이 아니라, 남한과 북한 모두에 버림받은 탈북자 '씬'에 맞추어져 있다. 이러한 점은 남과 북의 대결을 그린 영화들이 종종 민족주의로 경도되곤 하는 것과는 유다른 지점에 이 영화를 자리하게 만든다.

잘 알려져 있듯이 세계사적인 냉전체제가 종식된 이후 도래한 것은 새로운 민족주의 시대이다. 그러나 냉전시대와 탈냉전시대의 점이지대에 놓여 있는 민감한 국제문제를 다루고 있음에도 불구하고 <태풍>은 강대국의 패권주의에 맞설 무기로서 즐겨 구사되곤 하던 민족주의를 제대로 활용하지 못한다. 불운의 탈북자라는 씬의 애매한 존재가 서사의 중심에 놓여 있기 때문이다. 씬(장동건 분)은 북에서 온 청년이지만 북을 부정하는 탈북자이고, 그렇다고 해서 남으로 동화되지도 못하는 존재, 동화는커녕 남쪽과 적대적인 위치에서 대결해야 하는 존재이다. 심지어 그는 국경을 초월하여 자기만의 나라를 만들기까지 했다. 그가 해적을 조직하고 이끄는 궁극적인 목적 역시 북한과 남한 모두를 거부하기 위함이라는 것이다. 마지막까지 그는 남과 북 어느 쪽으로도 돌아가기를 거부하고 태국 근처의 바다 위에서 죽어간다. 이러한 그의 행위는 국가주의만이 아니라 순정한 민족주의 역시도 더 이상 유효하지 않은 시대로 진입하고 있음을 드러내는 표지로 읽힐 여지를 남긴다. 오히려 영화에서 결과적으로 강조되는 것은 탈국가적인 의식이며, 국가에 대한 의혹과 환멸인 것이다.

또 다른 블록버스터 <무적자 *A Better Tomorrow*>는 제작진이 밝혀두고 있듯이 서사의 기본 골격을 홍콩영화 <영웅본색 *A Better Tomorrow*>에서 빌려와 갱영화의 외양을 취하고 있지만, 감독은 원작의 골격에 국민국가와 분단의 문제를 더 채워 넣었다. 특히 북한을 탈출한 세 명의 사나이를 주인공으로 내세우고 그들에 이야기의 초점을 맞추고 있다는 점에서 인상적이다. 주인공들이 탈북을 감행해야 했던 이유에 대해서는 깊게 파고들지 않는 대신, 그들이 자기가 태어난 땅으로부터 탈주를 꿈꾸었던 사람들이라는 점을 부각시키고 있다. 그들이 원하는 것은 새로운 영토와 새로운 질서이며, 또한 탈주 그 자체이기도 하다. 남한으로 온 그들이 아시아를 두루 아우르며 국제적인 총기매매 사업을 벌이는 것은 하나의 국경 안에 갇히기 어려운 그들의 욕망을 표상한다.

한편 블록버스터급은 아니지만 한국영화 평균제작비를 상회하는[9] 비교적 대작 수준이었던 탈북자 영화인 <의형제>나 저예산영화인 <풍산

---

9) 한국영화 평균 제작비

연도	평균제작비/순제작비	탈북자 영화 제작비/순제작비
2003	41.6억원/28.4억원	<이중간첩>69억원
2005	39.9억원/27.3억원	<태풍> 200억원/150억 <나의 결혼원정기> 억/30억원
2006	40.2억원/25.8억원	<국경의 남쪽> 70억원/46억
2007	37.2억원/25.5억원	-
2008	30.1억원/20.7억원	<크로싱> 60억원/40억원
2009	23.1억원/15.6억원	-
2010	21.6억원/14.2억원	<의형제> 70억원/38억원

참조: http://kofa.koreafilm.or.kr

개> 역시 국가에 대한 반감을 드러내고, 탈북자의 권리가 국민국가 내부에서 지켜질 수 있는지를 고민하게 만든다는 점에서 마찬가지 궤에 놓여있다. 국가에 대한 이러한 반감이나 분노는 상징적 질서 속의 아버지, 곧 국가권력 내지 공권력에 대한 적대감으로 표현되는데, 주인공들이 국가에 대해 느끼고 있는 불신의 뿌리에는 국가/민족이 결코 개인의 안위를 지켜줄 수 없다는 새삼스런 깨달음이 놓여 있다.

여성장르인 경우는 보다 사적인 영역에 집중하게 된다. 매우 낭만적인 멜로드라마라 할 수 있는 <나의 결혼 원정기>나 <국경의 남쪽>은 탈북자의 현실에 직접 말걸기보다는 희극적인 방식으로 탈북자의 이야기를 풀어낸 영화들이다. 애정담의 비중을 높여 따뜻한 감성과 눈물의 정서로 접근해가고 있으며, 한국사회에서 상대적 결핍감을 느끼고 있는 농촌총각이나 노처녀의 상처를 치유해줄 구원자의 자리에 탈북자를 위치시킨다. 그 대신 탈북의 원인에 대해서 아예 질문하지 않거나(<나의 결혼 원정기>) 우발적인 해프닝 내지 다소 낭만적인 이유들로 만들어 버리기 때문에(<국경의 남쪽>), 실제 탈북자의 현실을 가려버리고 리얼리티의 수준을 떨어뜨린다는 비판도 가능할 수 있다. 게다가 코미디적인 요소까지 가미된 까닭에, 탈북난민의 절망이나 슬픔 내지 비통함을 표현하기보다는, 어려움과 오해를 쉽사리 협상해나가는 지나치게 이상적인 태도까지 견지하고 있는 것이 사실이다. 그럼에도 불구하고 소속에 대한 공동체주의적 강조로부터 멀어지고 있다는 점에서는 위의 남성 장르들과 매한가지이다. 탈북자의 정체성을 국가나 민족과 같은 집단적 수준이 아니라 개인적인 연애담 차원에서 접근하고자 한다는 점은, 국민국가 중심의 거대서사와 그 고정성이 도전받는 시대에 와있음을 새삼스레 상기시킨다.

장르적 틀에 발을 걸치지 않고 탈북자의 현실에 상대적으로 가까이 다가서 있는 영화들의 경우에서도 이러한 점은 여실히 확인될 수 있다. <댄스타운>에서 이제 막 남한으로 들어온 탈북자 여성이 제일 먼저 대면해야 하는 것은 정보기관원의 위협적인 시선과 목소리이다. 국정원을 나와 일상으로 진입한 뒤에도 여전히 국가의 감시와 통제는 지속된다. 그녀의 정착을 돕는 듯이 보이지만 사실은 감시의 끈을 놓지 않는 국정원 여직원, 여성 탈북자에 관심을 갖고 접근하지만 결국에는 어두운 골목의 차가운 길바닥 위에서 그녀를 겁탈하고는 도망치듯 자리를 떠나버리는 경찰관은 탈북자를 속박하는 것의 근본적인 요인이 무엇인지를 짐작게 한다. <무산일기>에서 남성패거리의 폭력을 피해 도망치는 탈북자에게 무단횡단 딱지를 안겨주는 교통경찰, <두만강>에서 감정이 실리지 않는 표정과 몸짓으로 탈북자를 연행해가는 중국 공안도 매한가지일 것이다. 마찬가지로 <경계>에서 몽골 초원에서의 잠시 동안의 따뜻한 정주를 정리하고 다시금 긴 유랑의 길을 떠나게 되는 시점이 군복 차림의 남성과 관계를 맺은 이후라는 것 역시 그냥 지나치기 힘든 부분이다.

　　이러한 정황들이 국가권력의 야만적 흔적들임에 이론의 여지가 없을 것이다. 정장 차림의 국정원 관계자이든, 유니폼 차림의 경찰관이나 군인이든, 혹은 사복 차림의 형사이든 간에, 그들은 모두 국가권력의 대리자이다. <풍산개>에서도 드러난 바 있듯이, 영화들 속에서 탈북자의 인간적 삶을 가로막는 요인으로 자주 전면화되는 것은 이방인을 향한 평범한 서민들의 편견과 차별보다는 국가장치이고 국가권력이다. 국가권력은 표면적으로 그들을 인정하지만 궁극적으로는 그들을 부정한다. 도움의 손길로 다가오는 듯하지만 결국 그들을 영구적인 유랑민으로 만드는 것, 그것은 가차없는 자본주의만큼이나 무정하고 억압적인 국가라는 장치인 것이다.

그런 의미에서 영화 속 탈북자는 국가 사회에 내재화되지 못하고(혹은 내재화되기를 거부하고) 국가 외부로 탈주하는 탈근대적인 주체의 성격을 지닌다고 할 수 있다. 아감벤의 표현을 빌어 말하자면 탈북자는 "국민국가체계에서 수용할 수 없는 무국적 비시민들"이자 "정치공동체 밖으로 내던져져서 아무런 보호도 받지 못한 채 국가권력에 노출되는 '벌거벗은 삶'"[10] 그 자체이다. 그런 점에서 탈북자 표상은 국가-국민-영토의 삼위일체에 근거한 국가주권의 한계를 보여주는 기회가 될 수도 있다. 탈북자를 담아낸 영화들에서 다각적으로 조명되고 있는 국민국가의 한계라는 주제가 지난 수년간의 우리 사회의 쓰디쓴 경험을 반영하고 있다는 것은 의심의 여지가 없다. 그들에 의해 우회적으로 표현되는 반국가주의는, 저 순정한 민족주의와 국가주의가 불가능한 시대에 어떤 방식으로 삶의 진정성을 추구할 것인가에 대한 통속적이지만 무의미하지만은 않은 반응들일 것이다.

3. 균열과 혼종의 정체성

강요된 것이든 자발적인 것이든 간에 탈주와 유랑의 과정은 한 개인이 원래의 장소에서 벗어나는 것을 의미한다. 원래의 터전을 한번 벗어나면,

---

10) 조르조 아감벤, 『호모 사케르: 통치 권력과 벌거숭이 삶』, 김상운 옮김, 새물결, 2006.

자신이 떠나온 기원과 새로운 장소에 자신을 재위치시키는 것 사이의 과도
기적 시기로 진입한다. 탈주는 한 장소에서 벗어나 새로운 곳으로 재배치되
는 과정이지만, 탈주라는 행위 자체는 배치와 이동 모두를 포함한다. "탈주
의 상태 그 자체는 하나의 장소를 의미한다. 즉 여기도 저기도 아닌 어떤
장소인 것"이며 이러한 상태는 그것을 감행한 개인의 정체성과도 연관된다
는 마시낙(Marciniak)의 말은[11] 탈북자의 정체성에도 적용될 수 있다. 북으
로부터의 탈출과 그 뒤에 이어지는 긴 유랑 과정은 이곳에도 저곳에도
귀속될 수 없는 정체성, 현지인도 외부인도 아닌 새로운 정체성을 만든다.
그들은 고국을 떠나지만 그렇다고 해서 다른 국가에도 속할 수 없는 혼종적
인 상태에 놓이게 되는데 이러한 상태는 달리 말하면 "자유/구속, 기원/목적
지, 유토피아/디스토피아 등이 서로 혼종되는 문간적인 위치"[12]에 처해
있다고도 할 수 있다. 경계에 선 자의 탈중심적인 이러한 정체성의 조건들은
현대적인 내지 탈현대적인 문제일 수 있다. 그렇다면 우리는, 탈북자가
문제시되고 지금 우리의 상황을, 이미 우리 사회를 규정하는 외적 환경이
제 1세계적 보편성의 틀 내부로 진입했음을 말하고 있는 것이라 읽을 수도
있을까. 이에 대한 가부간의 대답은 그 어느 쪽도 아직은 성급한 것일
터이다.

　그러나 이런 말은 가능할 것이다. 단일한 정체성으로 읽힐 수 없다는
점에서는 일반적인 디아스포라 내지 이주노동자와 크게 다를 바 없겠지만,
남한 사회에서 탈북자는 그들과는 유다른 자리에 위치해 있다. 통상적으로

11) Katarzyna Marciniak, *Alienhood: Citizenship, Exile, and the Logic of Difference*
(Minneapolis: Minnesota UP, 2006), p. 33.
12) Hamid Naficy, *An Accented Cinema* (Princeton: Princeton UP, 2001), pp. 15-16.

탈북자들은 동남아에서 온 이주노동자나 他난민에 비해 언어가 같고 외모가 다르지 않기 때문에 문화 적응에 별 문제가 없을 것으로 여겨질 수 있다. 그러나 오히려 피부색과 언어가 다른 이주노동자들이 한국사회에 더 적응하기 쉬울 수 있다는 연구결과는 탈북자의 특수한 위치를 다시금 일깨운다. 탈북자들은 여타의 이주노동자들과는 달리 자신의 과거 정체성을 숨기고 비어내야 하는 존재이다. 과거의 문화정체성을 지우고 이전의 목소리를 부정하는 모습으로만 자신을 드러낼 수 있는 자로 존재하기 때문에 동남아에서 온 이주노동자나 다른 난민들에 비해 남한 사회에서의 안착이 상대적으로 더욱 어려울 수밖에 없다. 이러한 점들에서 우리는 국경 없는 세계를 나름의 방식으로 향유하는 '글로벌 시민'과는 유다른 위치에 탈북자가 존재하고 있음을 헤아려볼 수 있다.

탈북자는 국경 넘기를 거듭하면서 다른 존재들을 자기 안에 쌓아가는 존재들이다. 탈북자에게 붙여지는 여러 이름들은 그들의 정체성이 얼마나 복잡하게 얽혀있는지를 증명해준다. 북한을 떠난 그들에게는 조국과 가족을 저버린 배반자라는 이름이 붙여지고, 제3국에서는 난민 내지는 불법 체류 중인 무국적자가 되며, 남한에 정착하더라도 자본주의에 적응 못하는 하층민이거나 '2등 국민'으로 자리한다. 이와 같이 여러 가지 정체성이 뒤섞이고 동시에 얽혀있는 까닭에 그들은 단일한 어떤 범주로 묶어두기 어려운 혼종적 존재가 된다.

모든 탈북자 영화가 그러하다고 말할 수는 없지만, 대개의 경우는 이러한 민감한 복수(複數)의 정체성 사이의 겹침과 균열을 제시할 기회를 갖게 된다.[13] 이를테면 언어는 그러한 위치의 혼종성에 조응하는 영화적 장치일 것이다. <태풍>에서 씬(장동건 분)은 태국어와 러시아

어를 구사하며 <무적자>의 탈북자들은 북한말을 지우고 남한말과 영어를 사용해야 한다. 모국어의 공동체로부터 떨어져 다른 언어 공동체로 유랑해간 디아스포라들의 복수의 언어들은 그들 정체성의 혼종성을 반영한다.

영화는 탈북자의 이러한 복잡하고 민감한 정체성에 대해 다양한 차원으로 접근하게 된다. <태풍>은 탈북자의 모호한 정체성을 극단화시켜 보여주는 사례이다. 탈북 청년 씬의 모습을 보자. 그는 어느 한 곳에 정주하지 않는 유랑자이자, 국가권력을 상대로 대결하는 경이롭고 이채로운 존재이다. 세상의 폭력 앞에서 절망하거나 일방적으로 박탈당하는 평범한 사람들과는 달리 그는 세상에 맞서 대결하고자 한다. 심지어 그는 일상적인 세계를 손쉽게 부정해버리는 어떤 탈속적인 모습으로까지 존재하고 있다. 말하자면 영웅인 것이다.

그러나 한편으로 그는 괴물이기도 하다. 마치 늑대 인간을 연상시키는 자연인의 외양이 그렇고, 분노와 증오에 찬 어둡고도 매서운 눈빛하며 물불을 가리지 않는 섬뜩한 테러리스트의 면모가 다 그러하다. 검은 피부와 흉터, 몸에 새겨진 원시적인 문신들, 야수처럼 풀어헤친 머리, 붉게 핏발이 선 눈, 기관총을 난사할 때의 무표정한 얼굴, 이 모든 것들이 그를 이물스럽고 거북한 존재, 말하자면 일종의 괴물로 만든다. 그것은 전형화된 '악인'의 모습이라기보다는 이물스럽고 거북한 괴물의 존재에 가깝다.

<무적자>나 <무산일기>에 대해서도 비슷한 이야기를 할 수 있다.

---

13) <크로싱>이나 <나의 결혼 원정기>, <국경의 남쪽>의 경우처럼 정체성의 혼란이나 혼종적 정체성의 문제를 크게 문제삼지 않는 탈북자 영화도 있다.

영화 속 탈북자는 한편으론 희생자이지만 다른 한편으로는 가해자이기도 하다. <무적자>에서 북한의 특수부대 출신으로 탈북하여 국제적 갱이 된 주인공(주진모 분)은 의리를 중시하는 사나이이지만 범법을 일삼는 갱단의 일원이기도 하다. 또한, "자기 혼자 살겠다고 어머니와 동생을 버린 자"이지만, 동생을 아끼는 더없이 따뜻한 형이기도 하다. <무산일기>의 주인공 역시 마찬가지이다. 북에서는 배고픔 때문에 친구를 죽인 살인자이고, 남쪽에서는 바르게 살자고 외치지만 결국에는 친구의 돈을 빼돌려 새 출발을 꿈꾸는, 점차로 괴물로 변해가는 인물이다. 이러한 모습은 <방가방가>나 <로니를 찾아서>에서처럼 순진하고 선한 희생자로 그려지곤 하는 이주노동자들과는 다른 자리에 탈북자가 놓여 있음을 짐작케 해준다.

그렇다면 이렇듯 극단적인 이중적 존재로 탈북자가 표상되는 이유는 무엇인가. 그러한 질문은 북한을 향한 우리의 양가적인 감정을 빼놓고는 답해지기 어려울 듯하다. 우리에게 북한의 이미지는 정반대의, 너무나 격차가 큰 이항대립 속에 자리하고 있다. 정치적으로 고립되고 경제적으로 약화된 북한은 더 이상 우리에게 직접적으로 위협적인 존재가 아니지만, 여전히 북한은 두렵거나 거북한 존재이다. 말하자면 남한 사람들에게 북한은 '안 보이는 무정형의 괴물' 같은 존재와도 같다. 우리의 우려를 자아내는 대상이지만 어떻게든 함께 품고 가야 하는 존재이며, 가능한 한 멀리하고 싶지만 그렇다고 외면할 수는 없는 난처한 존재가 북한인 것이다. 진보진영이건 보수진영이건 사정은 마찬가지일 것이다. 북한을 해방의 대상으로 보건, 혹은 멸절의 대상으로 보건, 북한은 우리에게 가여우면서 동시에 거북한 존재이다. 그렇기에 더욱 예민하게 반응할 수밖에 없는 그런 존재가 되는 것이다.

<태풍>의 씬이 갖는 그로테스크함은 이러한 북한의 존재에 그 이유가 있다고 할 수 있다. 말하자면 남한 사람들에게 북한은 '안 보이는 무정형의 괴물' 같은 존재이다. 탈북자는 북으로부터 도망친 사람이지만, 그럼에도 여전히 우리에게는 그들은 가시화 내지 육화(incarnation)된 북한이다. 그런 의미에서 탈북자는 북한의 부분대상(object a)이다. 우리에게 탈북자는, 북한을 탈출하여 중국이나 태국을 유랑하는 탈북자이건, 국내에 들어와 있는 탈북자이건, '걸어다니는 작은 북한'이다. 보고 싶지 않았던 무정형의 괴물이 육화되었을 때의 정서적 충격이, 혹은 어떤 외설성이 씬(장동건)의 괴물성으로 나타난 것이라 할 수 있다. 탈북자의 이러한 재현이 세계 유일의 분단국가라는 한국의 특수한 상황을 반영하고 있는 것은 물론이다. 탈냉전 시대임에도 불구하고 여전히 그림자를 드리우고 있는 빨갱이 콤플렉스와, 그러한 시대착오적인 냉전적 사고에서 벗어나야 한다는 당위성이, 그리고 헐벗은 타자와 소수자에 대한 공감과 연대가 어지러이 복합되어 있는 형국이라고도 할 수 있다. 탈북자를 바라보는 대중들의 시선이 실제 탈북자의 다층적인 정체성만큼이나 복잡할 수밖에 없는 것은 당연한 노릇이다. 탈북자를 바라보는 대중들의 시선에 이방인이나 이주노동자를 바라보는 것과는 다른 적대와 연대가 어지러이 중첩되어 있음을 탈북자 영화는 재차 말해주고 있는 중이다.

4. 공간 상상: 유랑의 아시아

탈북자 영화에서 인상적인 또 다른 지점은 민족국가의 경계를 넘어선 아시아의 여러 공간들이 영화에 등장한다는 점이다. 중국으로 태국으로 혹은 태국-말레이시아 접경지역과 소만 국경 지역으로 이어지는 <태풍>의 공간들이 그러하고, <크로싱>에서의 중국에서 몽고에 이르는 국경 지역이 그러하며, <무적자>의 동남아 지역이, <경계>의 몽고 사막이, <두만강>의 중국/북한의 경계 마을과 <풍산개>의 남북 경계선이 다 그러하다. 국내를 배경으로 하는 <댄스타운>이나 <처음 만난 사람들>, <무산일기>, <줄탁동시>가 해외 로케이션은 엄두도 못 낼 초저예산으로 제작된 영화임을 감안한다면, 어느 정도의 자본의 여건이 주어지기만 하면 탈북자 영화의 공간표상이 국경 밖의 지역을 향하게 되는 것은 자연스러운 일이라 할 수 있다.

영화 속의 이러한 공간 표상은 실제 탈북자가 북한을 탈출한 후 남한에 들어오기까지 엄청난 고생과 위험을 겪으며 유랑을 거듭하는 1만 km의 길이의 고된 여정을 환기시킨다. 두만강에서 중국땅으로, 러시아로, 몽골로, 그리고 동남아로, 동중국해로 이어지는 선들은 탈북자들이 목숨을 걸고 견뎌냈던 험난한 역정과 겹쳐진다. 그리고 당연히 이 역정은 대단한 고역으로 재현될 수밖에 없다. 그들에게 길 떠나기는 원칙적으로 허가되지 않은 것이지만 살기 위해 어쩔 수 없이 감행해야 하는 것이기 때문이다. 이런 절박한 공간경험은 탈북자 영화에 빈번하게 등장하는 서사적 공간의 원리가 되고 있다.

공간이 재현되는 방법은 여러 가지이어서, 직접 탈출의 공간을 보여주는 경우도 있고 은유적으로 우회하는 방식도 있다. 다큐멘터리 <천국의 국경을 넘다 *Crossing Heaven's Border*>가 탈북자들의 탈출 과정을 뒤따라가며 중국과 러시아, 태국 등 9개국의 공간들을 그대로 스크린 위로 가져온 경우라면, <크로싱>은 북한의 삶과 극한적인 탈북의 과정을 탈북자들의 고증에 입각해 그대로 복원시키고자 노력한 경우이다.[14] 한편 탈출의 과정을 생략한 대신 은유의 방식으로 그 공간을 다시금 표상한 <태풍>이나 <무적자>와 같은 경우도 있으며, <경계>처럼 올 로케이션으로 몽골지역을 그대로 담아낸 경우도 있다. 그 어느 경우이건 간에 탈북자 영화는 아시아의 풍경들을 지속적으로 등장시키며 새로운 공간상상을 가동시킨다. 공간에 대해 특별한 감수성을 보여준다는 점, 동북아시아에서부터 동남아시아까지를 아우르는 아시아의 여러 공간과 국경을 비롯한 다양한 경계지역들이 영화 속에 적지 않은 비중을 차지하고 있다는 점은 주목을 요한다. 그동안의 한국영화의 공간들이 주로 국경 내부로 국한되었던 사정을 감안하면 더욱 그러하다.

탈북자 영화 속에 등장하는 아시아 공간의 표상은 무엇보다도 21세기의 도시적 감각에 대한 대타의식에서 이루어진다. 이들 영화에는 동시대의 영화들에서 왕왕 발견되던 도시적 매력이 등장하지 않는다. 그 대신 현대적인 기호라고는 아무것도 없는 시골 풍경이나 벌판으로 채워져 있으며, 심지어는 원시림으로 가득한 정글이 등장하기도 한다. 가장 빈번하게 등장하는 공간은 두 종류이다. 하나가 숲길이나 도로, 뱃길과 같은 길의 공간들이라면, 다른 하나는 몽골의 사막이나 태국의 정글과 바다와

---

14) <크로싱>은 실제 탈북 과정들과 탈북자들의 사연을 바탕으로 4년여의 제작기간과 한국·중국·몽골 3개국 로케이션을 통해 완성되었다. 6개월의 프리프로덕션 기간 동안 많은 자료 조사와 수십 편의 다큐멘터리를 참고하고 북한 사람들을 직접 취재한 정보를 바탕으로 강원도와 몽골에서 북한의 마을을 꼼꼼하게 재현했으며, 비밀리에 로케이션을 진행하면서 가능한 한 탈북자의 루트가 되었던 중국과 몽골의 실제 공간을 그대로 담아내려 했다는 것이 화제가 되었다.

같은 자연의 공간들이다. 그곳에서는 현대 도시를 표상하는 그 어떤 것도 배제된다. 그 공간들은 근대적 발전의 흔적이 채 닿지 않은 과거의 이미지에 머물고 있다.

대부분의 영화들이 되풀이하여 보여주는 전근대적인 아시아 공간들은 상징적 로컬리티를 지니고 있지도 않으며 대표적인 관광 명소도 아니다. <나의 결혼 원정기>와 같은 예외적인 경우도 있지만 대부분의 공간들은 여타의 영화들에서 관광객의 시선으로 포착되던 에스닉한 매혹도 예스러운 풍치나 모습도 지니고 있지 않다. 차라리 그곳들은 도시의 저편에서 고립되고 버려진 공간으로 나타난다. <태풍>의 정글과 동굴이 그렇고 <크로싱>에서 중국의 벌목지나 몽골의 국경선이 그러하며 <무적자>의 축축한 정글과 수로, <경계>의 사막화가 진행 중인 목초지, <두만강>의 을씨년스런 국경 마을이 대개 다 그러하다. 그리고 그 원초적인 야만의 장소는 탈북자의 일상적 공간에 틈입하여 서로 섞인다.

그런 점에서 <태풍>의 탈북자 씬이 보여주던 동물적이고 야생적인 남성성은 전근대적인 아시아의 공간과 잘 어울리는 짝이다. 그가 보여주는 독특한 야생의 육체야말로, 근대의 제도적인 영역의 바깥에 존재하는 원초적이고 본능적인 에너지를 드러낸다. 주인공 씬이 집 대신에 정글 속의 동굴에서 생활하는 것은 단순히 이국적인 스펙터클을 위한 배려만은 아닐 것이다. 씬과 그의 무리들이 거주하는 동굴 내부는 바깥 세계와는 단절된 공간이다. 그곳은 문명 세계의 공권력으로도 찾을 수 없는 숨겨진 공간이며, 어떤 합리적인 탐색으로도 설명되지 않는 세계를 암시한다. 말하자면 도시적인 공간과는 대비되는 어떤 문명 이전의 공간이라고 할 수 있는데, 이러한 공간은 국경 없는 세계화의 상징인 초국적 도시 공간들과도 거리를 두고 있지만, 마찬가지로 그동안 당연시 여겨지던 경계들, 경계가 명료했던 국민국가의 공간들과도 구분된다. 이러한 공간 상상은 영화로 하여금 국민국가 중심적인 시간관의 한계를 넘어설 뿐만 아니라, 국민국가 형성과정에서 주변적 존재로 배제되곤 하는 주체들을 새롭게 발견할 수 있는 기회를 제공하기도 한다.

탈북자는 두려움 많은 시선으로 그 풍경들을 바라보고, 그 자신이 풍경의 하나가 되기도 하고, 혹은 다치고 상처 입으면서도 미끄러지듯 앞으로 나아간다. 이런 이유로 탈북자 영화의 주인공들은 근본적으로 유랑민이라 할 수 있거니와, 이들에 의해 구현되는 떠돌기야말로 탈북자 영화의 핵심으로 보인다. 주인공은 어디론가 이동 중이다. 그러나 그들의 떠돌기는 모색이나 탐색이 아니다. 그 어떤 지향점도 없으며 그러한 것들을 찾아내야 한다는 의식도 없다. 구태여 말하자면 생명 연장을 위한 필사적인 몸짓으로서의 떠돌기라 할 수 있을 것이다.

때문에 탈북자 영화는 일반적인 로드 무비와 구별된다. 그들의 여행은 결코 가볍거나 명랑할 수 없다. 탈북자에게는 그 어떤 길도 허가되어 있지 않으며, 그나마 허용된 것이 있다면 그것은 교역의 길뿐이다. 그래서 <태풍>에서 어린 탈북 소녀는 만두 몇 개를 위해 난생 처음 보는 중국인에게 몸을 내맡겨야 했으며 이후 그녀는 매춘부로 이행해간다. 혹은 <처음 만난 사람들>의 탈북자의 여동생은 중국인에게 팔려가야 한다. 여성탈북자는 자신이 지니고 있는 유일한 자본인 육체를 동원하여 매춘의 길을 가야 한다. 북한에서 남한까지 이르는 그 긴 공간은 목숨을 건 전쟁터이면서 동시에 시장인 것이다.

더군다나 그들의 여정에 출발은 있지만 끝은 없다. 그리고 종종 그들의 여정은 죽음으로 마감된다. <태풍>의 탈북자 오누이는 결국 태국의 해변에서 죽음을 받아들인다. 고향이나 새로운 땅으로 가는 것은 불가능한 것일 수도 있고, 돌아가지 않겠다는 의지일 수도 있다. 실제로 이후의 여정에서 <태풍>의 씬은 남한으로 가겠다는 의지는 물론이고 아버지의 나라에 대한 어떤 절실한 그리움도 내보이지 않는다. 대신 그가 선택한 것은 누이와 함께 죽어 아시아의 바다를 떠도는 길이다. 어딘가로 정착하지 못하고 태국의 바닷가에서 유령이 되어 떠도는 <태풍>의 오누이가 그 극단적인 경우라면, 몽골의 국경 근처에 아들을 묻은 뒤 멍하니 초원을 바라보고 서 있는 <크로싱>의 탈북자(차인표 분)도 마찬가지 맥락으로 읽혀진다.

종종 탈북자들은 서울을 여행의 종착지로 삼곤 하지만, 남한 역시도 안전하게 정주할 곳은 되지 못한다. 앞에서의 아시아 표상이 주로 도시적인 공간과는 대비되는 어떤 원시적인 공간에서 벌어졌다면, 서울을 배경으로 한 영화들은 도시 자체를 이미 그 안에 야만을 간직한 공간으로 만든다. 사실상 그들은 서울에 와서도 자리를 잡지 못하고 여전히 떠돌고 있는 중이다. 탈출할 배를 타지 못하고 결국 부산의 부둣가에서 죽어가는 <무적자>의 사나이들이 그러하고, 아직 채 집으로 돌아오지 못하고 있는 <처음 만난 사람들>의 청년, 자신의 분신과도 같은 강아지가 죽어 있는 길 위에서 우두커니 서있는 주인공의 긴 롱쇼트로 끝이 나는 <무산일기>까지 다 매한가지이다. 그들에게는 떠나온 곳으로서의 고향은 있어도 돌아가야 할 곳으로서의 고향이란 존재할 수가 없다. 그들에게 집은 아직 도달하지 못한 어떤 곳에 있으며, 여전히 그들이 있는 곳은 길 위이다.

탈북자 영화가 21세기의 한국의 상황과 맺고 있는 관계는 상당히 복합적이고 양면적이다. 이를테면 공간의 표상은 근대적-탈근대적 상황에 대한 반발과 적응의 이중적인 태도가 반영되어 있다. 그것은 한편으로는 자본의 전면적인 지배가 초래한 물질적, 문화적 환경의 변화에 적응하면서, 다른 한편으로는 그것에 담긴 황폐화의 위협에 대해 저항하는 성격을 아울러 드러낸다. 탈북자의 목숨을 건 고통스러운 이동이 재현하는 것은 바로 오늘날 자본의 이해관계에 따라 이리저리 휘둘리는 우리 모두의 삶 그 자체이다. <댄스타운>에서 탈북 여성이 성폭행을 당하는 후미진 골목길, <무산일기>에서 탈북청년이 몰매를 맞던 재개발로 무너져버린 집터, 이 모든 공간들은 그러한 고단한 우리의 삶을 표상하는 이미지들이기도 하다. 영화 속의 탈북자는 자본의 흐름에 따라 아시아의 이곳저곳을 폭력적으로 떠밀려 다니면서 자본의 바깥은 없다는 사실을 우리보다 앞서, 혹은 보다 절실하게 체험적으로 깨달은 자들일 뿐이다.

　요컨대 이들 영화는 특별한 임무를 부과했던 셈이다. 아시아의 풍경을 포착해내되, 근대성이 채 조형되지 못한 공간으로, 그리고 국가 간의 경계 넘기가 끊임없이 일어나는 공간으로 표상해내는 것이다. 근대성이 조형되지 못한 이러한 공간은 이분법으로는 분류되기 힘든 불확실성의 공간들, 역성(liminality)의 공간들이 되며, 궁극적으로는 국민국가의 경계를 침식하는 경계초월(border-crossing)의 공간이 되기도 한다. 탈근대적인-혹은 전근대적인-이러한 공간과 탈북자의 만남은 어딘지 익숙하면서도 매우 낯선 기묘한 느낌으로 다가온다. 실감으로 다가오지 않았던 아시아의 이러한 공간이 탈북자의 시선을 통해 구체적 생활공간의 형태로 드러나게 되면서, 시간적 보편성에 의해 그간 묻혀 있던 공간적 다양성이 복원된다. 지역적 삶의 경험이 갖는 근본적인 중요성을 강화할 수 있기 때문인데, 왜냐하면

이때의 공간은 지역적 삶의 경험이 갖는 중요성을 강화함과 동시에 보편적 역사적 서사에 도전할 잠재력을 갖는다.

물론 국경을 넘어 아시아의 스펙터클을 담아내기 시작한 것이 이번이 처음의 일은 아니었다. 일찍이 1950~60년대, 합작영화의 형태로 한국영화는 국경 외부의 아시아 지역으로 스크린의 공간을 확장한 적이 있었다. 태평양 전쟁의 상흔을 찾아 동남아 일대를 담아내던 50년대 말~60년대 초반의 합작영화가 그러했고, 홍콩과 대만을 오가며 공산주의자들과 대결하던 '제임스 본드' 짝퉁들의 활약상을 담은 60년대의 스파이영화들이 또 그러하였다. 그러나 국경 밖의 지역으로 공간의 상상력을 넓혔다고 하더라도, 그러한 작업의 대부분은 '국민국가'의 틀 내부에서 진행되곤 했었다. 냉전기의 아시아 상상은 공간상상의 범위를 확장하되 민족과 국가의 테두리를 벗어나지 않은 상태에서 철저한 진영논리에 입각해 있거나 공동체의 안위라는 대의를 의식하며 펼쳐졌었다는 이야기이다.

그러나 냉전체제가 거의 와해되어버린 지금, 탈북자를 통해 다시금 재현된 아시아의 공간은 이전 시기와는 그 성격을 달리 한다. <태풍>에서부터 <경계>에 이르기까지 탈북자의 행보는 국가와 민족에 맞서서 자기보존을 해야 하는 추방된 자의 표지로 읽힌다. 그들에게 제3국인 아시아의 공간은 무엇보다 생존이나 행복의 약속을 위한 한계 체험의 장이 된다. 탈북자들이 아시아 각국을 전전하며 수많은 장애와 맞서야 했던 탈출의 과정에서 그들의 행동을 추동해내는 핵심적인 기율은 다름 아닌 주체의 자기보존이다. 자신을 위협하는 공권력으로부터 자아의 영역을 분리해내는 것이 중요하며, 이를 위해 주체는 철저하게 자신의 정체성을 은닉해야 한다.

불법체류자 내지는 무국적자가 되어 이동하는 이 과정에서 민족이나 국가와 같은 공적 소임이나 당위성은 배제될 수밖에 없다.

5. 욕망의 공백으로서의 탈북자

지금까지 대중적 서사 안에 희귀한 존재였던 탈북자가 2000년대 중반부터 영화 내부로 진입하게 되는 변화의 흐름을 지켜보고, 그러한 변화를 가능케 했던 힘이 어떤 것이었으며 탈북자의 표상이 함축하는 의미는 무엇인가를 개괄적으로 살펴보았다.

이 글에서는 장르적 관습이 전면화된 대중영화에서 매우 사실적인 영화에 이르기까지를 함께 아울렀으며, 그들 사이의 편차에 크게 주목하지 않았다. 어떤 영화를 가리켜 탈현실적이라고 한다면 여기에서 현실은 어디까지나 그 사회의 정치경제적 연관관계를 지칭하는 것일 뿐이다. 한편 탈북자를 몇 번이나 스크린 위로 등장시켰던 장률 감독은 자신의 영화에는 허구가 없다고 말했지만, 그러나 재현 행위 자체에 이미 자신이 의식하지 못한 사이에 세상을 바라보는 하나의 특수한 보는 방식이 개입하기 마련이다. 그가 몽골이나 두만강의 어떤 경관을 그대로 스크린 위로 가져왔다고 하더라도 경관의 재현 역시 무엇이 자연스럽고 무엇이 옳은가의 판단이 개입됨으로써 이루어진다.[15] 그것은 존재하는 어떤 것의 재현이면서 동시에 존재

---

15) D Michell, "There's no such thing as culture: towards a reconceptualization of the idea of culture in geography," *Transactions of the Institute of British Geographers* 20 (1994), p. 107.

할 수 있는 어떤 것의 재현이기도 한 것이다.

중요한 것은 탈북자라는 현실적 소재 자체가 아니라, 그 소재를 육화하는 주체와 맥락이 만들어내는 의미다. 가령 영화 속에서와 같은 탈북자가 실제로 존재하느냐는 별문제다. 우리가 문제 삼은 것은 실제 탈북자들이 아니라 이야기 속의 탈북자들이며, 정작 중요한 것은 대중들의 마음의 질서에 의해 포착되는 현실이다. 여타의 대중매체가 그러하듯이 영화란 궁극적으로 동시대인들의 구체적인 이해관심을 떠나기 어려운 매체이다. 어떤 방식으로든 영화는 당대인들의 사고를 어느 정도 반영하고 있으며 또 그들의 생각을 어떤 방식으로든 변화시켜 나가고 있다고 할 수 있다.

탈북자 표상의 밑그림을 이루는 것은 우리 욕망의 공백이다. 탈북자 표상은 탈냉전시대에 시대착오적으로 억압적 힘을 행사하는 국민국가의 야만성을 향해 제기되는 문제이면서 동시에 자본주의의 외부가 없음을 새삼 실감케 하는 '시장의 냉소주의' 시대에 대중들이 느끼는 체념적 정서를 향해 제기되는 문제이다. 탈북자가 사는 모습들을 포착해내는 행위는 곧 우리가 사는 세계의 결핍들을 되비추는 거울이 될 수 있다. 그리고 여기에서 새삼 확인하게 되는 것은 사회의 문제들을 제어하지도 수용하지도 못하는, 우리가 사는 세계의 윤리적 취약성이다. 하지만 중요한 것은 그것을 교정하려는 것이 아니라 그 사실 자체를 깨닫는 것이라고, 탈북자 영화들은 우리에게 말하고 있다.

지난 역사 속에서 탈북자가 점하고 있던 사회적 영향력의 많은 부분은, 그것이 국가라는 공동체의 이익과 밀접하게 교섭한다는 점에 기인한 것이었다. 탈북자는 국민국가가 지향해야 할 미래상에 대해 발언함으로써만 의미있는 것일 수 있었다. 그러나 이른바 탈냉전의 시대에 탈북자를 바라보는 대중들의 시각이 전시대와 달라지는 것은 당연한 노릇이다. 탈북자 영화들의 많은 부분이 각각의 편차는 있을지라도 국민국가가 정체성 형성의 여러 가능한 원천 중의 하나에 불과한 세상이 되었음을 반영한다는 공통적인 속성을 가지고 있다. 영화 속의 탈북자는 이데올로기적 호명 방식으로부터 점차로 자유로워지고 있으며, 소속감이라는 것을 국민국가의 내부로 생각하던 과거의 틀로부터 벗어나 보다 유연한 방향으로 변화되어 가고 있는 중이다. 탈북자는 이제 우리의 정체성이 민족국가 건설의 도구로써 존재할 수 없으며, 어떤 동질적 감성을 형성하려는 동화주의적 틀로서는 포착될 수 없는 존재임을 간접적으로 증명하는 타자이다. 더 나아가 탈북자는 외부적 타자일 뿐만 아니라 국민국가가 지닌 단일문화적 염원에 부응하지 못하는 수많은 내부적 타자의 대표자일 뿐이다.

앞으로 탈북자는 좀더 보편적 규정인 삶이나 운명에 직면한 형태로 형상화될 것이다. 추구해야 할 것으로서의 윤리도 공동체적인 전망 속에서가 아니라 한 개인의 내면을 통해 형상화하게 될 것이고, 공동체적 이념의 거울에 비추어 윤리성을 확보할 필요 없이 스스로의 윤리를 만들어가게 될 것이다. 그런 의미에서 탈북자 영화는 정체성과 소속을 지나치게 강조하는 일상적 삶의 형식적 정치들로부터 벗어나게 하는 역할을 수행할 가능성을 갖는다고 말할 수 있을 것이다.

이 글에서 검토한 것은 탈북자 영화가 보여준 하나의 가능성에 지나지 않는다. 앞으로 점점 더 이데올로기적 호명으로 인해 억압되던 개별적인 경험들의 다양한 움직임이 본격적으로 포착될 것이다. 탈북자 영화는 정체적 일체감의 형성에 있어 주된 원천이었던 국민국가가 그러한 역할을 점차 상실해가고 새로운 힘들로 대치되는 과정을 보여주지만, 그러한 과정이 그다지 안정되고 편안한 것일 수는 없다. 공동체의 이념에 기대지 않고 자신의 윤리를 찾아가는 일에는 어떤 불안함이 수반될 수밖에 없을 터인데, 이러한 불안감은 앞으로도 탈북자 표상에 또 다른 흔적을 남기게 될 것이다.

참고문헌

1. 1차 자료

장편

<이중간첩>(김현정 2002), <태풍>(곽경택, 2005), <나의 결혼 원정기>(황병국, 2005), <여섯 개의 시선('가방을 멘 소년')>(정지우 외 5인, 2005), <국경의 남쪽>(안판석, 2006), <경계>(장률, 2006), <크로싱>(김태균, 2008), <두만강>(장률, 2009), <처음 만난 사람들>(김동현, 2009), <김정일리아>(N. C. 하이킨, 2009), <의형제>(장훈, 2010), <무적자>(송해성, 2010), <무산일기>(박정범, 2010), <댄스타운>(전규환, 2010), <풍산개>(전재홍, 2010), <시선 너머(이빨 두 개)>(강이관 외 3명, 2010), <량강도 아이들>(김성훈·정성산, 2011), <겨울나비>(김규민, 2011), <줄탁동시>(김경묵, 2011)

단편

<불을 지펴라>(이종필, 2007), <125 전승철>(박정범, 2008), <서울까지>(김방현, 2006), <서울·행열차>(두리하나), <선처>(권순도, 2011), <따뜻한 이웃>(조연수, 2011), <인사이드>(이상헌, 2011)

2. 논문 및 참고문헌

강유정, 「헐벗은 욕망의 이곳…탈북자란 유령이 산다」, 『프레시안』, 2011. 8. 19.

구둘래, 「탈북자의 친구는 어디에 있는가」, 『한겨레21』, 2011. 4. 8.

박진형, 「뉴라이트와 이명박 정권의 냉전적 대북관과 반통일 행태」, 『자주민보』, 2008. 3. 14.

발렌타인, 질, 『사회지리학』, 박경환 옮김, 논형, 2009.

심진경, 「새로운 거짓말과 진부한 거짓말」, 『실천문학』, 2006년 겨울.

아감벤, 조르조, 『호모 사케르: 통치 권력과 벌거숭이 삶』, 김상운 옮김, 새물결, 2006.

오원환, 「탈북 청년의 정체성 연구: 탈북에서 탈남까지」, 고려대 박사학위논문, 2011.

Daniel, E. Valentine and John Chr. Knudsen, eds., *Mistrusting Refugees*, Berkeley: University of California Press, 1995.

Farrier, David, "The Journey is the film is the journey: Michael Winterbottom's *In This World*," *Research in Drama Education: The Journal of Applied Theatre and Performance*, 2008. 10. 23.

Malkki L., *Purity and Exile*, Chicago: Chicago University Press, 1995.

Marciniak, Katarzyna, *Alienhood: Citizenship, Exile, and the Logic of Difference*, Minneapolis: Minnesota UP, 2006.

Michell, D., "There's no such thing as culture: towards a reconceptualization of the idea of culture in geography," *Transactions of the Institute of British Geographers*, 20, 1994.

Naficy, Hamid, *An Accented Cinema: Exilic and diasporic filmmaking*, Princeton N.J.: Princeton UP, 2001.

5장

탈북자의
자기 서사와 정체성

1. 탈북의 의미 만들기와 서사

현재 한국사회에서 탈북자가 어떤 존재로 자리매김되고 있는가 하는 문제 못지않게 관심을 두어야 할 것은 그들이 어떻게 자기들의 언어를 만들어가고 있으며, 어떻게 자신의 정체성을 구성하고 있는지를 살펴보는 일이다. 이 글은 탈북자의 자기 서사와 정체성 문제를 테마화하려는 의도에서 씌어진다. 구체적으로는 탈북자가 만든 영화를 비롯한 제반 서사행위의 양상과 전략들에 주목하려 한다. 탈북자가 자신의 문제를 말하고 문화를 생산하는 방식은 어떠한 것인가? 탈북자들이 자신의 경험을 표현하기 위해 사용하는 서사적 전략과 내용은 무엇이고, 그러한 서사를 가능케 하는 현재의 정황은 어떠한 것이며, 탈북자 정체성을 구성함에 있어서 서사의 구체적 역할은 무엇인가? 그에 대한 분석을 위해 탈북자들이 제작에 주도적으로 참여한 영화 <량강도 아이들>, <겨울나비>, <선택> 3편과, 만화와 뮤지컬로 제작된 <요덕스토리>, 탈북자들이 출간한 수기모음집을 비롯하여 탈북자동지회를 비롯한 인터넷 사이트에 올라와 있는 50여 편의 탈북자 수기, 남한과 미국에 정착한 탈북자 6명의 인터뷰를 논의의 대상으로 올려 놓았다. 그들의 서사를 분석하는 과정에서 이 글이 특히 문제 삼으려 하는 것은, 자신의 경험과 기억을 해석하고 재구성하는 서사적 패턴, 개인 정체성 과 집단 정체성의 긴장 관계, 고백과 증언의 차이, 디아스포라와 탈북자의 차별성 등의 사안이다.

2. 정체성과 서사

이제 더 이상의 부언이 불필요할 정도로 널리 인정되고 있는 사실은, 정체성은 고정된 것이 아니라 경합적이고 유동적인 구성물이라는 점이다. 이는 주로 정체성이 '다른 사람들'과의 동일성과 차이에 의해 구성되어 있는 '관계적'인 속성을 지니고 있다는 데서 기인한다. 그리고 이러한 관계 를 형성해감에 있어서 무엇보다도 긴요한 것이 서사이다.[1] 서사는 자기 존재의 의미를 만들어내고 자신의 경험에 의미와 질서를 부여하는 가장 대표적인 상징 행위이자 의미생산 행위이다. 인간은 자기 존재에 의미를 부여하는 서사 행위를 통해서 서로에게 자신이 어떠한 존재인지를 상연하 고 서로 관계를 맺으며 집단적인 기억과 상상을 만들어낸다. 공동체에 기반 한 사회적 정체성의 경우라면 이야기 행위에 기대는 면이 보다 많을 것이다.

---

[1] K. J. Gergen, "Narrative, Moral Identity, and Historical Consciousness: A Social Constructionist Account," in J. Straub, ed., *Narrative, Identity, and Historical Consciousness* (New York: Berghahn, 2005), p. 108.

기든스가 말했듯이 현대사회에서 유일하게 가능한 자아 정체성의 원천은 자아가 자신의 삶을 이야기 속에 통합하고 그 이야기 속에 자신을 위치시키는 행위이다.[2)]

한마디로 정체성을 서사의 효과라고 볼 수 있을 터인데 이러한 사실은, 정체성 자체가 불변적 실체가 아니라 양가성과 균열, 이질성을 포함한 불안정한 구성물이라는 점을 의미하는 것이기도 하다. 특히 탈북자들이 겪었던 북한에서 중국으로, 동남아시아로, 한국 혹은 제3국으로 이어지는 기나긴 이동과 여러 형태의 문화 접촉은 그들의 존재를 혼성적이고 불안정한 무엇으로 만들 수밖에 없다. 월경의 경험은 소속과 정체성에 관한 문제들과 보다 실감나게 대면할 기회를 제공하며, 새로운 서사의 형성이 보다 절실해지는 상황이 만들어진다. 그 어느 난민의 경우와도 비교를 불허할 정도로 그 여정이 힘겨웠던 만큼 탈북의 경험은 삶을 전환시킬 정도의 큰 사건일 것이고, 그러한 극심한 고난의 경험은 탈북자들에게 표현의 욕구를 충동질할 것이다. 자신의 운명을 통제할 위치에 있지 못한 개인들의 경우에는 완결된 서사 형성이 용이치 않겠지만, 그 폭력과 고난의 경험 때문에라도 자기-서사의 필요성이 긴요해질 수 있다. 계속된 생존을 위해서는 부단히 자신의 삶과 경험에 의미를 찾아야 하고, 그러한 경험들에 질서와 형태를 부여해야 하며, 그를 위해 끊임없이 이야기를 만들어내야 한다.

더군다나 분단상황이 지속된 상태에서 탈북자의 위치는 보다 민감해질 수밖에 없다. 탈북자들의 국적은 남한으로 바뀌었지만 정신은 북한 사람이라는 그것에서 완전히 벗어나기 어렵다. 그러나 북한과의 철저한 적대 관계

2) 앤서니 기든스, 『현대성과 자아정체성: 후기 현대의 자아와 사회』, 권기돈 옮김, 새물결, 1997.

에 스스로를 위치시켜야 한다. 나는 북한 사람이지만 북한의 사람이 아니다, 라고 말해야 할 때, 자신의 내부에 어쩔 수 없는 비동일성과 분열의 경험을 하지 않을 수 없다. 분열의 경험은 그 분열의 조건을 제거하지 않는 한 극복되기 힘들 터인데, 돌아갈 고향이 있고 또 언젠가 돌아갈 수도 있는 여타의 디아스포라와는 다르게 고향에 돌아가는 것이 불가능한 탈북자의 경우는 소외된 이방인이라는 사실이 훨씬 더 큰 위기감으로 다가올 수 있다. 그런 의미에서 그들의 서사행위는 분열의 조건을 민감하게 의식할 수밖에 없고, 따라서 분열을 치유하려는 의지와 바램이 어떤 방식으로든 절실하게 녹아 있기 마련이다.

탈북자가 자신의 존재 의미를 생각한다는 것은 "나는 왜 탈북을 하였는가?"라는 물음과 "탈북은 왜 의미있는가"라는 물음, 곧 탈북의 목적과 의미에 대한 질문과 대면하고 그 질문에의 해답을 모색하는 행위와 불가분하게 결합되어 있다. 물론 탈북 행위 자체에는 생존의 지속이라는 이유와 목적이 있다. 그러나 의식되건 않건 간에 생존의 유지라는 목적은 모든 생명체가 공유하는 절대적 목적이며 따라서 그것을 특별히 인간적인 목적이라고 할 수는 없다. 탈북자가 자기 경험의 의미를 생각한다는 것은 생존의 목적과 구별되는 또 다른 목적을 생각하는 행위이다. 그 또 다른 목적을 우리는 '존재의 목적'이라 부를 수 있을 터인데, 탈북자의 정체성 형성은 아마도 탈북이라는 경험의 목적에 대한 질문과 분리되지 않을 것이다.

탈북자들이 행위의 목적을 발견하고 기억하고 복원하는 일, 자신이 어디에 서있고 어디로 가고 있는지를 일깨우는 일, 이 모두는 전형적인 서사의 형식들을 통해 이루어진다.3) 서사 행위를 통해 탈북자들은 집단적인 기억과 상상을 만들어내고, 새로운 공동체 내부에 받아들일 행동과 받아들일 수 없는 행동들이 무엇인지에 대한 경계를 정하고, 개인적 집단적인 도덕적 기준들을 충실히 지키는 가치 있는 인간 존재로 자신을 구성하고 확인하여야 한다. 이때의 서사는 탈북자들이 자신의 경험을 이해할 수 있게 되는 과정이자, 경험을 표현하고 협상하는 구성 수단이다. 서사는 탈북자들이 자신의 정체성을 상연하는 문화적 실천이면서 고난의 기억과 상처를 다스리고 자기만 살겠다고 가족을 버리고 떠나온 자라는 죄의식을 치유하는 장도 될 수 있다.

이 글이 던지고자 하는 것은 타자와 소수자들처럼 이질성에 기반을 둔 탈북자의 정체성이 형성되는 서사의 메커니즘은 무엇인가라는 질문이다. 탈북자의 현재 위상을 살피고자 할 때 무엇보다 요긴한 것은 탈북자들이 직접 참여하여 만들어낸 내러티브들에 내재되어 있는 맥락과 동기, 권력 관계를 탐구하는 작업이다. 탈북자들의 복잡하고 다면적인 경험들을 더 잘 이해하기 위해서, 그리고 인간적 삶이라는 폭넓은 이해 안으로 그들의 서사를 끌어오기 위해서도 그러하다. 탈북자가 직접 구사해내는 서사들은 어떻게 그들이 자신의 경험을 현재의 맥락에서 평가하는지, 고된 과거의 경험이 자신의 삶에 미친 영향들을 평가하는지에 관해 통찰할 여지를 제공해줄 것이다.

3. 경험과 기억, 그리고 서사의 패턴

1) 과거의 시간과 기억

『자화상』이라는 책이 있다.4) 자유북한방송과 탈북자 동지회가 '수기공

---

3) David Carr, *Time, Narrative, and History* (Bloomington: Indiana University Press, 1986), P. 168.

모'를 통해 탈북자가 직접 쓴 130여 편의 글을 모았고, 그 중 36편의 글을 선정하여 책으로 묶어낸 수기모음집이다. 수기라는 글의 형식이 자신의 체험에 대한 기억에 의존하는 것인 만큼, 그 안에 실린 탈북자들의 수기들은 무엇보다도 기억의 글쓰기라는 형식을 취하고 있으며 대부분의 내용이 과거의 시간과 직결되어 있다. 현재의 이야기에서 출발하기보다는 과거에 자신이나 이웃이 겪었던 폭력과 이탈의 경험들을 어김없이 서사의 영역으로 호출하고 있으며, 서사의 구조 역시 과거의 기술에 반복적으로 의지하는 틀이 어김없이 취해진다. 뉴데일리에 연재된 장진성의 회고록이나 탈북자 동지회라는 사이트에 올라와 있는 많은 수기들 역시도 한국에 들어오기까지 그들이 감당해야 했던 과거 경험과 기억의 술회라는 점에서 크게 다르지 않다.

물론 과거의 모든 경험이 이야기가 될 수 있는 것은 아니다. 그들이 들려주는 이야기가 실제로 체험한 삶을 투명하게 담아놓은 것이 아니라, 특정한 맥락에서 과거를 새로이 구성하고 해석한 것임에는 이론의 여지가 없다. 카아(David Carr)의 주장에 따르면, 서사의 기능 가운데 하나는, 행동이든 경험이든 혹은 삶 전체이든 시간적으로 확장된 어떤 시퀀스가 궤도를 벗어났거나 그 일관성을 상실했을 때 그러한 시퀀스를 한데 모으는 것이다.[5] 간단히 말하자면, 서사는 행위와 사건들에 하나의 의미있고 일관된 질서를 부여하는 행위이다. 원래는 없었던 통일성을 현실에 부과하는 작업이라고도 말할 수 있을 터인데 그 과정에서 서사는 불가피하게 경험을 축소하게 되며, 따라서 경험은 늘 그것이 표현되는 영역을 넘어선다.[6] 탈북

---

4) fnk미디어에서 2012년 2월에 출간되었다.

5) David Carr, op. cit., p. 168.

자들은 자신들의 목적과 이해 관계, 혹은 자신을 원조할 단체나 지위를 결정할 권력 관계를 의식하며 이야기를 선별하고 재구성하고 재배치할 수밖에 없다.

일반적으로 과거를 다루는 데에는 두 개의 시선이 있을 수 있다. 과거는 이미 지난 일이라는 시각과 과거는 우리의 힘이라는 시각이 그것이다. 기존의 터전을 떠나왔거나 절연할 수밖에 없었던 난민이나 디아스포라의 서사에는 이들 두 가지가 공존하면서 긴장감을 유발하며 힘겨루기를 할 수밖에 없다. 거겐(Gergen)은 난민들이 취하는 서사를 발전적 서사와 퇴행적인 서사로 구분하고 있다.[7] 발전적 서사는 안정된 현재와 긍정적인 미래의 전망을 위해 만들어지는 서사인 반면, 퇴행적인 서사는 과거의 트라우마를 치유하면서 동정을 얻거나 보상받도록 돕는 서사라고 그는 말한다. 그러나 탈북자들이 만든 서사는 실제 세계의 오해와 위험들을 협상하기 위한 장치를 익혀가기 위한 현재 지향적이고 미래지향적인 서사도, 분리와 노스탤지어, 슬픔의 고통을 표현하는 퇴행적인 서사도 아닌 제3의 서사를 취하고 있다. 극도의 고통스러웠던 과거의 시간을 보여주는 일에 글의 대부분을 할애한 뒤에는 남한에 들어온 뒤 더없이 행복한 상황에 도달했다는 식의 완료형으로 이야기를 급작스레 마무리하는 서사구조를 취하고 있기 때문이다. 탈출에 성공하여 남한에 들어온 뒤의 삶에 대해서는 대부분 생략되어 있거나 소략한 서술만이 존재한다. 북에 가족을 두고 떠나온 결별과 분리의 고통이 등장하고는 있지만 모든 고통의 종료를

---

6) J. S. Bruner, *Actual Minds, Possible Worlds* (Cambridge, MA: Harvard University Press, 1986).

7) K. J. Gergen, op. cit.

알리는 다소 낯설고 돌연한 마무리 탓에, 과거의 아픔이 실감나게 전해지지도 않는다. 이러한 서사는 현재의 조건을 개선하거나 변혁시켜 더 나은 미래를 만들어가는 일에 일정한 역할을 수행한다고 말하기도 어려울 뿐더러, 자신을 형성했던 과거의 터전을 철저히 부정하기 때문에 분리와 고통이라는 과거의 트라우마를 치유하는 데에 적극적으로 기여하고 있다고 말하기도 힘들 듯하다.

본래 수기라는 서사형식은 공적으로 인정받지 못하고 버림받은 감정과 반성의 언어들이 스스로를 표현하고 존재를 드러내는 장일 수 있다. 일차적으로 수기의 서사는 사적인 진정성의 원리에 입각해 있고, 이러한 진정성은 자기 자신의 마음에 대한 응시를 통해 획득될 수 있다. 그러나 탈북자들의 수기는 비록 '나'라는 말을 앞에 내세우고 있다고 할지라도, 자신의 내면을 들여다보려 하지 않는다. 탈북자들의 서사가 주체들의 내면에 관한 세부 묘사에 할애되는 비중은 매우 적다. 서사의 수용자 내지는 독자가 공적인 집단으로 상정될 경우, 개인의 목소리를 지우고 집단 속으로 자신을 위치시키는 경향은 더욱 강화된다.

영화의 경우도 예외가 아니다. 자기만이 할 수 있는 이야기를 하겠다며 탈북자가 제작에 주도적으로 참여한 영화들이 세 편 있지만, 탈북을 감행한 자로서의 자신의 경험이라기보다는 엄혹한 북한 내부의 풍경을 보여주는 일에만 집중하는 형편이다. 국경을 넘어선 이후의 삶들에 대해 언급하는 일은 드물다. 영화 안에 북한이라는 공간만이 명시적으로 존재할 뿐 시대가 모호하게 설정되어 있는 것도 그러하다. 아이들의 시선으로 북의 현실을 재현한 <량강도 아이들>이나 빈곤과 배고픔으로 인한 가족의 비극을 다룬 <겨울나비>, 북을 탈출하려던 자들이 북한 정부에게 받았던 지난한 고초를 다룬 <선택>은 모두 구체적인 시간대를 제시하고 있지 않으며, 탈북자의 내밀한 경험이나 기억이라 할 만한 것들을 노출시키지 않는다. 함경남도 요덕에 있는 수용소의 비참상을 담은 뮤지컬 <요덕스토리>도 사정은 마찬가지이다.

타자성과 문화적 기원(origine)을 인정하는 것은 디아스포라인들의 자기 이해에 필수적이다. 자신의 기원에 대한 인정 없이는 디아스포라 집단이 대안적인 공공영역을 구성하기 어려울 것이다. 그러나 탈북자는 디아스포라들의 자기 이해에 필요한 동일화를 구성하고 있다고 말하기 어렵다. 정치적 이념의 차원이건 아니면 단순한 감정의 차원이건 간에, 북한과의 결별과 적대를 구성하는 사고와 가치 내부로 스스로를 감금시킴으로써 자신의 기원을 철저히 부정하기 때문이다. 이러한 서사는 디아스포라의 자기 부정이라는 틀에 갇혀 자신의 상실감을 전면화할 수 없을 뿐더러 배타적인 남한 중심주의로 쉽게 전화될 위험을 안고 있다.

2) 집단 대 개인

그동안 공적인 경로로 공개된 탈북자들의 이야기를 지배하는 마스터 서사는 궁극적으로 사악한 공권력에 희생당하는 백성의 서사이다. 이 점에 있어서는 영화나 수기, 연극이 크게 다르지 않다. 이야기의 대부분이 인간의 상식과 통념이 유예될 정도로 끔찍한 다분히 연극적인 공간으로 제한되며, 특히 수용소 생활과 같은 억압적인 공간에서의 체험은 압도적인 비중을 차지한다. 자신의 개인사로 이야기가 시작한다 하더라도 곧바로 공적인 공간들에서 이루어진 폭력의 기억이 서사의 전면으로 부각된다. 감옥이나 수용소, 군대와 같은 폐쇄적인 공권력의 공간은 서사의 출발점이면서 그 자체로 테마이자 메시지가 된다. 심지어 자화상이라는 제목이 무색할 정도로 실질적인 내용이 자신이 듣거나 본 것들을 담아내는 일에 치중되어 있는 경우도 다반사이다. 이를테면 자신은 다행히 군대에 가지 않았지만 자신의 친구를 통해 북한군대의 처참한 현실에 대해 잘 알고 있다면서, 군생활 동안 고통받다 죽어간 친구의 사연에 수기의 대부분을 할애하기도 하고, 꽃제비로 살다 죽어간 어떤 아이에 대한 목격담으로 자신의 수기를 온통 채우기도 한다.

당연히, 그들의 이야기 속에 포착되는 공간의 풍경은 야만의 극단이라 할 정도로 처참하다. 북한의 모든 공권력은 예외 없이 절대악으로 표상되고 그 아래의 백성은 힘없는 희생양으로 묘사되기 때문이다. 북한정권은 내 가족과 연인과 친구를 유린했고 살해했다. 무자비하게 날아오는 매질과 욕설이 난무하고, 도처에 피의 흔적들로 가득하다. 잔혹한 고문과 구금으로 인해 그들의 정신과 육체가 처참하게 짓이겨지는 이런 피의 현장들을 일일이 거론하자면 끝이 없다. 인간과 짐승의 구별이 어려울 정도로 그로테스크한 야만의 세계가 다양한 형태로 이미지화되어 있다. 그리고 무자비한 권력에 노출된 북한주민들은 너무도 무력하다. 대부분의 탈북자들은 도덕적 위엄도 힘도 갖지 못한 채 희생당한 대다수 익명의 사람들의 자리에 스스로를 포개어 놓는다. 매 맞는 공포, 굶주림의 공포, 고문의 공포, 죽음의 공포를 제외하면 다른 감정을 아예 알지 못했다는 어느 탈북자의 말이 과장으로 느껴지지 않을 정도로 상황은 절망스럽다. 새로운 희망의 원리를 품는 일은 엄두도 낼 수 없는 야만의 상황이었다는 것이다.

서사의 수용자 내지 청자가 공적인 집단으로 상정되는 영화 매체일수록 이러한 야만성의 강도는 커진다. 탈북자가 제작에 참여한 영화들은 북한정권의 가혹함과 시련받는 백성의 고난사를 어김없이 서사적 골간으로 취하고 있다. 한 여성 탈북자는 인육을 먹은 여자와 한 방에 있었다고 고백하고 있고, 탈북자 김규민이 직접 각본을 쓰고 연출한 장편영화 <겨울나비>(2011)는 아예 병든 어미가 배고픔 때문에 환각에 빠지고 결국 아들을 죽여 그 인육을 먹는다는 믿기 힘든 이야기를 스크린 상에 올려놓았다. 신빙성이 의심될 정도로 끔찍함이 극에 달해 있는 이야기이지만, 그들은 너나 할 것 없이 이것이 자신이 북에서 직접 목격한 실화라고 덧붙여 놓는다. 북한의 야만스런 풍경을 포착해내는 일은 정도의 차이는 있지만 탈북자의 서사에 하나의 전형으로 자리잡고 있다.

왜 이렇게 이야기하는가. 이렇게까지 이야기해야 하는가 하고 묻고 싶을 정도로 참혹한 순간들이 많은 것이 사실이나, 탈북자들은 이렇게밖에 쓸 수 없다고 외치는 듯이 야만의 기억과 악몽 같은 시간들을 집요하게 되풀이한다. 필자의 대부분이 정치적 목적과는 무관하게 내려온 사람들임에도 이야기의 초점은 정권의 잔혹함에 놓여 있다는 점에서 공통적이다. 북한정권의 폐쇄성과 권위성이라면 우리에게는 한국전쟁의 종식 이후 귀에 못이 박이도록 들어온 낯익은 것이지만, 탈북자들의 생생한 육성을 통해 훨씬 극적으로 증강되어 증언되고 있다.

반면, 이상하리만치 남한으로 정착한 이후의 삶에 대한 이야기는 거의 등장하지 않는다. 탈북행위 자체가 집단적으로 이루어진 것이 아니라 개개인이 비밀스럽게 감행한 것이었던 만큼 탈북자들은 다양한 개인사를 지니고 있을 터이다. 그러나 남한의 탈북자들이 만든 수기나 영화에는 이렇다 할 개인사나 자기 서사를 찾기 어렵다. 대부분이 자신의 개인적인 경험을 이야기하는 일보다 주변의 처참한 삶들을 증언하는 쪽으로 서사의 방향을 잡고 있는 까닭이다. 이는 그들의 서사에서 일상의 영역이 자리잡을 여지가 거의 없음을 가리키는 것이기도 하다. 개인의 경험이나 회상과는 무관한 내용들이 서사의 중심에 자리하는 것도 그러한 맥락으로 이해될 수 있다. 무엇보다 김정일 정권의 전개과정 그 자체가 만들어내는 드라마 자체가 수기의 가장 큰 서사적 동력으로 자리하고 있어서, 정권의 희생자라는 집단적인 위상만이 부각될 뿐 개개인의 서로 다른 역사가 들어설 여지가 없는 형국이다.

등장하는 인물은 공권력의 일부이거나 공권력의 희생자로 양분되며, 그 중간은 존재하지 않는다. 문제가 되는 것은 오로지 북한정권의 억압상을 증언하는 일이며, 개인들의 서로 다른 경험이 빚어내는 드라마 따위는 부차적이다. 탈북자들이 가장 견디기 힘든 경험이었다고 입을 모으곤 하는 중국에서의 긴 유랑 생활이나 몽고나 라오스, 태국으로 이어지는 고난의 탈출기 역시 몇 줄 정도로 짧게 언급될 뿐이다. 탈북자를 재현하는 남한의 영화나 소설들이 탈북자들이 남한에서 정착하는 과정에서 겪는 어려움을 즐겨 그린다거나, 탈북자가 북한을 탈출한 후 남한에 들어오기까지 엄청난 고생과 위험을 겪으며 유랑을 거듭하는 1만 km의 길이의 고된 여정을 환기시키는, 민족국가의 경계를 넘어선 아시아의 여러 공간들을 서사에 등장시키는 것과는 매우 대조적인 모습이다. 수기 공모나 영화공모처럼 공식적인 형식을 띤 서사일수록, 개인의 기억을 배면으로 감추고 집단 속으로 자신을 포함시켜 이야기하는 경향이 강화된다. 장편영화처럼 그것이 맡겨는 대상이 공식적이 되면 이러한 경향은 보다 강화된다.

일반적으로 특수한 기억들에 대한 내레이션은 최소한 두 가지 현상적 차원을 포함하기 마련이다. 개인적 기억과 집단적 기억이 그것이다. 개인의 생생한 경험과 집단적 동일시는 하나의 서사 안에 공존한다. 사회구성주의 시각이 전해주는 것처럼, 개인이 고통을 겪는 폭력은 그들이 통제할 수 없는 사회적·정치적 갈등이라는 견지에서 그 의미가 탐구될 수 있으며, 개인적인 경험이 의미있게 만들어지기 위해서는 공통의 역사와 이데올로기에 기댈 필요가 있다. 또한 개인적 경험과 기억을 집단적인 해석으로 이동시키는 서사기술 전략을 취함으로써, 개인은 과거의 심리적 트라우마와 고통을 완화하고 자신의 죄의식과 자책을 치유할 수도 있다.[8] 다른 한편으로 개인적인 경험은 집단적인 기억에 도전할 수도 있고 집단적 기억을 본질화시키는 경향에 도전할 수도 있을 것이다.

그러나 남한의 탈북자들의 경우는 집단적 기억 쪽에 훨씬 많은 방점을 두는 대신 개인적인 경험을 현저히 축소시키고 있는 까닭에, 개인적 기억이 집단 기억에 도전할 여지는 거의 존재하지 않는다. 탈북자들 스스로가 자신의 서사가 점하고 있는 영향력의 많은 부분이 탈북 공동체의 기억과 밀접하게 교섭하고 있을 때라고 강하게 믿고 있음을 짐작케 한다. 그들의 서사는 매순간 나 개인이 아니라 '우리'가 왜 북한을 떠나 국경을 넘어야 했으며 '우리'는 무엇을 '기억'하려 하는지를 서술하는 일에 집중하고 있다. 결과적으로 서사의 패턴은 개인의 고백이라기보다는 집단적 증언의 형식에 가까워지며, 공적인 담론과의 거리감 내지 차별성은 삭제된다.

그렇다면 비공식적으로 수행되는 서사의 경우는 어떠한가. 일 대 일 인터뷰는 공식적으로 수행되는 서사와는 차별되는 탈북자의 자기 서사를 살펴볼 하나의 방식일 수 있다. 영화나 책에 비한다면 개인적인 인터뷰

---

8) Michael White & David Epson, *Narrative Means to therapeutic Ends* (New York: W. W. Norton & Company, 1990).

방식은 공적인 환경에 노출된 서사보다는 좀 더 은밀하고 사적인 이야기들이 공개될 여지가 많은 것이 사실이다. 같은 화자라 하더라도 듣는 사람에 따라 이야기는 달라질 수밖에 없듯이, 말하는 주체와 듣는 자 사이의 관계에 따라 말해지는 내용이 달라질 수 있기 때문이다. 그리고 정착 환경과 자기 서사가 맺는 관련성을 고려하려는 의도에서 남한에 정착한 탈북자 3명과 미국에 정착한 탈북자 3명을 선정하여 개인 인터뷰를 진행하였다. 인터뷰 대상자는 모두 여성으로 제한하였는데 이러한 선택은, 근래 10여 년 동안 비정치적인 목적의 여성 탈북자 비율이 압도적으로 증가한 현실을 감안한 것이면서 동시에 여성 연구자와 좀 더 솔직하고도 내밀한 대화가 오갈 수 있으리라는 기대에서 나온 것이었다.

연구자는 미국에 정착한 탈북자와 남한에 정착한 탈북자를 인터뷰하면서 동일한 조건을 두었다. 초면인 상태에서 연구자와 탈북자만의 일 대 일 만남의 형식을 취하였고, 질문의 내용을 미리 정해놓기보다는 자신의 이야기를 들려달라는 요청만 해둔 상태에서 인터뷰를 진행하였다. 그리고 인터뷰의 진행 시간에도 구체적인 제한을 두지 않았다.

인터뷰이의 조건이 한국과 미국이 서로 다를 수밖에 없다는 점 또한 언급해두자. 가령 미국에 난민의 자격으로 정착한 탈북자의 경우, 예외적인 몇 명을 제외하면 공식적인 인터뷰 등의 경험이 없는 사람들이 대부분이다. 설문지와 인터뷰에 익숙한 남한의 탈북자와는 매우 다른 사정이다. 연구자가 인터뷰한 미국 정착 탈북자의 경우 한 명은 언론이나 종교단체를 통해 자신의 이야기를 들려준 경험이 많은 사람이었고, 나머지 두 사람은 그러한 경험이 거의 없는 경우였다. 그 중 한 명인 탈북자 A는 자신의 과거에 대해 처음으로 털어놓는다며, 그동안 누구에게도 북한과 관계된 이야기를 하지 않았다고 강조했다.

개인 인터뷰를 진행한 결과, 남한에 정착한 탈북자와 미국 정착 탈북자 간에는 일정한 차이가 노정되었다. 우선 인터뷰가 지속되는 시간의 차이가 그러했다. 애초에 시간의 제한을 두지 않고 가능한 한 인터뷰이의 의지에 맡겨두었는데, 여기에는 그들이 자신의 이야기를 하고 싶은 욕망과 의지가 어느 정도인지를 가늠해보려는 의도가 있었다. 결과적으로 남한에 정착한 탈북자의 경우 자신의 이야기를 짧게 마무리 지으려 하는 경향이 있는 반면, 미국의 탈북자와의 인터뷰는 훨씬 시간이 길어졌다. 남한에 정착한 탈북자의 경우는 인터뷰가 길어진다 해도 채 2시간을 넘지 않았지만, 미국 정착 탈북자인 A(28세)의 경우는 10시간이 경과되어서야 이야기를 마쳤고, B(51세)의 경우는 정오에 시작하여 밤 11시가 넘어서야 이야기를 중단했다. C(36세)의 경우는 4시간 정도로 이야기를 마무리하였는데, 그의 배우자가 자신이 아침에 출근해야 한다는 이유로 대화를 중단시켰기 때문이다.

시간의 길고 짧음만이 아니라 말하는 내용이나 방식 면에서도 미국 정착자와 남한 정착자는 서로 차이를 보여주었다. 남한의 탈북자는 제법 빠른 속도로, 그리고 준비되었다는 듯이 능란하게 탈북의 경위에 대해 이야기하는 편이다. 그들은 자신의 이야기에 몰두하기보다는 이야기를 멈추고 연구자가 듣고 싶은 바가 무엇인지 재차 질문하면서 그에 대해 간단히 대답하는 경우가 많았다. 간간이 자신의 이야기에서 벗어나 증언자의 위치에서 목격담을 들려주기도 하고, 현 정세에 대한 논평과 통일에의 염원을 밝히기도 했다. 그에 반해 미국의 탈북자는 연구자가 어떤 사람이고 어떤 의도에서 자신을 찾아왔는지를 묻는 얼마간의 시간이 지나면, 자신의 개인적 경험을 전면화시키고, 천천히 이야기를 펼쳐나가는 편이다.

어느 쪽에 정착한 경우이든 탈북자들 모두가 일종의 자부심 같은 것을 갖고 있었는데, 남한의 경우는 '우리 북한 사람들은'이라는 말로 그 자부심을 표현하는 경우가 많았다면, 미국의 경우는 초반에는 '북한 사람은'이라는 말이 등장하기도 하지만 시간이 갈수록 '나'라는 말을 빈번하게 사용하였다. "제가 이래 뵈두 몸이 좀 빨라요"라든가 "나는 좀 자존심이 셌다" "나는 겁이 없었다" "나는 판단이 빨랐다" 등등, '나'에 대한 의식이 훨씬 강화되어 나타난다. 그리고 이따금씩 다른 탈북자들이나 북한 사람들로부터 스스로를 구별짓고, 그들과의 차별성을 부각시키기도 한다. 다른 탈북자 동료들에 대해서는 가끔 연락을 주고받기는 하지만 잘은 모른다고 말하거나 침묵한다. 자신이 탈북자 전체의 집단 속에 묶이기를 거부하는 듯이, '난 좀 달라요'라는 말을 반복하기도 한다. 미국 정착 탈북자의 이러한 말들은 집단 속에 자신을 위치시킨다든가 집단의 끈끈한 유대를 강조하는 일련의 경향들로부터 거리를 두고 자신을 하나의 개별적 존재로 보아달라는 요구처럼 들린다.

이를테면 미국으로 와서 북한과 관련된 이야기를 하는 건 처음이라는 미국의 탈북자 A는 가족들도 다 알지 못하는 비밀스런 가족사를 비롯하여, 북한에서 자신이 남들보다 돋보였던 순간들과 북한체제를 비판적으로 보게 되었던 소소한 계기들, 결정적으로 탈북을 감행하게 했던 연애사건, 그리고 친구와 두만강을 건너 중국으로 나왔다가 고생만 한 뒤 다시 북으로 돌아가고 싶어 했지만 국경 감시가 강화되어 고향쪽을 바라보며 울었던 순간과, 태국 캠프에서 자신의 사소한 감정 때문에 고향 출신의 탈북자를 배반한 아픈 기억에 이르기까지, 그리고 미국에서 정착하면서 겪게 된 흑인과의 갈등과 화해, 외국인 남편과 조선 남자와의 비교, 아토피에 걸린 딸에 대한 걱정, 미래의 비전에 이르기까지 다양한 자신만의 경험을 길게 들려주었다. 탈북자 B는 종교 단체의 도움을 받아 중국에서 미국으로 들어올 수 있던 경우였는데, 그는 연구자와 마주하자마자 늘 교회에 나가 잊고 싶은 과거를 반복하여 이야기해야 하는 간증의 고역에 대해 토로했다. 자식 둘과 남편을 잃고 북을 떠나게 된 과정과 중국에서의 감옥 생활, 중국에서 한인 교인들과 맺었던 배반과 믿음의 사연들, 미국에서 동료 탈북자들에게 받은 실망들, 두 딸에 대한 자부심, 부자가 되고픈 욕망, 자신에게 미래의 희망이 된 '암웨이'사업에 대한 긴 설명에 이르기까지, 공적인 영역과 일상적 영역을 넘나들며 자신의 과거와 현재를 길게 풀어놓았다. 과거에서 현재를 넘나들며 길게 이어지는 이들의 자기 이야기 속에서 목격되는 것은, 자기를 드러내고자 하는 욕구이자 자신의 개인사를 이야기하고 싶어하는 욕망과 열정이었다.

한편 남한에 정착한 25살과 36세, 43세의 탈북자들[9])에게 자신의 삶을 기술해달라고 요청했을 때 그들은 북한에서의 가난, 중국에서의 비참했던 생활, 목숨을 건 국경 넘기의 과정을 순서대로 이야기하였다. 세 사람은 거의 유사한 순서와 패턴으로 이야기를 진행하였는데 그들의 이러한 서사 구성은 자신들의 서사에서 반복적으로 등장해야 한다고 판단되는 어떤 규범이나 모델을 따르고 있는 듯했다. 한국으로 온 탈북자들의 스토리에서 폭력과 빈곤의 기억과 고난의 탈출과정은, 자신의 과거를 설명하는 공통된 수사어구이다. 이러한 식의 서술은 집단과 개인 사이를 구분하지 않는 공동

---

9) 이들은 모두 비정치적인 목적으로 탈북을 감행한 사람들이다.

체의 성격을 반영하는 것이기도 해서, 탈북자들의 경험을 개인차와는 전혀 무관한 획일적이고 근본적이며 보편적인 범주로 생각하게 만드는 효과를 낳을 수 있다.

북한의 어두운 현실에 대한 탈북자들의 이러한 증언들은 보수단체를 비롯한 각종 담론의 시세를 얻었지만, 그러한 현상이 진실로 탈북자의 갱생에 대한 약속인가는 적잖이 의문이다. 물론 난민의 서사들이 으레 그러하듯이 개인의 고난이 사회적으로 공개되지 않는다면 의미없는 것이 되거나, 자부심의 원천이 되지 못하고 질병과 우울로만 남게 될 것이다. 자신의 고통 경험이 정착사회에서 의미심장한 것으로 받아들여지고 긍정적으로 인정받게 하기 위해서는 불가피하게 개인의 고난을 집단의 고난으로 만들 필요가 있다.

그러나 자신이 일부이기도 한 북한을 전면적으로 부정하는 것은 자기부정이라는 함정에 빠져버릴 수 있다. 남한 사람들에게 탈북자는 북한의 부분대상(object a)이다. 북으로부터 도망친 사람이라 해도 여전히 남한인들에게 그들은 가시화 내지 육화(incarnation)된 북한이라 할 수 있다. 이방인이나 이주노동자를 바라보는 것과는 다른 적대와 연민이 탈북자를 바라보는 남한인들의 시선에 어지러이 중첩되어 있다는 것인데, 자신의 기원인 북한을 괴물의 세계로 만들어버린 서사들이 과연 탈북자들을 바라보는 남한 사회의 편견들을 돌파해내는 데 도움이 될 수 있을는지 의문이다. 북한 사회의 비하가 초래하는 자기-존중감의 제거라는 문제, 곧 스스로를 야만의 땅에서 왔다고 말하는 자를 제대로 된 인간으로 봐줄 수 있느냐 하는 문제가 생긴다. 거짓말과 감시로 점철된 세상에서 온 자의 말을 과연 온전히 믿을 수 있겠느냐 하는 문제도 야기된다.

3) 닫힌 형식의 서사와 교훈성

탈북자들이 구사하는 이야기들의 또 다른 특징은 서사의 구성이 복잡하지 않고 명료하다는 점이다. 구성적 명료함은 미덕이면서 동시에 함정일 수 있다. 단순하고 명료한 구성 자체가 사유의 폐쇄성에 기반하여 얻어진 것일 수 있기 때문이다. 탈북자들의 서사가 종국적으로 지향하는 것은 다채로운 삶의 풍경이 아니라 하나의 완결된 교훈의 형태이다. 이야기의 목표이자 정점으로서의 교훈은 역으로 이야기의 모든 세부사항들과 구조를 지배하며, 세부들의 체계에 의해 지탱되는 교훈은 그 자체 안에서는 의심이나 반박의 여지가 없는 절대적인 중심이 된다. 자잘한 개인사가 등장하고 있다 하더라도 이내 교훈의 보편성을 위해 디테일들 각각의 특수성들은 희생되며, 교훈에 부합하지 않는 현실은 어김없이 교훈의 추상성을 위해 잘려나간다.

탈북자의 수기공모를 주최한 자유북한방송의 대표는 선정된 수기들을 가리켜 "몸도 마음도 다 커버린 어른이지만 이제 막 태어난 신생아와 다를 바 없는 순수를 살아가는 사람들"인 탈북민들의 이야기라고 말한다. "지금껏 살아오면서 자신의 것이라 믿어왔던 과거의 방식들과 과감히 부딪히면서 이 사회를 살아갈 명분과 필요성을 찾아가는 눈물겨운 노력이 그 안에 녹아 있으며 탈북민들의 과거와 현재가 그대로 소개되어 있다"[10]는 것이다. 그러나 탈북자들의 과거와 현재가 그대로 소개되어 있다는 그의 말은 극히 부분적으로만 진실일 뿐이다. 이야기는 생생한 경험을 좇기보다는 정해진 패턴을 따르며, 무엇보다 반공 체제의 내면화로 귀결된다. 서사의 상당

---

10) 김성민, 「이 책을 내면서」, 『자화상』, fnk미디어, 2012.

부분이 탈출을 감행할 정도로 고통스러웠던 과거를 이야기하는 것에 할애되며, 글이 마무리될 때에는 남한으로의 정착이 곧 행복한 삶의 완결점임을 말하는 긍정의 언급이 매우 짧게 요약적으로, 다소 돌발적으로 부가된다. 가령 이런 식이다.

나는 이미 저 북한에서, 그리고 한국으로 찾아오는 험난한 길에서 극도의 공포도 체험해 보았고, 외로워 보았고, 슬퍼 보았고, 친구를 잃은 상실의 아픔도 느꼈다. 나에겐 이젠 더 이상의 아픔이란 있을 수가 없다. 이제 또 어려운 일에 부닥칠지라도 지금껏 겪었던 그 모든 좌절과 비극에 절대 비할 수는 없다. 얼마든지 견딜 수 있으며 백 번이라도 다시 일어날 용기가 혈맥에 가득 차 넘친다. 대한민국에서 나에겐 행복할 권리와 성공의 의무만 있으며 또 그것을 위해 열심히 살 앞날만 남았다.[11]

지금 나는 대한민국에서 많은 것을 배워가고 있고 낮에는 회사에서 열심히 일하고 저녁에는 학원에서 재직자 직업훈련과정을 배우면서 살아가고 있다. 한국 와서 모은 돈으로 북한에서 모진 고생을 해오신 우리 엄마와 연락이 돼 지금은 엄마를 한국으로 모셔와 한동네에서 살고 계신다. 엄마가 한국에 온 후 언니 생각을 너무 하시는 것 같아 언니네 가족 모두를 탈북시켜 지금은 3국에서 한국행을 준비하고 있다. 암흑 속에 묻혀 가느다란 생명줄을 찾아 떠돌고 떠돌던 삶은 이제는 사람답게 살 수 있는 세상을 맞아 자유를 만끽하며 새로운 삶과 꿈을 꾸려가고 있다. 소리없이 저 북녘땅에서 죽어가는 수많은

---

11) 장진성, 「장진성 탈북기 · 10: 탈북은 죽은 자의 복수, 독재와의 전쟁」, 『뉴데일리』, 2009. 12. 9.

생명들에게 미친 듯이 소리쳐보고 싶다. 자유는 꼭 올 것이라고, 희망을 가지
라고….12)

  앞의 두 글은 탈북자 수기의 마무리 부분을 가져온 것이다. 북한의
현실을 폭력적으로 규정해버리는 내용이 수기 전체를 차지하며, 글이 마무
리되는 시점에서는 남한의 삶에 대한 도저한 예찬과 긍정의 단락이 짧게
제공된다. 궁극의 목표에 도달했다는 식의 완료형으로 마감되는 이러한
구성 원리는 공식·비공식적으로 공개된 탈북자들의 서사에 항상 작동하고
있는데, 이 점은 이들의 서사가 지극히 관념편향적인 성격을 지니고 있음을
말해준다. 서사 내부에서도 항상 경계짓기가 이루어져 북한과 남한은 대립
항으로만 존재하며, 낱낱의 부분들이 단지 북한정권의 사악함이라는 보다
큰 비유의 의미를 위해서만 봉사하게 되는 폐쇄적인 틀을 취하고 있다.
  이런 구성의 목적은 일견 자명해 보이기도 한다. 자신들의 인권에 대한
담론을 추동할 수 있고, 정착한 사회에서 지지되는(혹은 지지된다고 스스로
생각하는) 주제들을 전면화함으로써 체제 내부로 스스로를 안착시킬 수
있기 때문이다. 한편으로 이것은 탈북자들이 어떤 식으로든 갖고 있는 죄의
식, 즉 자신으로 인해 가족들을 위태롭게 만들었다는 자책감을 가리기 위한
방편이자, 혼자 잘 살아보겠다고 제 나라와 가족을 배신한 자들로 보는
남한인들의 따가운 시선을 줄여보려는 의도도 어느 정도는 반영되어 있는
듯하다.
  그러나 탈북의 성공을 긍정적 비전의 실현과 완료라는 견지에서 사유하

---

12) 이충실, '꽃제비의 설움', 탈북자동지회 홈피, 2007. 10. 12.

는 이러한 서사 구성은 정착이 가하는 고통을 별 것 아닌 것으로 만들 위험이 있다. 또한 서로 다른 이탈의 조건들이나 개인차와는 전혀 무관하게, 탈북의 의미를 동일한 것으로 고정시키거나 탈북자를 획일적이고 보편적인 범주로 묶어두는 결과를 낳을 수 있다. 지금은 우리의 근대사 속에서 시대정신을 선도해 나갔던 국민국가 이념이 한계에 부딪치거나 패배하고 있음이 목도되는 때이다. 아시아를 횡단하는 기나긴 탈북의 과정은, 국가 간의 경계를 침식하는 유의미한 월경의 경험이 이루어지고 국민국가를 넘어선 탈국가적인 시선이 실감나게 획득될 수 있는 기회일 수 있다. 그런데도 국경을 넘으며 국가장치의 기능 부전을 몸소 체험한 탈북자들의 자기서사가 도리어 폐쇄적인 전일적 국가주의로 회수되고 있다는 사실은 그냥 지나치기 어려운 점이 있다.

4. 탈북자의 과잉주체화

대체적으로 서사는 사건의 외부에 있는 타자의 이해관계를 반영하여 만들어지기 마련이다. 탈북자의 서사는 더욱 그럴 수밖에 없다. 탈북자라는 한정어가 붙는 순간 그들이 자기 자신을 바라보는 외부자의 시선의 개입을 피하기는 어렵다. 사건의 기억은 어떻게 해서든지 타자, 즉 사건의 외부에 있는 사람들과 함께 나누어 가지지 않으면 안 되기 때문이다. 남한에서 출간된 탈북자의 수기모음집이 '자화상'이라는 제목을 내걸고 있음에도 불구하고 자기 경험을 제대로 말하는 글이 드문 이유는, 일차적으로는 편집자의 의도 내지 방향성, 그 책의 지향성에 관련된 문제라고 볼 수 있을 것이다. 이 책의 편집자 자신이 탈북자이고, 그가 반북 이념을 전면에 내세운 탈북자 단체의 대표라는 지위에 있다는 점이 명백하게 작동하고 있다는 이야기이다. 그리고 더 나아가 편집자까지를 포함하여 이 글을 쓴 탈북자들 스스로가 '이 땅이 요구한다고 스스로 상상한 것'에 따른 결과라고 말할 수 있다. 그러한 내용이 외부에서 강요된 것이라기보다는 탈북자에 의해 내면화된 타자에 따른 것이라는 말인데, 이러한 현상들의 근본적인 원인으로서 탈북자의 과잉주체화라는 문제가 놓여 있지 않을까 싶다.

탈북자들이 새로운 세계에 정착하는 과정에서 새로운 동일화의 메커니즘이 만들어진다. 동일화, 주체화를 위해서는 반드시 타자가 필요하다. 그들에게 거울이나 거울을 제공해주는 타자(Other)가 필요하며, 이 타자가 원하는 대로 동일화, 주체화가 이루어지게 되어 있다. 주체는 타자의 어떤 특성 또는 속성을 내면화하고 타자가 제공하는 모델을 따라 전체적으로 또는 부분적으로 자신을 전환하는 심리적 과정을 지시한다. 이것이 곧 동일시의 과정으로, 인격이 구성되고 구체화되는 것은 바로 동일시의 연속을 통해서이다. 이때의 타자는 실제의 타자가 아니라 탈북자들이 생각하는 타자, 탈북자에 의해 내면화된 타자이다. 탈북자들이 들려주는 이야기는 이러한 내면화된 타자를 독자 내지 관객으로 가정하고 있다고 할 수 있다.

알튀세는 이데올로기적 국가 장치가 개인을 주체로서 호명할 때 주체화 혹은 동일화가 이루어진다고 말한 바 있다. 그러나 지젝은 라캉주의에 입각하여 이러한 알튀세의 견해를 비판한다. 알튀세는 주체의 소극적인 측면을 이야기할 뿐이라는 것이다. 주체는 언제나 호명되기 이전에 그 자리에 먼저 가 있다는 것이 지젝이 주장하는 요지이다. 지젝의 주장은 라캉의 동일화 이론에 기대고 있는데, 라캉은 동일화 내지 주체화의 과정에서 작동하는 기제를 가리켜 조급한 동일화(precipitous identification)[13] 혹은 예기적 앞지르기(anticipatory overtaking)[14]라 말한 바 있다. 주체는 늘 타자가 원하는 것보다 더 나아간다는 것. 주체화한다는 것은 타자가 자기에게 주어진 주체의 자리를 부르기도 전에, 이미 그 자리에 먼저 가있는 것을 의미한다는 것이다.

탈북자는 라캉이 말한 이데올로기적 호명의 절차에 너무나 모범적으로, 국가가 원하는 것 이상으로 너무나 충실하게 들어가 있는 사람들이라 할 수 있다. 그들은 탈북 과정에서 혹은 탈북자 집단 내부나 외부의 탈북자에게 영향을 미치는 외부의 조직에서 이루어지는 담론들을 통해 타자가 자신에게 원하는 바를 내면화했을 것이고, 타자가 원하는 바를 너무나 모범적으로 그리고 충실하게 행하고 있다고 할 수 있다. 국가가 원하는 것 이상으로, 남한 사람이 듣고 싶어 한다고 생각되는 이야기를 남한 사람이 듣고 싶어하는 것 이상으로 하고 있다고 할 수 있다.

게다가 탈북자는 정체성의 경계를 넘어선 사람들이다. 새로이 정착한 사회에서는 어떤 방식으로든 재주체화의 과정을 거쳐야 하는데, 이러한 재주체화(=동일화)의 과정에는 반드시 과잉이 들어가게 된다. 물론 모든 주체화는 과잉주체화이다. 과잉주체화는 모든 주체화 과정에 고유한 것이지만, 탈북자들의 재주체화 과정은 무대화된(staged) 주체화이기 때문에 이런 성격이 좀 더 현저하게 드러난다. 이를테면 미국에 정착한 사람들과는

---

13) 한글판에는 '촉박한 동일화'로 번역되어 있지만, 이보다는 '조급한 동일화'로 번역하는 것이 합당할 듯하다. 스스로를 재촉하는 동일화라는 의미를 좀 더 부각시킬 수 있기 때문이다. 슬라보예 지젝, 『부정적인 것과 함께 머물기』, 이성민 옮김, 도서출판b, 2007, 144쪽.
14) 같은 책, 149쪽.

달리 남한에 있는 탈북자들은 심사를 통과해야 하는 사람들이다. 남한에 정착하기 위해서는 매순간 국정원의 조사를 비롯하여 공식적인 필터링과 재주체화의 절차를 거쳐야 한다. 진짜 탈북자인지 아닌지, 간첩인지 아닌지를 확인하는 심문의 시선 앞에 노출되어 있어야 한다는 것인데, 이러한 과정은 사실상의 전향자들이 거쳐야 되는 심문과정과 크게 다를 바 없다.

남한에 비한다면 미국의 탈북자의 경우는 이런 식의 물질화되고 제도화된 타자의 시선으로부터 상대적으로 자유로운 편이다. 태국 등지의 난민보호소에서 난민 여부를 판정하는 과정을 거치기는 하지만 일단 미국에 정착한 이후에는 별도의 심사를 받지 않는다. 심문이나 감시로부터 벗어나 있으며, 자신을 과잉되게 무대화하여 보여줄 필요가 없다는 것이다. 미국에 정착한 탈북자 A는 "월마트에 한밤중에 잠옷 차림으로 나갔는데도 아무도 신경 쓰지 않을 때 이것이 미국이구나라고 생각했다. 자유로움을 느꼈다. 미국인들은 남의 일에 상관 안 하기 때문에 나는 미국이 잘 맞는다"고 말한다. 탈북자 B는 미국으로 온 뒤에 가장 좋았던 점이 무엇이었냐는 질문에 "충성을 바쳐야 할 집단이나 감시의 시선이 없다는 것"이라고 답변했다.

남쪽에 비해 미국의 탈북자들이 보여주는 상대적 자유로움에는 여러 요인이 있겠지만, 둘 사이의 핵심적인 차이는 과잉되게 주체화를 한 사람들과 그럴 필요가 없는 사람들의 차이에 놓여 있을 것이다. 개종자들이 쉽사리 광신자가 되고 전향자들이 새로운 이념에 더욱 충실하게 되는 것처럼, 남한의 탈북자들의 재주체화는 보다 과잉되게 이루어질 수밖에 없다. 그들은 내면화된 타자만이 아니라 물질화되고 제도화된 타자들의 시선 앞에 노출된 사람들이다. 그래서 자신을 무대화하지 않을 수 없고, 그래서 그러한 과잉주체화의 과정이 보다 증강된 형태로 드러나게 된다고 말할 수 있겠다.

그렇다면 문제는 탈북자들이 재주체화되는 과정에서 어떤 타자를 내면화했는가에 놓여 있을 것이다. 내가 누구인지에 대한 이해, 즉 정체성의 형성은 타인의 승인을 거쳐 형성된다. 월경의 이유와 경험의 성격이 엄연히 다른데도 불구하고 탈북자들이 여전히 과거의 귀순자나 월남자의 남한 중심적인 폐쇄된 서사를 반복하고 있는 궁극적인 이유는 탈북자의 이질성과 혼종성을 승인할 사회적 문화와 담론이 아직 만들어지지 않았다는 데 있다. 탈북자들의 의미를 정치적인 맥락으로 제한하는 오래된 국가담론이 여전히 득세하고 있는 반면 그를 대체할 열린 담론이 부재한 지금의 상황에서, 탈북자가 자신의 준거로 삼을 모델의 영역은 매우 협소하다. 이런 영역이 풍부하게 형성되지 않는 한, 탈북자들의 구체적인 개인적 경험이 자기서사로 구현되기를 기대하는 것은 어려울 듯하다.

참고문헌

기든스, 앤서니, 『현대성과 자아정체성: 후기 현대의 자아와 사회』, 권기돈 옮김, 새물결, 1997.

김성민, 『자화상』, fnk미디어, 2012.

랑시에르, 자크, 『정치적인 것의 가장자리에서』, 양창렬 옮김, 길, 2008.

로젠스톤, 로버트 A., 엮음, 『영화, 역사―영화와 새로운 과거의 만남』, 김지혜 옮김, 소나무, 2002.

서경석, 『고통과 기억의 연대는 가능한가?』, 철수와 영희, 2009.

오카, 마리, 『기억・서사』, 김병구 옮김, 소명출판, 2004.

지젝, 슬라보예, 『부정적인 것과 함께 머물기』, 이성민 옮김, 도서출판b, 2007.

Bird, J., B. Curtius, T. Putnam, G. Robertson, and L. Tickner, eds., *Mapping the Futures: Local Cultures, Global Change*, London: Routledge, 1993.

Bruner, J. S., *Actual Minds, Possible Worlds*, Cambridge, MA: Harvard University Press, 1986.

Carr, David, *Time, Narrative, and History*, Bloomington: Indiana University Press, 1986.

Gergen, K. J., "Narrative, Moral Identity, and Historical Consciousness: A Social Constructionist Account," in J. Straub, ed., *Narrative, Identity, and Historical Consciousness*, New York: Berghahn, 2005.

Straub, Jürgen, ed., *Narration, Identity and Historical Consciousness*, New York: Berghahn Books, 2005.

6장

자기 관객으로로서의
탈북자

1. 들어가며

스크린에서 탈북자를 목격하는 것은 더 이상 낯선 일이 아니다. 이러한 현상이 본격화된 것은 불과 지난 4, 5년 동안의 일로, 오랜 동안 대중서사에서 희귀한 존재였던 탈북자가 수년 전부터 한국영화에 자주 모습을 보이며 우리에게 새로운 영화적 사유의 공간을 제공해주고 있는 중이다. 그렇다면 스크린 위의 대상이 된 자신을 바라보는 관객주체로서의 탈북자의 입장은 어떠한가. 탈북자는 영화에 재현된 자신의 표상들에 대해 어떻게 반응하고 있는가. 탈북자 재현이 그들에게 어떤 함의를 지니고 있으며, 탈북의 경험과 기억은 영화의 수용과 의미구성에 어떠한 기능을 수행하는가.

영화는 새로운 사회문화적 공간들이 절합되는 역동적인 공간이다. 글로벌 시대에 들어서면서 전통적인 개념의 국가와 민족에 대한 부단한 도전과 협상이 적극적으로 이루어지고 있으며, 타자에 대한 윤리학이 문제시되는 공간으로서 영화가 갖는 위상이 보다 강화되고 있는 형편이다. 주류 상업영화에서 독립영화에 이르기까지 근래의 한국영화는 디아스포라와 소수자에 대해 전에 없이 강한 관심을 보여주고 있는데, 그 중에서도 탈북자는 한국사회에서의 가장 의미심장한 타자로 표상되어 이 사회의 내부의 공백을 환기시키는 계기로 작동하고 있는 듯하다.

이 글이 관심을 두는 것은 관객으로서의 탈북자가 자신이 재현된 영화를 바라보는 시선과 그 맥락이다. 그들이 영화를 이해하고, 스스로와 자신의 집단을 격려하기 위해 텍스트의 의미를 구성하는 양상들을 살펴보려 한다. 이러한 작업의 일차적인 목적은 수용자 연구라는 틀을 빌려 탈북자가 자신의 존재의미와 위상을 생각하는 태도와 방식에 접근해보는 것에 있다. 탈북자와의 인터뷰를 수행하면서 빈번하게 갖게 되는 느낌은, 그들이 연구자 앞에서 쉽게 자신의 속내를 노출시키려 하지 않는다는 점이다. 그러나 허구적 텍스트를 매개로 하여 이야기를 시도하는 경우에는 상대적으로 자유롭게 자신의 의견이나 심사를 밝힐 수 있을 것이며 따라서 기존의 방어막을 최소화한 채로 자신의 정체성 문제에 대면하게 될 수도 있을 것이다. 그리고 더 나아가 이러한 작업은, 소수자의 정체성 형성에 영화가 수행하는 역할은 무엇이며, 영화 수용 경험이 문화적·사회적 정체성을 둘러싼 다양한 입장들이 재고되고 변형되는 공공공간 (public space)으로 발전할 가능성 여부를 살펴보는 데에도 일조할 수 있으리라 생각된다.

2. 관객으로서의 탈북자

이 글이 주목하는 것은 영화 수용 주체로서의 탈북자이지만, 탈북자라고 해서 일반 관객이 스크린과 맺는 관계로부터 자유로울 수는 없을 것이다. 1970년대 중반에 스크린과 관객의 관계에 관한 문제가 진지하게 제기된 이래 성격을 달리하는 관객성에 관한 다양한 논의들이 개진되어온 바 있다. 영화 관객성 연구는 서로 다른 입지의 논의들이 각축을 벌이고 있는 상황이지만, 관객론이 발전해온 흐름들을 간단히 요약하자면, 관객 대중을 헤게모니적 메시지의 희생자로 보는 수동적 수용자론에서 벗어나, 의미 구성에 책임을 지는 단독 존재(sole entity)로 관객을 인식하는 능동적 수용자론으로 그 논의의 흐름이 변화해 왔다. 또한 실제 관객(audience)으로부터 유리된 가상의 관객성(spectatorship)을 논의하는 것에서 시작하였지만, 구체적인 관객이 작품에 반응하는 다양한 방식과 그 맥락을 연구하는 쪽으로 논의의 무게가 점차 이동해 왔다고 할 수 있다. 그러나 여전히 영화 수용자에 관한 많은 논의들이 관객을 '발견한다기보다 만드는' 차원에 그치고 있는 것이 사실이다. 영화경험을 구체적으로 그리고 적절하게 설명하기 위해서는 "서재에 앉아 관람자를 상상하는 것으로 이루어지는"[1] 수용연구가 아니라, 실제 관객들의 반응에 주목하고 그들의 반응에 근거하여 영화적 의미가 재해석되고 새로운 담론이 만들어지는 과정을 밝혀내는 작업이 되어야 한다는 점은 재언할 필요가 없을 것이다.

---

1) Jay Ruby, "The Viewer Viewed: The Reception of Ethnographic Films," in Peter I. Crawford and Sigurjon Baldur Hafsteinsson, eds., *The Construction of the Viewer* (Hojberg: Intervention Press, 1995), p. 194.

이 글은 실제 관객과는 무관하게 가설상으로 관람자를 구성한다거나 텍스트에 기초하여 관객의 반응을 상상하면서 영화경험을 설명해온 기존의 영화수용 논의들과 거리를 두는 자리에서 출발하고자 한다. 또한 의미구성의 궁극적인 주체는 텍스트가 아니라 관객이라는 가정에 의거하고자 한다. 미디어의 메시지는 본래 의미있는 것이 아니며, 미디어 관객의 지각이나 이해는 미디어 프로그램이 본래 가지고 있는 의도나 특징보다는 그것을 보고 있는 관객이 처해 있는 상황이나 경험, 생각, 여건 등에 달려있다는 사실[2]이 다시 한 번 환기될 필요가 있다. 탈북자가 재현되는 영화를 보는 탈북자 자신의 시선이라는 측면에서 살펴보려는 이 작업은, 결국 텍스트의 의미를 구성하고 자리매김하는 것은 관람자의 경험과 기억에 따른다는 사실을 하나의 전제로 삼고 있다.

탈북자들이 스크린 위의 자신들의 이미지에 대해 이야기할 때, 이때의 영화란 일종의 기호일 수 있다. 중요한 것은 영화라는 텍스트가 아니라, 그것을 중심으로 형성되는 다종다양한 시선과 담론들의 구성체라는 것이다. 이 논문이 관심을 두고 있는 것은 미디어 수용을 통한 '담론적인 자아 생산' 과정이다. 탈북자가 미디어 수용을 통해 자기와 소속 집단의 정체성을 만들어가는 방식은 무엇이며, 영화에 관한 담론이 공중만큼이나 공적이고 집단적으로 참여할 수 있는 환경을 창출할 여지는 없는 것인지를 탐색하려는 의도가 이 글의 저변에 놓여 있다. 구체적으로는 관람자/텍스트와 관람자/관람자의 관계와 해석 교환을 통해서 탈북자와 같은 소수자의 정체성이

---

2) V. J. Caldarola, "Reception as Cultural Experience: Visual Mass Media and Reception Practices in Outer Indonesia," Ph. D. Dissertation, Annenberg School of Communication (Philadelphia: University of Pennsylvania, 1990), pp. 3-4.

구성 내지 형성되는 과정에 주목하고자 한다. 이러한 과정은 지배적인 담론에 대한 '거부와 변형'이 이루어지는 담론 장으로서의 영화 수용의 가능성을 타진할 기회가 되기도 할 것이다.

3. 미디어 토크(Talk)

관객성 연구가 마주하게 되는 어려움 중 하나는 진술의 신빙성 문제이다. 참여자의 이야기를 그들의 생각과 의견의 "진실한" 반영으로 받아들이는 것에는 다소간의 위험이 따를 수 있기 때문이다. 버킹햄(D. Buckingham)은 말이 갖는 '수많은 불일치와 모순', '말이 수행되는 데 사용된 여러 가지 사회적 기능들'을 지적하면서,3) 관객이 하는 말과 그들의 실제 의견이 서로 일치한다는 가정을 파괴할 필요가 있다고 강조한 바 있다. 사이터(E. E. Seiter)의 주장처럼, 언어는 "화자의 의도와 완전히 일치하는 것으로 취급될 수 없으며 마찬가지로 사실주의적 재현 시스템이나 투명하고도 즉각적으로 이해가능한 의사소통 장치로서도 취급될 수 없다."4) 말이 갖는 비일관성과 모순, 지리멸렬함 등을 고려할 때, 참여자의 말이 투명하게 자기를 드러낸다고 보기는 힘들다는 것이다.

본 연구도 그러한 위험성에 노출되어 있는 것이 사실이다. 이주노동자

---

3) David Buckingham, *Reading Audiences: Young People and the Media* (Manchester: Manchester University Press, 1993), p. 60.
4) Ellen E. Seiter, *Television and New Media Audiences* (Oxford: Oxford University Press, 1999), p. 28.

와는 달리 이념적인 담론의 구속이 적지 않은 탈북자의 경우는 더욱 그러할 수 있다. 그러나 위험성을 온전히 피할 수는 없어도 위험의 정도를 최소화할 수는 있을 터인데 그러한 의도에서 선택된 것이 장시간에 걸친 집중토론(focus group discussion) 방식이다. 특히 낯선 이들과의 만남인 경우 어색함이나 공식적인 말투 등이 장애가 될 수 있기 때문에, 평상시에도 유대관계를 가져온 사람들 간의 편한 모임의 형식을 취하고자 했다. 마찬가지 이유에서 연구자의 시선이 의식되는 것을 최소화하고자, 영화관람과 토론 시간에 연구자가 자리를 비우는 대신 녹음기로 대화의 내용을 담았다. 이러한 방식을 선택한 것은, 한편으로는 동료의식을 느끼는 또래 집단 앞에서 자신의 사회적 자아를 투사하고 자신의 입지를 표하기 위해 영화에 관한 견해들을 이용하는 구체적인 방식과 과정을 탐구하는 데에 도움을 줄 수 있을 것이다. 1인 감상의 경우에는 연구자와 여러 차례 만남을 통해 어느 정도의 친근함을 형성한 이후에 본격적인 인터뷰로 들어간다거나 직설적인 질문보다는 우회적인 다양한 방식의 질문 전략을 사용하는 방식을 택함으로써 그 위험성을 줄이고자 하였다.

구체적인 논의에 들어가기 전에 모집단의 구성 기준을 밝혀두자면 다음과 같다. 참여자는 총 9명으로, 비정치적인 목적으로 탈북하였고 한국에 들어온 지 10년이 채 되지 않은 탈북자들이 선정되었다. 8년 전에 한국에 들어온 한 명의 여성을 제외하면 한국에서의 정착 기간이 5년을 넘지 않은 탈북자들로, 거의 대부분이 일정한 직업을 갖지 않은 상태에 있었다. 비정치적인 목적의 탈북자로 제한한 이유는, 정치적 목적으로 탈북한 이들의 경우 외부의 시선을 강하게 의식하며 공식적인 담론을 되풀이하는 일에 익숙한 경향이 있다는 점을 고려한 것이다. 참여자의 성비 역시 남성 대 여성이

3:7로 여성의 비중이 높은데, 이렇듯 여성의 비중을 높인 것은 근래 10여
년 동안 여성 탈북자의 비율이 압도적으로 증가한 현실을 반영한 것이다.
주지의 사실이지만 탈북자 유입 초기에는 고된 탈북 과정을 견딜 수 있는
남성이 대부분이었으나 2002년에 탈북자의 남녀 비율이 역전되기 시작하
여 매년 여성 탈북자 수가 압도적으로 증가하였다. 이미 2009년에 여성
탈북자가 남성의 3배를 넘어선 것으로 조사되었으며, 현재 여성 탈북자의
비중이 70% 이상에 달하고 있는 실정이다.[5]

한편 스무 살을 전후로 한 젊은이들과 마흔 살을 전후로 한 주부들을
초점 집단으로 선정한 데에도 나름의 이유가 있다. 영화라는 매체에 노출
될 수 있는 여지 내지 가능성이 많은 세대가 주로 십대 후반에서 40대
초반에 집중되어 있음을 감안한 것이라 할 수 있는데, 이 점은 연구자가
다른 테마의 연구 작업을 위해 탈북자 인터뷰를 진행하면서 확인된 바이
기도 하다. 고정적인 일자리에 취업이 되어 있는 사람들이 아니라 학생이
나 주부처럼 아직 뚜렷한 직업을 갖지 않은 사람들로 참여자를 제한한
첫 번째 이유는 미취업자가 그렇지 않은 경우보다 남한 내 탈북자의
대표성을 띨 수 있다는 점 때문이다. 이는 탈북자 가운데 절반 이상이

---

[5] 2010년의 경우 남한에 입국한 여성 탈북자의 수는 2,259명으로, 이는 남성
(668명)의 3배를 넘는 수치이다. 여성 탈북자의 비중이 압도적으로 많은 것에
대해 탈북자 정착지원기관인 하나원은 "직장에 다녀야 하는 남성과 달리 여성은
가정주부란 신분으로 일정한 뒷돈을 주고 장마당 장사에 나설 수 있다"며 "비교
적 이동이 자유로워 여러 곳을 돌아다니다 국경을 넘을 수 있기 때문으로 보인
다"고 분석했다. 또 중국 등 탈북 직후 일시 머무는 나라에서 가사도우미 등
신분 노출이 안 되는 직장을 택할 수 있는 점도 여성이 보다 안전하게 남한에
입국할 수 있는 배경으로 꼽는다. 「탈북자 2만명 시대…현주소와 과제」, 『세계
일보』, 2010. 9. 14.

미취업 상태인 지금의 현실을 고려한 것이다. 정부의 취업지원이 있음에도 불구하고 탈북자의 취업률은 국내 평균 취업률을 밑도는 형편이며 취업자의 경우도 정규직은 24%에 불구하고 48%는 일용직 근로자이다. 또한 취업이 된 경우라 하더라도 그것이 3년 이상 장기 취업으로 이어지는 비율이 현저히 낮은 현실이다.[6] 두 번째는 다분히 현실적인 조건 때문이었는데, 고정된 일자리를 가진 탈북자들의 경우는 영화를 보며 토론하는 데 소요되는 긴 시간을 할애할 여건이 안 되었다. 실제로 취업을 한 탈북자들의 대부분이 이 작업에의 참여를 수락하지 못하였다. 5~6시간의 긴 시간을 집중적으로 투자할 여유가 그들에게는 거의 없었으며, 집단토론을 위해서 일정한 날짜를 정하는 것도 거의 불가능한 상황이었다.[7] 여러 가지 여건을 고려할 때 고정된 직업이나 사회적 지위를 갖지 않은 이들의 경우가 상대적으로 탈북자 정체성의 유동성을 잘 보여줄 것이며 미디어를 통한 자기정체성 형성 과정 역시 보다 문제적으로 드러나게 될 것이라는 기대감이 있었다.

리서치는 크게 두 가지 트랙으로 진행되었다. 두 명의 젊은 탈북자가 각기 단독으로 영화를 감상한 뒤에 연구자와 영화에 관한 이야기를 나누었

6) 북한인권정보센터가 2012년 2월 3일 발표한 '북한이탈주민 경제활동 동향' 보고서에 따르면, 15세 이상 탈북자 중 취업자 비율인 고용률은 전년 대비 2.1%가 떨어진 41%로 나타났다. 거의 60%에 달하는 탈북자들이 실업 상태에 있는 셈이다. 응답자 394명 중 비경제활동 탈북자는 206명(52.3%)으로 경제활동 탈북자(188명, 47.7%)보다 다소 많은 것으로 조사되었다.
7) 주부 직장인들의 경우 가능한 시간은 일요일 정도였지만, 대부분이 휴일에는 나오기 힘들다는 견해를 표시했다. 2~3시간의 단발성 인터뷰가 아니라 영화를 보고 토론하는 장시간의 프로젝트에 직장생활자가 참여한다는 것은 사실상 힘든 일로 보였다.

으며, 각각 4명의 청년과 주부로 구성된 두 개의 집단이 영화를 함께 감상하고 토론하는 시간을 가졌다.[8] 일대일 인터뷰와 집단 감상 및 토론, 1인 감상 뒤의 인터뷰가 주된 방법으로 사용되었으며, 연구자와의 만남 이후에 전화 인터뷰를 진행하기도 하였다. 설문지를 돌리는 형식은 지양하였는데, 이는 그들이 너무나 많은 설문지에 익숙하고 식상해 있다는 점을 염두에 둔 것이었다.

1) 일 대 일 인터뷰

집단 토론에 들어가기 전에 연구자와 참여자 간의 일 대 일 인터뷰 시간을 갖고, 개개인의 구체적인 이력과 현재의 상황, 영화에 대한 관심 등에 관한 질문을 던졌다. 이 과정은 주로 연구자가 질문하고 그들이 답하는 방식으로 진행되었지만, 본격적인 인터뷰로 들어가기에 앞서 참여자가 연구자에게 먼저 질문해오는 경우도 적지 않았다. 참여자가 해오는 질문은 주로 연구자가 관심을 두는 것이 무엇이며 이 만남이 어떤 쓸모가 있는지를 묻는 것들이었다.

연구자가 참여자에게 던진 질문들은 대상과 상황에 따라 조금씩 달랐지만, 공통적으로 반복된 항목들은 다음과 같다

어디에서 자라 몇 살 때 북한을 떠났으며, 중국에서의 체류기간은 어느 정도이고 한국으로 넘어온 것은 언제인가? 이 질문은 그들이 겪어온 삶의 이력과

---

8) 청년모임의 토론에 함께한 참여자 중에는 탈북자의 친구라고 스스로를 밝힌 남한의 젊은이 1명이 포함되어 있음을 밝혀둔다. 그녀는 서울 출신의 여대생이라고 탈북자를 돕는 자원봉사자이자 친한 친구관계라고 스스로를 소개했다.

경험이 어떤 것이었고 문화의 다양성에 얼마나 익숙해 있는지, 그들이 지니는 문화자본은 어느 정도인지를 알려는 의도에서 주어졌다.

응답

A: 남성, 22세, 무산 출신, 11살에 중국으로 건너와 9년 6개월 체류, 2년 전에 한국 도착)

B: 남성, 25세, 함흥출신, 12살 때 중국으로 건너와 8년 체류, 5년 전에 한국 도착)

C: 남성, 25세, 함북, 5세 때 중국으로 건너와 17년을 체류, 3년 전에 한국 도착)

D: 여성, 20세, 량강도 출신, 중국체류기간 1개월, 3년 전에 한국 도착)

E: 여성, 18세, 서풍산 출신, 11살에 중국으로 건너와 4년 체류, 3년 전에 한국 도착)

F: 여성, 41세, 평양출신, 7세에 함주로 이주, 98년에 중국으로 건너가 7년을 체류, 8년 전에 한국 도착)

G: 여성, 35세, 평양 출신, 19세에 함흥으로 탈주, 중국체류기간 9년, 4년 전에 한국 도착)

H: 여성, 45세, 함경북도 경흥군, 43세에 중국으로 건너와 1년 체류, 1년 전에 한국 도착)

I: 여성, 38세, 함경남도 함흥 출신, 37세에 중국으로 와 한 달 체류, 7개월 전에 한국 도착)

북한영화를 많이 보았는가? 재미있었는가? 이 질문은 북한의 문화와 전통이 어느 정도의 영향을 미치고 있는지를 알기 위한 의도로 제시되었다.

응답

5살에 북한을 떠났다는 청년을 제외하고는 대부분이 북한에 있었던 햇수만큼이나 북한영화에 익숙해 있었다. 11살 때 북한을 떠난 청년(A, 22세)의 경우는 북한에 있을 당시 입장료를 지불할 형편이 안 되어 극장의 화장실을 통해 몰래 들어가서 영화를 본 적이 세 번 있었지만 그 구체적인 내용은 잘 기억이 나지 않는다고 이야기했다. 그러나 굳이 극장을 가지 않더라도 TV에서 영화를 방영해 주었기 때문에 북한에 있을 동안은 영화를 볼 기회가 적잖이 있었다는 것이 일반적인 견해였다. 대다수는 북에 거주할 당시 정기적으로 영화를 보기는 했어도 대부분이 선전영화이기 때문에 큰 재미는 보지 못했다고 말했다. 참여자 절반 이상이 북한 영화에 대해서는 별다른 애착을 표하지 않았지만, 예외적으로 17세까지 량강도에 살다가 한국으로 들어온 이(D, 20세)의 경우는, 자신은 북한에서 만든 액션영화를 무척 좋아했다고 답해주었다. 이 액션영화는 일반 국민들이 볼 수는 없고 보위부 이상의 특수한 계층만이 볼 수 있는 것으로 그 중에도 세계를 무대로 활약하는 첩보물이 많았다는 것인데, 이처럼 계층별·지역별로 영화를 접할 수 있는 기회가 달랐던 것으로 보인다.9) 이른바 '평민층'이 보는 영화는 재미가 크진 않았지만, 계급이 높을수록 좀 더 다양하고 많은 종류의 영화를 접할 수 있었다고 하겠다.

---

9) 지위가 높을수록 영화문화에 접할 기회가 상대적으로 높았다. 그리고 평양의 경우는 TV채널이 다양하고, 여러 가지 장르의 영화를 접할 기회가 많았다고 했다. 실제로 평양에서 젊은 시절을 보낸 여성(35세)의 경우 영화에 관한 지식과 관심이 다른 이들에 비해 상대적으로 높았다. 또한 미국에서 인터뷰했던 평양 출신 여성의 경우, 평양에서 한국으로 '직행'한 경우였는데, 고위층과 잘 알고 있는 친구 덕에 한국영화를 비롯한 많은 영화들을 접할 수 있었다고 했다.

북한이나 중국에 있을 때 한국영화를 본 적이 있는가? 이 질문은 한국영화의 일반적인 문법에 어느 정도 익숙한지를 묻기 위해 주어졌다.

응답

참여자 중에서 7명이 한국으로 들어오기 전에 북한이나 중국에서 한국영화를 본 경험이 있었으며 지금도 그렇다고 말했다. 북한에 있을 때도 몇 편의 한국영화를 본 적이 있었다고 대답한 사람이 3명 정도였고, 중국으로 건너 왔을 때에는 TV를 통해서 주로 한국드라마를 자주 접했노라고 대답한 사람이 대부분이었다. 한국영화나 드라마에 전혀 관심이 없어 요즘엔 1년에 1편 보는 정도라며 무관심을 표하는 경우도 있었지만(C, 25세), 그 역시도 중국에 체류했던 17년 동안 TV에서 방영되는 중국영화와 홍콩영화, 한국의 방송드라마를 자주 보았던 경험을 갖고 있었다.

한국에 와서 영화를 어느 정도로 자주 보는가? 이 질문은 탈북자들이 한국영화에 대해 어느 정도의 관심을 가지고 있는지를 묻기 위한 것이었다.

응답

인터뷰와 토론에 참여했던 9명의 탈북자들 대부분이 영화문화에 낯설어하지 않았다. 정기적으로 극장을 찾아가서 영화를 감상하는 경우도 3명 있었다. 북한을 떠난 지 1년이 채 되지 않은, 이른바 '직행'으로 한국에 온 3명의 탈북자(D, H, I)는 '시간이 없어 자주 보지는 못하지만 영화는 좋아한다'고 답했다. 다른 이(F, 41세)는 '재미와 휴식을 위해 항상 본다'고 했고 어떤 이(G, 35세)는 '최근의 경향을 따라잡기 위해 영화들을 본다'고 했다. 저예산영화와 상업영화를 변별하여 명명할 정도로 영화에 관한 지식이 높은 참여자도 3명(A, F, G)에 달하였다.

탈북자 영화에 관한 정보를 어느 정도 알고 있는가? 이 질문은 탈북자 재현이라는 문제에 대해 얼마나 관심을 갖고 있으며 탈북자 집단 내에서 영화정보에 대한 공유가 이루어지고 있는지를 알기 위해 주어졌다.

응답

이 질문에 대한 답은 대부분 '잘 모른다'는 것이었다. 개중에는 바디랭귀지로 무관심을 표한 사람도 있었다. 참여자들이 이 질문에 대해 보여준 공통된 반응은, '탈북자들이 그렇게나 많이 영화에 나왔는가? 왜 그러는가?'라고 연구자에게 되묻는 것이었다. 리서치에 참여했던 9명의 탈북자 중에서 두 명을 제외하고는 요 근래 탈북자들이 재현되는 한국영화가 다량으로 양산된 것에 대한 정보를 거의 접하지 못했다고 대답했다. 세 명 정도가 하나원에서 상영되었던 <크로싱>을 기억하고 있었고, 그 중 한 명(F, 41세)은 TV에 방영된 <국경의 남쪽>을 우연히 보게 되었다고 대답했다. 18세의 여성 역시 별다른 정보를 얻지 못하고 극장에서 <무적자>를 보았으며, 영화를 보면서 주인공이 탈북자라는 점을 알게 되었다고 했다.

탈북자 영화를 보고 싶은가? 이 질문은 참여자가 얼마만큼 탈북자가 재현된 영화에 관심과 애착을 느끼느냐에 초점이 맞추어져 있다.

응답

대부분의 사람들이 탈북자 영화에 대한 적극적인 호기심이나 관심을 내보이지 않았다. F(41세)는 "내가 아는 사실인데 그거 보아서 뭐하지 싶고, 아픈 추억 들추어내지 않을까 싶어 별로 보고 싶지 않았다"고 말했는데, 그 자리에 있던 다른 두 사람 역시 그녀의 말에 고개를 끄덕이며 동조했다. 9명의 탈북자 중에서 예외적으로 두 사람 정도가 탈북자 영화에 대해 관심을 두고 있다고 말했는데, 그 중 한 사람은 인권영화에 관심이 많아 탈북자와 관련된 영화를 몇 번 본 적이 있다고 대답한 평양 출신의 여성(G, 35세)이었다. 관심을 보였던 다른 한 사람은 탈북청년의 정착기를 담은 단편영화에서10) 주연을 맡았던 경험이 있는 청년(A, 22세)이었지만, 그가 실제로 본 영화는 <크로싱>이 전부였다.

어떤 영화를 좋아하는가? 이 질문은 영화를 보기에 앞서 참여자들이 갖게 마련인 자연스런 기대를 탐색하고 영화라는 매체가 그들의 욕망이나 삶에 부응하는 방식과 정도를 짐작해보기 위해 주어졌다.

응답

전 집단의 참여자들 모두가 이 질문에 관해 제각기 개인적인 애착을 가지고 있는 영화들에 대해 이야기해 주었다. 초점 집단에서 참여자들 간의 일련의 눈짓 교환이 있었는데, 이것은 이 질문에 대한 특별한 관심이 있음을 보여준다. 그들이 선호한 것은 크게 두 가지 스타일의 영화였다. 그들이 가장 많이 언급했던 것은 '감동 있는 드라마'였다. "영화를 볼 때면 마음이 짠해진다. 더 가까이 있는 것처럼 느껴진다"(F, 41세)고 말하기도 했고, "하나원에서 <맨발의 기봉이>와 <친정엄마>를 보여주었는데, 북에 두고 온 부모들에 대해 생각하며 눈물이 났다. 영화가 끝난 뒤에 탈북자들 거의 다가 눈이 다 팅팅 부어 있었다"(H, 45세)며 구체적인 예를 전해주기도 했다. 한편으로는 스릴러와 액션을 좋아한다고 답하는 경우도 적지 않았다. 주부 집단 중에 CSI 시리즈를 너무 좋아한다면서, 그런 류의 스릴러를 자주 본다고 말하는 사람이 2명(F,

---

10) 탈북 청소년들이 직접 제작에 참여하여 2012년에 만들어진 20분짜리 단편 영화이다.

G)이었고, 젊은이 집단에서는 한 명(E, 18세)이 영화를 좋아하여 1주일에 1~2편을 꼭 보지만 그 중에서 액션 장르를 특히 좋아해서 찾아본다고 답하였다. 1인 감상을 했던 한 청년(A, 22세)은 누구도 돌보지 않지만 혼자서 불의와 싸워 이기는 법정드라마를 좋아한다고 했고, 다른 한 청년(B, 25세)은 신나는 액션영화를 좋아한다고 답했다. 다소 거칠게 정리하자면, 그들이 좋아하는 영화들은 대부분 감동을 주면서도, 주제가 명료하고 내러티브의 전개가 비교적 단선적인 작품들이라고 할 수 있다.

어떤 방법으로 영화를 보는가? 영화에 접근하는 다양한 방법들을 확인하고자 했다.

응답

참여자들 가운데 여러 가지 반응이 있었다. '한 달에 한 번 정도는 극장에서 본다'고 답한 경우는 2명(E, G) 정도였고, 5명은 저렴치 않은 극장 입장료 때문에 TV나 인터넷으로 본다고 답했다. 예외적으로 C(25세)는 "영화를 보는 일에 관심이 없다. 하지만 이런저런 소문은 들은 적이 있다"고 말했다.

2) 1인 감상 및 토크 & 집단 감상 및 토론

두 명의 참여자를 선발하여, 단독으로 영화를 감상하고 영화에 관해 이야기를 나누는 방법을 취하였다. 그 중 한 명의 참여자(A, 22세)는 탈북자 지원 단체에서 신뢰를 얻고 있고 또래 집단에서 리더 역할을 하는 청년이었다. 특히 그는 남들에 비해 매우 빠른 속도로 검정고시에 합격했다는 사실에 자부심을 갖고 있었으며 지금은 아르바이트를 하면서 대학에 들어갈 준비중이라고 자신의 근황을 소개하였다. 그에 비해 다른 한 명(B, 25세)은 신뢰도나 성실성 면에서 상대적으로 인정을 받지 못하고 있는 청년으로, 한국에 온 지 5년이 다 되도록 아직 검정고시를 끝내지 못했다는 것에 대해 무안해하고 있었다. 두 사람 모두 동일한 영화를 감상하고 연구자와 이야기를 나누었다.

한편 2개의 집단을 모집하여 영화를 보고 토론하는 시간을 가졌다. 18세에서 25세까지 이르는 청년 집단과 36세에서 45세에 이르는 주부 집단으로 모집을 하였고, 각각 4명씩이 모집되었다. 두 집단 모두 각기 서로 간의 유대감이 있는 집단이었다. 청년 집단은 종교단체가 제공한 공간에서 함께 검정고시를 준비하거나 대입준비를 하는 친구들 관계이고, 주부 모임은 서로 간의 개별적인 유대관계가 있는 사이이다. 주부 모임 중 정착기간이 제법 긴 두 사람은 비록 사는 곳은 멀어도(잠실/인천) 1달에 한 번씩 서로의 집을 방문하여 이런저런 이야기를 나누는 관계라 했고, 인천에 사는 G(35세)를 제외한 세 사람(F, H, I)은 사는 곳이 가까워(잠실/수서) 평상시에도 서로 오가며 지내고 있었다. 두 개의 모임을 서로 유대관계가 있는 사람들로 모임을 구성한 이유는, 일차적으로는 영화를 보고 난 후의 토론이 보다 자유롭고 원활하게 이루어지도록 하기 위함이었고, 한편으로는 또래 집단끼리의 상호신뢰와 친밀감이 정체성 형성에 미치는 영향에 관심이 있어서였다.

4. 스크린의 이편과 저편

참여자들이 감상한 영화는 <무적자>(송해성, 2010)와 같은 한국형 블록버스터 장르영화와, <무산일기>(박정범, 2010)와 <댄스타운>(전규환, 2010), <두만강>(장률, 2009), <줄탁동시>(김경묵, 2011) 등의 독립영화였다. 독립영화의 비중이 많았던 것은 탈북자의 현실이 비교적 구체적으로 그려진 영화의 많은 수가 독립영화계에서 나오고 있음에 따른 것이다. 그 중에서도 탈북자 표상이라는 점이 문제적으로 부각되고 국내외 영화제 등을 통해 긍정적인 평가를 받았던 4편의 작품들로 압축하였다. 그리고 예외적으로, 비록 탈북과정이나 탈북자 표상이 등장하지는 않지만 탈북의 현상을 초래했다고 짐작됨직한 북한현실을 담은 <겨울나비>(김규민, 2011)를 추가하였다. 이 작품은 탈북자 출신인 감독이 직접 참여한 작품이라는 점에서, 탈북자를 향한 외부의 시선과 내부의 시선이 어떤 차이를 보이는지, 실제와 상상은 어떻게 다르며 그에 대한 탈북자 자신의 반응은 어떤 차이를 유발하는지를 보여줄 것이라는 기대가 있었다.

집단모임의 경우 참여자들은 영화가 시작되면서부터 대화를 주고받았고, 영화 감상이 끝나고 난 뒤에 마련된 토론 시간에는 보다 열띠게 서로의 의견을 교환하였다. 1인 감상의 경우는 영화가 끝나고 난 뒤에 연구자가 인터뷰하는 방식으로 진행되었다. 10명의 참여자들은 영화를 둘러싼 많은 견해와 감상들을 자유롭게 쏟아내었는데, 그들이 보여주었던 반응들 중에서 가장 빈번하면서도 주목할 만한 사항들을 정리해 보자면 다음과 같다.

이것은 사실과 다르다

참여자들이 가장 주목했던 부분은 재현의 사실성 여부였다. 사실과 닮았는지 그렇지 않은지에 많은 관심이 집중되었는데, 이 점은 세대와 성별의 차이를 넘어 공통적으로 나타난 반응이었다. 그들이 빈번하게 했던 말은 '사실과 다르다'는 것이었다. 말투에 대한 지적은 매 영화마다 어김없이 등장했는데, 탈북자를 연기하는 배우들이 너무 현실감이 떨어지는 사투리를 쓴다는 것이 비판의 요지였다. 북한 사람이[11] 연변말을 사용한다든가 연변말도 북한말도 이도저도 아닌 말을 사용한다는 비판이 영화 감상 때마다 변함없이 쏟아졌다. 예외적으로 <무산일기>의 한 조연 남성의 경우에만 '저게 바로 북한 말투다'라는 반응을 보였다.

묘사의 사실성 역시 늘 지적되곤 하였는데, 의상을 비롯하여 세트나 소품들과 같은 미장센의 요소에 민감하게 반응하였다. <무산일기>의 주인공에 대해서 "머리를 저렇게 안 해. 북한 사람은 바가지 머리를 안 하잖아" 라며 가장 많은 불만이 쏟아졌다. 등장인물들의 행동 방식에 대해서도 마찬가지였는데, 특히 국가기관이나 기관종사자를 묘사하는 부분에서는 사실과 다르다는 지적이 공통적으로 제기되었다. 이를테면 주부모임에서는 <댄스타운>에서의 국정원과 그 직원들에 대한 묘사를 보고 많은 지적이 나왔다. "이상하다, 저렇게 이야기 안 했는데."(G, 35세) "국정원 사람이 너무 딱딱하다. 실제로는 그렇지 않은데…."(I, 38세) "무척 친절하던데, 저렇게 하면 내가 뭐라 말도 못했을 거다."(H, 45세) "국정원에 있을 때 머리도 해주고 백화점도 데려다주고 했는데…참 잘해주었다."(F, 41세)

청년모임에서도 비슷한 반응이 나왔다. 이를테면 <무적자>에서 주인공이 국정원에서 심문받는 장면에서 마찬가지로 사실성 부족이 지적되었다. "저게 국정원이야? 국정원이면 한국 넘어온 거잖아. 근데 왜 저래?

---

11) 참여자들은 북한에 거주하는 사람이나 탈북자 모두를 가리켜 '북한 사람'이라는 말로 표현하곤 하였다.

국정원 아닌 것 같은 느낌이야."(C, 25세) "저건 고문이잖아."(D, 20세) "국정원에서 저렇게 심하게 안 한다."(E, 18세) "북한에서 암만 죄를 많이 지은 살인범이라 하더라도 (국정원에서는) 이렇게는 안 당한다."(D, 20세) "너무 심한 것 아냐."(C, 25세) "국정원도 다 후지게 나와."(E, 18세) 이에 대해 함께 토론에 참석했던 남한 여대생이 "옛날 이야기라서 그런 게 아닐까"라고 거들자 "옛날에도 저 정도는 아니었어"라고 E(18세)는 답하였다. "건물도 최신 건물이었는데 너무 낡게 나와."(D, 20세) 영화 속에서 국정원 직원이 심문조로 탈북자를 대한다거나 건물이며 분위기가 너무 어둡게 그려지고 있는 것은 실제 사실과 너무 다른 묘사라는 점에 참여자들 모두가 같은 의견을 보였다.

　사실성 문제를 비교하기 위하여 탈북자가 직접 감독으로 참여한 영화를 감상하게 했지만 이 경우도 예외는 아니었다. <겨울나비>(김규민, 2011)의 경우 북한 사람의 실상을 그런대로 잘 알고 있는 사람이 만든 것 같다면서 어느 정도의 사실성을 인정하긴 했지만, 이 역시도 세밀한 디테일의 측면에 있어서는 비판에서 자유롭지 않았다. 북한의 어느 농촌지역을 배경으로 하고 있음에도 불구하고 주인공들이 남한말을 사용하고 있다든가, 등장인물들이 쓰는 소소한 단어들이 북한에서는 전혀 사용되지 않는 것이라는 지적이 이어졌다.[12] 북한의 농촌 지역을 배경으로 한 이 영화에는 산에서 나무를 해오는 사람들을 감시하는 북한 군인이 등장하는데, 그것을 본 탈북자들 모두가 현실성 부족을 지적했다. 산에서 사람들이 나무 해오는 것을 감시하는 것은 군인이 아니라 산림원 직원의 몫이고, 그들은 유니폼을 입지 않고

---

12) '감사하다'라는 말이나 일련의 욕설을 북한 사람들은 전혀 사용하지 않는다는 지적이 그런 것이다.

일상복에 완장을 차고 다닌다는 것이었다. 또한 산림원들은 나무하러 다니는 사람들을 심하게 다루지 않을 뿐더러, 잔혹하게 일반인들을 다루는 영화 속 군인들의 태도와는 달리 '군인들이 우리한테 반말하고, 또 평민들보다 잘 먹는 것은 맞다. 그러나 저렇게 욕하고 때리지는 않는다. 저건 사실이 아니다'라는 D(20세)의 말에 나머지 두 사람도 고개를 끄덕이며 동조했다. "우리 오빠가 나무 해다가 팔고 해서 잘 안다"라고 E(18세)는 덧붙였는데, 이처럼 자신의 경험에 근거하여 사실성 부족을 지적하는 경우가 드물지 않았다.

'사실성이 부족하다'는 지적은 곧바로 '영화에 공감하지 못하겠다'는 불만으로 이어졌다. 일반적으로 영화의 동일시 효과는 실제적인 사실 자체와의 근사성보다는 개연성이나 디제시스적인 핍진성 여부에 의존하고 있지만, 탈북자들은 그와는 다르게 실제 현실과의 유사함 내지 차이에 주목했고, 그러한 사실성이 제대로 만족되지 않는다는 이유로 어떤 탈북자 영화에도 동일시의 감정을 쉽게 느끼지 못했다. 그 점에서는 청년집단과 주부집단이 크게 다르지 않았다. 사실성을 따져 묻고 그에 근거하여 영화를 비판한다는 점에서는 연령이나 성비가 문제되지 않았다고 할 수 있다. 오히려 그들의 불만은 영화가 취하고 있는 스타일이 사실주의적일수록 더 크게 유발되었다. <무산자>처럼 장르적 문법이 전면화된 한국형 블록버스터 영화보다는 탈북자의 현실상을 강조한 독립영화들에서 사실성에 대한 비판이 보다 강하게 불거져 나왔기 때문이다. 매순간 자신의 경험을 언급하며 사실성 여부를 따져 물었고, 어김없이 영화에 불만을 표하였다.

그들은 우리가 아니다

영화 속의 인물들에 대해서는 어느 한 개인 탈북자에 관한 이야기로 독해하기보다는 늘 탈북자 전체 내지 대표의 표상으로서 읽어내려 한다는 점에서 9명의 참여자 모두가 동일한 태도를 보여주었다. <두만강>을 제외한 대부분의 작품들에서 영화 속의 표상이 '탈북자'의 삶 일반과 너무 다르다는 비판이 이어졌다. 특히 <무산일기>나 <댄스타운>, <줄탁동시>를 본 이후 그들은 한목소리로 극중 인물의 외양과 태도를 지적했다. 이를테면 <무산일기> 주인공의 긴 머리를 보며 "'북한 사람'은 저렇게 머리하고 다니는 사람이 없다"(A, 22세)라고도 했고, "북한에서는 거지들이나 저렇게 하고 다닐까"(F, 41세)라는 말도 나왔다. 국내외의 평단에서 뜨거운 호평을 이끌어 내었던 <무산일기>와 <줄탁동시>는 가장 거세게 불만이 일었던 작품이었는데, 그 중에서도 극중 인물의 태도에 비판이 집중되었다. '답답하다'는 말이 가장 많이 나왔으며, "그런 사람도 있겠지만, 난 아직 보지 못했다"(A, 22세)라든가 "저렇게 적응을 못 하는 사람이 있을 수는 있는데 대부분은 그렇지 않다"(C, 25세)는 말이 참여자들 간에 조금씩 표현을 달리하면서 반복적으로 나왔다. "한국사람 열에 아홉이 우리를 긍정적으로 보는데, 저기서는 너무 한다. 우리와 다르다."(H, 45세) "난 여의도에서 공원에 의자 수백 개를 놓는 알바를 하고 있지만, 그래도 사람들은 나를 괄시하지 않는다. 북한 사람이라고 하면 더 따뜻하게 해주고, 밥 많이 먹어야 키크지, 라면서 걱정도 해준다."(A, 22세) "맨날 난 PC방 가고 검정고시도 떨어지고 목사님한테 혼나기도 하지만, 저 정도는 아니다. 그렇게 괄시 받은 적 없다. 그리고 난 안 참는다."(B, 25세) "주인공이 너무 많이 참는다. 너무 답답하고 짜증나서 분노가 올라갔다"(E, 18세)는 반응이 잇따랐다. 개인이 아니라 우리를 강조하는 점에 있어서는 성별이나 연령의 차이가 없었다.

요컨대 대부분의 탈북자들이 이구동성으로 했던 말은 주인공들이 '탈북자 일반과 다르다는 것이었다.[13] 저런 '누군가'가 있을 수도 있겠지만 '우리'가 그렇다고 말하기는 어렵다는 것이다. '우리네는 저렇게 안 한다'거나 '우리 얘기가 아니라 우리와 다른 얘기를 한다'는 말이 참여자들 간에 되풀이되었다. "북한 사람을 너무 나쁜 사람으로 모는 것 같아"(D, 20세) "한국사람의 평민수준도 그렇지 않나. 굳이 북한일 필요도 없다. 한국 사람도 저런 사람 많다."(C, 25세) "한국사람 이야기에 북한을 뒤집어씌운 것 같다."(D, 20세) "그래, 북한을 얹었다."(E, 18세) "친구와의 갈등을 해결하려 하지 않고 피하는 게 납득이 안 된다. 북한 사람들이 아무리 힘들어도 난 매맞는 건 못 봤다."(A, 22세) "너무 착하면 자기가 손해를 봐. 차라리 주인공의 친구가 더 북한 사람 같다."(B, 25세) 탈북자 주인공에게 남한 사람들이 폭행을 가하는 장면에서는 도저히 믿을 수 없다는 듯이, "한국에 저런 사람들 있어요?"(C, 25세)라며 연구자에게 되물어오기도 했다.

사실성 문제와 마찬가지로, 영화의 주인공이 탈북자 일반과 다르다는 말 뒤에는 어김없이 영화에 전혀 공감을 하지 못하겠고 따라서 감동이 없다는 공통적인 반응이 이어졌다. "주인공을 너무 어리숙하게 만들었다… 저런 사람도 있지만 너무 그렇게 한 것 같다."(A, 22세) "납득이 안 된다. 저 사람이 살아가는 걸 보면 너무 답답하다. 내 기준으로 봤을 땐 그렇다."(C, 25세) "너무 참기만 하니까 보기가 싫다. 감동이 안 와 닿는다."(G, 35세) "눈물이 나올 걸 각오하고 봤지만, 어째 마음이 짠하진 않았다."(I, 38세) "불쌍한 게 와 닿아야 하는데 불쌍하지가 않다."(H, 45세) "실감이 없습다. (영화를 보면) 나하고 대비를 한단 말입니다. 근데 (남쪽으로도) 너무 헐하게

---

13) 그들은 자주 '탈북자'를 '북한 사람'이라는 호칭으로 바꾸어 불렀다.

오고"(I, 41세) "영화니까 시시콜콜히 다 말할 수는 없을 거다. 그래도 저건 아니다."(F, 41세)

그에 대한 이견도 없지 않았다. 예외적으로 간혹 주인공과 유사한 사람을 본 적이 있다고 말하는 참여자도 있었다. 이른바 '직행'으로 한국에 온 D(20세)가 그랬는데 그녀는 "진짜 저렇게 착한 사람을 난 본 적이 있다. 40명이 직행으로 왔는데, 그 중에 너무 착해서 싫은 소리 한 마디 못하고… 그러고 보니 그 사람도 무산사람인 것 같다. 28살이었나, 한국 와서도 똑같이 그렇게 착하더라"라고 말하기도 했고, "나는 아직 대안학교에 있어서 잘 모르지만, 암만 내가 똑똑하고 그래도 저럴 수밖에 없을 것이다. 저런 생활을 겪을 수밖에 없을 것이다"라면서 미래가 불투명한 탈북자들의 현실과 연결시켜 텍스트를 이해하려는 모습을 보이기도 했다. 그러나 "지금 한국사회에서 탈북자들에 대한 안 좋은 인식을 심어주고 있다"(C, 25세)는 친구의 말에 대하여 그녀 역시도 "맞다. 한 사람의 생활이 그러하지 북한 사람이 다 그런 것이 아니다"라거나 "한국 사람이 보면 북한 사람이 다 그럴 거라고 생각할 거 같다"면서 우려를 표시했다.

대자본과 스타배우로 제작된 <무적자> 역시도 비판을 피해갈 수 없었다. 미남 스타배우 3명이 탈북자 출신으로 등장하지만, 그들의 남성다움과 의리, 액션에는 의외로 큰 관심을 보이지 않았다. 대신 주인공인 주진모와 송승헌이 마약관련 사업에 연루되어 있다는 사실에 민감하게 반응했다. "북한 사람을 너무 나쁜 사람들로 몰아가는 것 같아. 깡패로 몰아넣었어. 북쪽에서 온 사람들은 다 마약하는 줄 알겠어."(D, 20세) "뭐야, 나도 마약장사 해야 하는 거야?"(C, 25세) "북한에서 실제로 마약장사를 많이 해요 중국에도 마약 팔고 미국으로도 수출하고…그렇지만 이 영화보면 북한 사람이 다 범죄자인 줄 알겠어요.”(A, 22세) “근데 한국사람들이 이거 보고 뭐라는 줄 알아? 아 재밌다, 그래.”(E, 18세)

캐릭터의 대표성과 현실성을 부분적으로는 인정하면서도, 그것이 오늘날의 현실을 반영하지 못하고 과거에 머무르고 있다는 지적 또한 있었다. “극중의 캐릭터들이 10년 전의 캐릭터에 국한되어 있다는 것을 느낀다. 현재의 캐릭터, 21세기의 캐릭터들이 아니다”(G, 35세)라거나 “실생활을 캐치하지 못하는 거다. 지금 이야기를 많이 해주고 탈북자들의 일상도 이렇게 달라진다는 것도 이야기했으면 좋겠는데 그게 없다”(F, 41세)는 말이 나오기도 했다. 탈북자 감독이 만든 <겨울나비> 역시도, 영화 안에는 구체적인 시간대가 명시되어 있지 않지만, 1997년 제1차 고난의 행군 때를 배경으로 하고 있음이 지적되었다. 당시를 경험했던 주부모임에서는 장마당의 풍경이나 물건가격, 인육 모티프 등에서 단서를 찾아 영화의 내용이 이미 오래 전의 모습이라고 이야기했고 젊은이 그룹에서도 그러한 지적이 나왔다. “고난의 행군 때는 그랬지만 지금은 많이 달라졌다. 화폐개혁도 거치면서 북한 사람들도 면역이 돼서 저 정도는 아니다”(F, 41세)라든가 “왜 요즘의 모습은 보여주지 않을까. 탈북자들의 일상이 변화하고 있다는 것도 보여주었으면 좋겠는데”(G, 35세)라는 반응이 있었고, “남한 사람이 보면 북한이 아직도 이러는 줄 알겠다”(C, 25세)는 우려의 말이 나오기도 했다. 이러한 말들은 미디어를 통한 재현이 탈북자의 스테레오타입을 형성하는 데 있어서 매우 중요한 역할을 한다는 것을 그들 자신도 의식하고 있음을 보여준다. 탈북자 관객은 스크린 위의 자신들의 이미지가 탈북자의 현실을 반영하지 않으며 오히려 탈북자에 관한 남한 사람들의 기존의 인식을 반영하고 있다는 사실을 의식하고 있었다. 이러한 점은 요즘의 탈북자 영화들이 급변하는 탈북자의 위상을 수용하지 못하고 여전히 과거의 시선에서 벗어나지 못한 추상적인 틀에 머무르고 있으며 탈북자의 새로운 정체성 형성이 지금의 대중미디어를 통해서는 제대로 이루어지지 않고 있음을 말해준다.

국경을 왜, 어떻게 넘었는가?

참여자들이 보인 또 다른 인상적인 반응 중의 하나 탈북자들이 목숨을 걸고 견뎌냈던 험난한 역정들이 구체적으로 드러나지 않는 것에 대한 불만이었다. 이를테면 <댄스타운>이나 <무적자>, <무산일기>의 초반부부터 탈북동기와 과정의 재현 부재를 둘러싼 비판이 쏟아졌다. 이 점 역시도 청년모임이나 주부모임이 크게 다르지 않았다. 그 구체적인 예로 <댄스타운>을 둘러싼 주부모임의 반응을 인용해보자. 아래는 <댄스타운>이 시작된 지 30분 정도가 경과되었을 때 그들 간에 오간 대화의 일부이다. 조금 길지만 대화 중 일부를 그대로 옮겨놓았고, 사투리는 가능한 한 그대로 살리고자 했다.

> "스토리가 탄탄하지 못한 건만은 사실이다. 탈북자 영화를 다루려면 일단은 탈북하게 된 동기가 나와야 하는데…탈북자들이 강을 건널 때 그 심경이라든가 그렇게 된 거를 제대로 표현을 해줘야지. 우리가 얼마나 힘들게 왔기 때문에 또 어떻게 살아야 된다는 얘기가 나올텐데."(G, 35세)
>
> "엉, 짧게라도." (F, 41세)
>
> "맞아."(H, 45세)
>
> "탁 영화를 보는 순간에 어딘가 모르게 북한영화라는 맛이 안 나고…그 다음

번에 듬성듬성 다 떼먹고…(다들 웃음)…우리가 이렇게 올 때 정말 가슴을 조이고 잉, ("맞아요 그런 게 나와야 돼"[G, 35세]) 그러한 답답함을 실감있게, 야, 나도 저렇지 나도 저렇게 왔는데, 아, 내가 앞으로 더 잘 살아야 되겠다 하는 회상이라도 있구 이래야 되겠는데…이거는요 잉, 너무 쉽게 왔어요. 쉽게 또 국정원에서 나오구요. 봉사자분이 이까지 왔을 때도 너무 헐하게요, 잉. 그러니까 우리네 뜩 보는 게, 우리네는 저렇지 않았는데 어, 우리하고 다르다, 이런 감이 쓱 듭니다."(I, 38세)

"아냐 맞아요. 우리가 느끼기에도 우리 얘기를 하는 것 같지 않고 그냥 우리가 다른 사람 얘기를 하는 것 같은 느낌."(G, 35세)

"맞아."(H, 45세)

"우리가 안 그래도 다 같은 경험을 했는데 우리 얘기가 아니니까."(F, 41세)

"실감 있고 영화를 보면 쨍해야 되겠는데 쨍하지 않아요."(H, 45세)

"저렇게 너무 쉬웠나? 탈북이?"(F, 41세)

"응, 이 여자 가방 보라, 저 가방 북쪽에서 와 그대로 가져 간 기야, 잉?"(I, 38세)

"그건 그럴 수 있지."(F, 41세)

"근데 국정원이나 하나원 가방이 없잖아요."(G, 35세)

"사흘 오면 가방이 좀 찢어지고 그런 게 있어야 되는데…너무 쉽게 온 기야. 비행기를 타고 온 것처럼 여권 내 가지고 이제 보니 북한 가방이구나. 우리네 도 쉽게 왔다 하지만 가방이 다 팔이 째개지고 그랬는데요."(I, 38세)

"세세한 그런 것을 지목을 못하고 그냥 구체적으로 안 나오니까."(F, 41세)

"저 여자 차림새를 보시오~잉. 치마라 입구이, 북한의 옷 스타일이가 아니구 요, 잉."(I, 38세)

"근데 이런 게 있어. 북에서 직행인 사람들과 중국에서 몇 년 살다가 온 사람들도 딱 보면 스타일이 다르지. 옷 같은 뭐 이런 거, 중국에 있을 때 어차피 한국의 문화라든가 그런 걸 TV를 통해 많이 접해가지고 들어오니까."(F, 41세)

"이 여자 이 동복은 계속 북한에서 입고 있던 거지."(G, 35세)

"옷이 새커맣지도 않다, 잉? 고대로~ 언제 이걸 다."(I, 38세)

"아니, 북한에서는 때묻었지만 여기 와서는 다 말끔하게 그렇게…."(H, 45세)

"그러니까 우리더러 그렇게 생각하는 기고, 북한에서 때가 묻은 기를 좀 진실하고 생동감 있게 그려야 할 것 아닌가."(F, 41세)

사실상 '탈북자 영화'라 범주화되는 작품들 중에는 <크로싱>이나 <경계>, <태풍>처럼 탈북의 과정을 구체적으로 재현한 영화들이 존재한다. 그러나 참여자들에게 제공된 영화들은 탈북의 과정 자체를 생략하거나 은유적으로 표상한 작품이 대부분이었다. 탈북경험의 직접적 표상은 없지만 그 대신 엄청난 고생과 위험을 겪으며 유랑을 거듭하던 탈북의 경험들을 우회적으로 환기시킨다거나 남한에서도 여전히 안착하지 못하고 부유하는 삶, 불안정한 정체성들을 보여주는 영화라 할 수 있다.

그러나 참여자들의 거의 대부분이 이러한 은유적 내지 우회적인 표현을 이해하기보다는 탈북과정의 직접적인 묘사가 누락된 것에 대해 비판적으로 반응했다. 남한으로 들어오기까지의 절박한 경험들이 부재한 이유는 무엇이며, 목숨을 걸고 그러한 여정을 감행한 사연을 설득력 있게 제시하지 않은 까닭은 무엇이냐고 연구자에게 되묻기도 했다. 두만강에서 중국땅으로, 버마로, 태국으로 이어지는 1만 km에 달하는 험하고 고된 여정들이야말로 가장 중요한 경험들인데, 그러한 부분을 생략시킨 영화를 과연 '탈북자 영화라 이름붙일 수 있는가 하는 것이 그들의 요지였다. 이에 대해 연구자는 국내를 배경으로 하는 영화들의 대부분이 해외 로케이션은 엄두도 못 낼 초저예산으로 제작된 영화이기 때문일 것이라는 설명을 덧붙였지만 그들은 북한을 떠나 남한에 들어오기까지의 경험이야말로 탈북자를 이해하는 데에 가장 긴요한 것임을 강조하면서 이 경험이 제시되지 않으면 제대로 된 탈북자 영화라고 볼 수 없다고 말했다.

탈북과정이 재현되지 않은 것에 관한 불만의 토로는 자연스럽게, 자신들이 중국에서 받은 고통이 어떤 것이었는지, 여하한 과정을 거치며 죽음을 각오하는 한국행을 감행했는지에 관한 이야기들로 이어졌다. 가령 이런 것이었다. "중국에서 우리는 '3등 국민'도 못 되었고 아예 아무 것도 없이 살았다."(G, 35세) "죽지 않으려고 아무나 만나 살았다. '직행'하고는 또 다르다. 장애인하고도 살았고 애까지 낳고 살다가 애를 버리다시피 하고 여기에 왔다. 공안에게 늘 쫓기고 중국에서의 7년은 거의 지옥이었다. 조선족의 칼에 맞기도 하고…그런 정신적 상처가 오늘까지도 남아 있다."(41세) 젊은이 그룹도 매한가지였다. "중국에서의 생활은 결국 '감방생활'이었"(A, 22세)고 "북한 사람이라는 생각을 처음으로 했던 곳이 중국이었다"(C, 25세)고 했다. 국가의 보호를 받지 못하는 삶이 얼마나 큰 고통인지를 중국에서 새삼 실감하게 되었다는 점에서 의견의 일치를 보였다. 그리고 그 월경의 고된 경험은 한편으로는 트라우마이기도 하지만 한편으로는 일종의 자부심으로 자리잡고 있는 듯했다. "한국사회는 좁고 답답하다. 우리가 겪은 게 많다 보니까. 여기 와서는 그런 게 있다. 나는 겪을 걸 다 겪었으니까, 뭐가 와도 두렵지 않다. 이건 자만심이겠지만…그래도 이 사회가 답답하고 한심하다고 느껴질 때가 좀 있다."(G, 35세) F(41세)처럼 브로커를 통하지 않고 남한까지 온 경우에는 더 큰 자부심이 자리하고 있었다. 청년들 역시도 고아 신세로 중국 땅에서 긴 세월을 홀로 버텨내었던 경험을 했다는 것과 목숨을 건 국경 넘기를 견디어 내었다는 자부심이 대화 도중에 표출되었다. 과거의 경험에 비한다면 남한에서의 정착에서 겪는 고통 정도는 그다지 비중있게 다가오지 않는 듯했다. 중국에서의 고통의 삶에 대한 기억, 한국행을 결심하고 국경을 넘던 경험이 이들에게는 탈북자의 자기정체성에 가장 중요한 보고라고 인식되고 있다고 할 수 있다.

탈북자는 정체성의 경계를 넘어선 사람들이다. 새로이 정착한 사회에서는 어떤 방식으로든 정체성의 재형성 과정을 거쳐야 하는데, 이러한 과정에서 요긴한 것이 서사이다. 자기의식을 갖는다는 것은 부단히 자신의 삶과 경험에 의미를 찾는 것을 의미하며, 그러한 의미찾기를 위해서는 끊임없이 이야기를 만들지 않으면 안 된다. 그것이 곧 정체성 구성에 있어서 서사행위가 갖는 중요성일 터인데, 마이너리티의 경우는 이러한 자기 서사 만들기가 보다 절실한 과제일 것이다. 탈북자들의 자기 서사에서 빠져서는 안 된다고 생각하는 것이 바로 이러한 탈출경험과 기억인 듯하다. 영상문화를 통해 제공되는 문화적 기억이나 새로운 문화적 내러티브가 디아스포라의 자기 이해와 정체성 형성에 기여할 수 있다는 연구가 있지만,[14] 이는 자신의 경험이나 역사가 적절하게 다뤄지고 있다고 디아스포라 스스로가 판단하고 있을 때에나 가능한 일이다. 텍스트가 자신의 구체적인 경험과 동떨어

---

14) 그 뚜렷한 사례로, 런던 사우스올(Southall)의 남아시아 디아스포라 내부에서 어떻게 TV와 비디오가 문화적 전통을 재창조하는 데 사용되고 있는지를 다룬 Gillespie의 연구가 있다. Marie Gillespie, *Television, ethnicity and cultural change* (New York: Routledge, 2002).

지고 있다고 생각한다면 동일시라든지 관객과 텍스트 간의 유의미한 교류 (intercourse)가 제대로 이루어지기 어렵다. 그런 점에서 지금의 '탈북자 영화'가 탈북자들의 정체성 형성에 직접적으로 기여한다고 말하기는 힘들 듯하다.

우리는 조선족도 게이도 아니다

<댄스타운>에서 여주인공이 중국에서 출발하는 배편으로 인천에 도착했을 때, 혹은 <두만강>이나 <줄탁동시>처럼 조선족이 등장하거나 탈북자가 연변 말투를 쓸 때, 대부분의 참여자들은 타국에서의 자신의 경험과 연관된 이런저런 사연들을 이야기하곤 했다. 그 이야기의 대부분은 중국에서 경험했던 조선족과의 안 좋았던 기억들과 조선족의 부정적인 측면들이었다. 때론 한족과 비교를 하기도 하고 때론 화교들의 태도와도 비교하고 혹은 중국 내 한국인들과의 차이에 대해서도 이야기했지만, 그 대부분은 부정적인 것들이었다. "근데 중국 사람들은 완전 눈에 똥달이 껴있기 때문에 안 돼."(I, 38세) "그래 북한 사람이 어디 있는가 하고 눈에 쌍심지를 켜고"(F, 41세) "북한 사람들 신고하면 포상금이 나오니까."(G, 35세) "특히 조선족이 그렇다. 한족들은 딱 입 다문다.15)"(F, 41세) "화교들은 왔다갔다 할 수 있으니까…화교나 북한 사람이나 중국 국적이 없기는 마찬가지인데, 그 아이들은 같은 처지면서도 우리를 멸시했다."(I, 38세) "중국교포들이 좋은 분도 있지만, 싸움하거나 감정이 나쁘면 경찰에 신고해서 항상 위험성을 느끼며 살았다. 그러니 늘 경계를 하면서 멀리 해야 했다."(H, 45세) "조선족

---

15) 조선족과는 달리 한족들은 탈북자들을 그렇게까지 감시하거나 신고하지 않는다는 의미이다.

중에서 좋은 사람? 글쎄 노인들은 북한전쟁을 거쳐서 그런지 마음이 따뜻한 분이 있지만 젊은 사람들 중에서는 그런 사람 한 명도 못 봤다."(A, 22세) "엄마가 조선족과 결혼해 살고 있었는데, 옆집 사람이 신고하는 바람에 오빠랑 나는 엄마랑 헤어지고 고아원에서 갇혀 살아야 했다."(E, 18세) "(중국에 있을 때) 북쪽에서는 상상도 못하게 내 집과 땅이 있어서 좋았지만, 옆집에서 신고할까봐 밤에는 집에서 자질 못했다. 늘 혼자 사는 노인집들 이집 저집 옮겨 다니며 잠을 잤다."(F, 41세)

　<줄탁동시>에서 탈북자, 조선족, 게이라는 세 명의 주인공이 등장할 때는, 자신들이 조선족과 동일하게 받아들여지는 것에 대해 거부감을 표했으며, 오히려 조선족보다 우위에 있음을 강조했다. 단지 돈을 벌기 위해 온 조선족과 생사의 경계를 넘어 이곳까지 온 탈북자는 아무리 같은 민족이라 하더라도 서로 다르며, 남한 사람들이 자신들을 대할 때에도 조선족이라고 할 때보다는 북한 사람이라고 밝힐 때 더 반응이 좋아진다는 것이었다. 여타의 마이너리티보다 탈북자는 우위에 있다는 의식, 조선족을 비롯한 이주노동자와 자신을 동궤로 여기는 것은 부당하다는 생각이 다양한 말들을 통해 표현되었다. "남한 사람한테 조선족이라고 말하는 것보담은 탈북자라고 말하면 대접이 더 좋아요."(B, 25세) "당연히 탈북자들이 조선족보다는 나은 위치에 있지 않은가. 당당하게 신분증을 가지고 있지 않은가 말이다. 한국국민으로 신분증 갖고 있고 언어가 통하고 그러니까 중국교포보다는 낫다."(A, 22세) "난 조선족보다 탈북자가 높다고 생각해요."(I, 38세) "나도 우리가 높다고 생각해요."(H, 45세) "확실히 나아지고 있어요. 내가 2004년에 왔을 때하고, 탈북자에 대한 인식이 달라지고 있어요."(F, 41세) 자신은 타 이주자들과는 달리 하나의 동포라는 것, 자신들에게는 조선족이나 이주

노동자들이 갖지 못한 신분증이 있다는 것, 이것이 곧 한국인임을 증명하는 신분증이라는 것이다. 그리고 돈만 아는 조선족과는 달리 탈북자는 의지의 사람이라는 자부심과 함께 스스로를 비장한 존재로 만들어 줄 아픔의 사연과 기억을 갖고 있었다. "우리는 중국교포나 동남아 노동자보다 당당하다. 물론 답답하고 고향에 마음대로 가보지도 못하고 하는 우리에 비해 그 사람들은 지지리 못살아도 고향에 돈도 편지도 보낼 수 있다. 우리는 돈도 편지도 못 보내는 아픔이 있다. 베트남 수교 20주년이라고들 하는 걸 봤는데 우리는 국가 간의 수교도 없고, 고향에 갈 수도 없고 오도가도 못 한다는 생각을 하면 마음이 아프다."(G, 35세) 그리고 미래를 앞서 가는 사람이 될 것이라는 믿음 또한 존재했다. "부모 형제 버리고 왔지만, 언제든지 통일이 된다면 무조건 고향에 가서 보란 듯이 친구 부모 만나 한국을 알려주고 싶다."(F, 41세)

요컨대 이러한 반응은 난민이나 이 사회의 불우한 타자 일반으로 자신이 표상되는 것에 대한 강한 거부감으로 요약될 수 있을 듯하다. 사실상 지금 남한영화에서 이루어지고 있는 탈북자 표상은 이데올로기적 호명 방식으로부터 점차로 자유로워지고 있으며, 국민국가의 내부에서 소속감을 찾던 과거의 틀로부터 벗어나 보다 유연한 방향으로 변화되어 가고 있는 중이다. 탈북자는 외부적 타자일 뿐만 아니라 국민국가가 지닌 단일문화적 염원에 부응하지 못하는 수많은 내부적 타자의 대표자일 뿐이다. 긍정적으로 보자면 탈북자는 이제 우리의 정체성이 민족국가 건설의 도구로써 존재할 수 없으며, 어떤 동질적 감성을 형성하려는 동화주의적 틀로서는 포착될 수 없는 존재임을 간접적으로 증명하는 타자로 기능하고 있다고 할 수 있다. 그러나 관객으로서의 탈북자는 이러한 타자로서 자신이 표상되는 것에 대해 강한 불만을 표시했으며, 하나의 개인으로서 형상화되기보다는 공동체에 근거한 좀 더 단일한 존재로 규정되고 그에 덧붙여 긍정적인 전형성을 요구하는 듯이 보인다. 그들은 공동체의 이념에 기대지 않고 자신의 개인적 윤리를 찾아가는 일이 익숙하지 않으며 심지어는 어떤 불안함을 수반하고 있다고도 읽혀지는데, 이러한 불안감이 오히려 더욱 명료하고 단일한 정체적 일체감을 요구하는 방식으로 표현되고 있다고 말할 수 있겠다.

이건 탈북자 영화가 아니다. 우리의 이야기라면…

위에서 살펴본 것처럼 탈북자가 재현되는 영화들에 대해 대부분의 탈북자 관객들은 불만과 불신을 표하였지만 명료한 메시지의 부재도 불만 사항 중 하나였다. "이 영화가 도대체 뭘 보여주자는 건지 모르겠다."(F, 41세) "딱히 뭐라 말할 수 있는 게 없다."(A, 22세) "내용을 뭘 전달하려는지 모르겠다. 마지막 끝장면도 결국 강아지 죽는 걸로 끝나고"(B, 25세) "감동도 깨달음도 없는 영화다."(C, 25세) "결말이 불투명하다."(D, 20세) "끝말이 깔끔하지가 않아."(I, 38세) "북한영화는 그런 게 다 나와 있다. 근데 한국영화는 그렇지 않다."(H, 45세) "너무 북한 실정하고 너무 동떨어진, 뭔가가 자꾸만 멀어지게 하는 거가 있다."(I, 38세) "난 이렇게 우울한 것은 진짜 보고 싶지 않아요."(E, 18세) "앞으로 탈북자에 관한 영화가 이렇게 만들어진다면 탈북자들한테는 호응을 받지 못할 거 같아요. 남한 사람들은 호기심 때문에 보려고는 하겠지만서두."(G, 35세)

여기에서 흥미로운 것은, 재현된 내용 못지않게 재현의 방식도 문제가 된다는 점이다. 미래를 향한 긍정적인 지향점이자 전망만큼이나 탈북자들이 원하는 것은 자기 완결적인 서사의 안정감이었다. 이야기하는 바가 분명한 북한영화와는 달리 한국영화는 명료한 메시지가 없다는 비판이 왕왕 제기되었는데, 이는 북한의 영화들이 으레 보여주기 마련인 명백한 정치성이나 이데올로기적 의도를 가진 영화에 익숙해 있는 탓도 있을 것이다. 젊은이 모임보다 주부 모임에서 영화의 메시지 부족에 대한 불만이 좀 더 강하게 표출되었다는 점은 그러한 사실을 뒷받침해준다.

명료하거나 단선적인 내러티브를 취하지 않는 독립영화의 경우에 영화의 내용과 형식에 대한 불만이 거세게 표출되었지만, 주류 상업영화인 <무적자>의 경우도 정도만 달랐을 뿐 반응이 크게 다르지는 않았다. "이 영화 악플이 디게 많았겠다."(G, 35세) "영화 갈 길이 도저히 안 맞는다. 무슨 길로 가는지 모르겠다."(D, 20세) "한 주제로 나가야 하는데 주제가 다 달라."(E, 18세) "북한영화와 형식이 달라도 불편하지는 않았다. 그렇지만 한국분들이 북한에 가서 생활 구석구석을 봤으면 좋겠다. 오늘 본 영화에는 그런 것들이 없다. 생지옥이라는 것을 느껴봤으면 좋겠다. 상상도 못할 일일 거다."(H, 45세) "좀 더 업그레이드시켰으면 좋겠다. 잘 정착하는 사람도 있는데, 다 합쳐서 업그레이드해서 긍정적으로 보여주었으면."(D, 20세) "북에서 체험 못해 봤으니까 아쉽다. 체험해보면 요소요소가 들어올 테니까. 그런 체험을 넣어 영화를 만들면 더 좋지 않을까."(H, 45세) "가장 힘들었던 기억들을 이야기로 남기고 싶다. 그래서 남한의 아이들에게 들려주고 싶다."(C, 25세) "감독님한테 말하고 싶다. 최저하층의 생활을 한다고 하더라도 성공해 본 분도 주위에 많다. 석사, 박사 과정 마치고 연구기관에 일하는 사람도 우리 동네에 산다. 그런 것도 동영상 만들어주면 우리도 그만큼 배우고 선배들 가는 길 따라 우리도 걷자, 이런 마음먹지 않겠느

냐."(F, 41세)

그렇다면 탈북자가 주로 등장하는 TV 프로그램은 어떠한가. 대선정국이 본격화된 이후부터 TV와 일간지의 지면을 빈번하게 채우고 있는 것이 탈북자이다. <기분좋은 날>(mbc)이나 <여유만만>(kbs2)과 같은 아침프로그램에서 새터민 여성과 남한 남자 부부가 등장한다든가 꽃미남 탈북남성이 등장하여 각각의 사연을 들려주고, 평일 오후 6시에 방영되는 <생생정보통>(kbs2)의 '대한민국 1% 반갑습니다'와 같은 프로 등이 남한의 탈북자들을 등장시켜 왔다.

그 중에 많은 참여자들이 관심을 표했던 TV 프로그램은 채널 A의 <이제 만나러 갑니다>였으며 동시에 가장 큰 비판의 대상이 된 것도 이 프로그램이었다. 열 명 이상의 '탈북미녀'들이 나와 제각기의 사연들과 의견들을 쏟아내는 이 프로그램은 '웃음과 감동이 공존하는 신개념 Talk Show'라는 캐치프레이즈를 내걸고 2011년 12월 4일부터 방영되기 시작하였다. <미녀들의 수다>와 유사한 포맷을 사용하고 있지만 제목은 북한판 미녀들의 수다가 아니라, 이산가족 감동프로젝트임을 내세우고 있으며, 지난 11월 12일에는 통일부장관상 수상작으로 선정되기도 했다.

그러나 이 프로그램에 대해 대부분의 탈북자들이 분노에 가까운 반응을 보여주었다. 젊은이 집단이 TV 프로그램에 대해 그다지 관심을 보이지 않았던 것에 비해[16] 4명의 주부집단의 토론자 모두가 격앙된 목소리로 이 프로그램을 거칠게 비판했다. "난 제발 그걸 안 했으면 좋겠어… 뻥이 정말…거의 뻥이야."(G, 35세) "걔네들은 거짓이 너무 많아 듣기가 거북스럽

---

16) 젊은이들의 생활 여건 상 TV를 보는 시간이 주부들에 비해 적었다는 것이 그 이유일 것이다.

다.”(I, 38세) “채널A에 찾아갔으면 좋겠어. 제발 그 프로 없애달라고 거짓이 너무 많다.”(F, 41세) “쟤네는 부모 형제 팔아서 뭔 짓인가 싶다는 생각이 든다.”(H, 45세) “나에게도 출연요청이 왔지만 거절했다. 출연하는 사람들 조건이 있더라. 북한에 연고가 있는 사람이어야 한다는 것이다.”(G, 35세) “북한이 궁금하단 건데, 결국에는 북한 사람들의 이야기를 주제로 한 돈벌이 수단으로밖에 안 된다는 거다. 실제로 북한 사람들의 삶에 대해 북한의 실상에 대해서 전해주려는 의도나, 남과 북의 생각하는 차이를 줄이기 위해서 작성된 프로라는 성격이 없어져버렸다.”(F, 41세) “그걸 보면 북한에서 왔다 하면 쟤네는 못 살아서 왔구나, 적응을 못하고 말이지라고 남한 사람들이 이야기할 것 같다.”(I, 38세) “현재 나와 있는 탈북자들의 이미지나 북한 사람들의 이미지나 모두 다 도움이 안 된다.”(F, 41세) “이리 와 성공한 사람들의 이야기를 해줘야지, 그게 뭔가 싶다.”(H, 45세) “나도 성공 스토리를 보고 싶다. 스스로를 깎아내리는 이야기만 하고 있다.”(G, 35세) “인터넷 배우러 가서 컴퓨터로 보는데…왜 여자들만 내보내는가 하는 말이다. 남자들의 성공 같은 거 왜 안 보여주냔 말이다.”(I, 38세) “잘 안 된 케이스보다 잘 된 케이스를 보여주었으면 좋겠어.”(F, 41세) “저희가 여기에 살려고 왔고, 처음의 목적은 살려는 것이었지만, 좀 더 사람답게 나은 삶을 살려 하잖아요. 좀 더 업그레이드된 뭔가를 보여주는 동영상을 보고 싶어요.”(G, 35세) 남한에 정착한 지 7년이 된 이들부터 올해 4월에 한국으로 들어온 이들에 이르기까지 그 반감의 정도가 다르긴 했지만, 짜증과 분노로 점철되기는 매한가지였다.

영화나 TV의 탈북자 표상에 대한 이러한 불만이 나오는 이유는 다양할 것이다. 그들의 의견처럼 탈북자의 경험을 그대로 표상하지 못하고 구태의 연한 이념의 틀 내부로 고착화하거나 사회적 약자라는 커다란 범주로 일반화하는 남한인들의 의식적 한계 때문이라 할 수도 있을 것이다. 탈북자를 둘러싼 현재의 미디어 담론들이 반복적인 이념적 담론의 틀 내부에서 탈북자를 다룬다거나 선하고 가엾은 타자 내지 소수자라는 시선으로 일반화한다거나 하는 양극단의 성향에서 크게 벗어나지 않는 것이 사실이기 때문이다. 한편으로는 탈북자들은 축적된 문화자본이 상대적으로 적은 까닭에 영화라는 미디어 자체의 은유적 장치들을 이해하지 못하고 너무 직접적으로 텍스트를 해독하고 있기에 나오는 현상이라고도 말할 수 있을 것이다. 혹은 안정을 기도하고 성공적인 정착의 꿈을 가지고 있는 탈북자들의 열정과 꿈을 아직 한국영화가 제공해주지 못하고 있으며, 그러한 공백을 대체할 만한 탈북자들의 자기 서사 만들기도 아직 이루어지지 못한 까닭이라고도 할 수 있을 것이다. 탈북자들이 스스로의 목소리로 자신의 문제를 말하고 자신들의 문화를 생산할 여건이 마련되지 못한 것은 그리 놀라운 일이 아닐 것이다. 외국인 노동자를 비롯한 한국 내의 디아스포라 집단이나 여타 난민들에 비해서도 탈북자들의 활발한 담론형성은 쉽지 않은 형편이다. 이주의 역사가 짧을 뿐더러 이주의 성격도 과거와 달라졌으며 여전히 지속되는 분단상황이 탈북자들의 문화생산을 여러모로 제한하는 탓도 있을 것이다.

다양한 이유들이 복합적으로 작용한 탓일 터이지만, 그러나 새삼 분명해지는 것은, 미디어를 통한 자기의식 형성이 보다 긴요해진 시대임에도 불구하고 탈북자가 자기의식을 형성할 만한 콘텐츠를 지금의 문화가 제대로 제공하지 못하고 있다는 사실이다. 이러한 점은, 미디어를 통한 마이너리티의 정체성 형성은 그들 자신의 욕망이 배제된 상태에서는 제대로 이루어지기 어려우며, 기존의 미디어를 두고 벌어지는 저항적 독해와 집단적인 의미 교환 과정이 오히려 자신이 속한 집단의 의미와 정체성을 사고하게 하는 적극적인 기회가 될 수 있다는 사실을 다시금 상기시킨다.

5. 엑소더스의 신화와 타자의 윤리

탈북자들의 서사화는 한국사회에서 여전히 부지런히 진행되고 있지만, 지금까지의 미디어의 표상들이 탈북자들의 공감을 얻지 못하고 있다는 사실만큼은 이론의 여지가 없을 듯하다. 이 연구에 참여한 탈북자들은 성별이나 연령, 정착 기간, 현재의 지위의 차이에도 불구하고, 거의 예외 없이 남한의 탈북자 영화들에 대해 공감하지 못했으며, 더 나아가 불쾌감을 표시하였다. 그것은 탈북자를 장르적 문법 내로 흡수시켜버린 <태풍>이나 <무적자>와 같은 한국형 블록버스터만이 아니라 소수자를 바라보는 시선과 깊이 면에서 긍정적인 평가를 받아온 독립영화들에도 모두 해당되는 공통된 반응이었다. 특히 국내뿐 아니라 해외에서도 큰 호평을 끌어내었던 <무산일기>와 <줄탁동시>와 같은 영화의 경우는 반감의 정도가 더 거세었다.

이들 영화를 본 탈북자들의 대다수가 공통으로 보인 의견은, 두 작품이 자신들의 현실과 무관하며 오히려 탈북자를 부정적으로 공식화하는 데 일조한다는 것이었다. 대부분의 비판은 1. 현실성 부족(결코 사실적이지 않다) 2. 의도의 불순함(과연 탈북자를 위한다는 메시지를 담고 있는가?)으로 모아진다. 한 청년(C, 25세)은 그 작품의 저의가 의심스럽다고까지 말하였다. <무산일기>의 경우는 이미 탈북자를 한국사회의 부적응자라는 이름으로 묶어놓고 거기에서 벗어날 의지조차 없는 인물로 그리고 있는데, 이 영화가 과연 감독의 말처럼 자신의 탈북자 친구를 위해 만들어졌다고 할 수 있는 것인지, 도대체 어떤 점에서 그 친구를 '위한다'는 것인지 의아할 뿐이라는 것이 그의 비판의 요지였다. 이러한 비판은, 이를테면 "<무산일기>의 서사가 탈북자에게만 국한되는 문제가 아니라, 사회인으로 살아가기 위한 여러 소수자들의 삶과 맞닿아 있"으며 "자신이 지향하는 것을 지키고자 했으나 포기하고 현실에 맞춰서 살아가야 하는 사람들에게 공감을 일으키는 작품이며, 이것이 이 영화가 갖는 힘이다"[17]라고 했던 국내 논객의 담론이 정작 그 주체인 탈북자에게는 해당되지 않고 있음을 보여주는 것이기도 하다.

이렇듯 탈북자들이 불만을 표하는 데에는 최소한 두 가지 정도의 사연은 있어 보인다. 가장 먼저 언급할 수 있는 것은 그들은 자신이 남한의 사회적 약자 내지 타자로 취급받기를 거부한다는 점이다. 연구에 참여한 탈북자들 모두가 자신들이 핍박당하는 난민 일반으로 취급당하거나 사회적으로 배려받아야 할 부적응자로 취급되는 것에 대하여 매우 강한 반감을 표시했다. 이러한 반응은 사회적 약자라는 시선에 의거하여 탈북자를 재현하는 독립영화의 경우에 더욱 강하게 드러났다.

탈북자를 베트남 출신의 이주노동자와 동궤에서 묘사하고 있는 <처음 만난 사람들>이나 탈북여성의 처지를 남한의 여성이나 청소년, 그리고 장애인 문제와 연결시키고 있는 <댄스타운>, 탈북청년을 조선족 여성과

17) 방유리나, 「영화 <무산일기>에 나타난 두 가지 시선과 그 서사적 의미」, 『통일인문학논총』, 제52집, 2011, 225쪽.

게이청년과 같은 위치에서 다루고 있는 <줄탁동시>와 같은 독립영화들에서 전형적으로 드러나고 있듯이, 한국영화의 탈북자 재현이 주로 기대고 있는 것은 타자정치학이다. 이 사회의 극한적 타자의 위치에 있는 그들의 모습을 환기시키며, 타자와의 연대와 공존을 모색하고 사회적 약자를 배려하는 시선으로 탈북자들의 삶을 어루만지겠다는 윤리적 시선이 대부분의 한국영화들에 내재되어 있는 셈이다.

탈북자 영화에 대한 그들의 거부감의 바탕에는 1) 우리는 난민이 아니라 탈출자이다. 2) 탈출에 성공한 사람이기 때문에 우리는 버림받은 사람들이 아니라 뭔가를 이뤄낸 사람이다라는 자기규정과 자부심이 놓여 있는 것으로 보인다. 두 번의 사선을 넘은 탈출을 이뤄냈다는 것 자체가 그들을 일단계의 성공서사를 완주한 사람들, 성공서사의 주인공 자리에 있는 사람들로 만들었다고 할 수 있다. 사선을 넘은 이유와 과정이 무엇이든 간에 거기에는 개인적인 결단이 있었다는 것이고, 그 결단을 구체적인 행위로서 수행해낸 사람들로 스스로를 자리매김하고 있다고 할 수 있다. 여기에는 보통사람이 해낼 수 없는 것을 해내었다는 자부심이 어김없이 수반되었는데, 그런 자신들을 패배자로 규정하는 것을 그들은 견딜 수 없다는 것이다. 남한에 들어오는 순간 그들은 이미 성공서사를 쓴 사람들이고, 이제 자기 성공의 완수만이 남겨져 있을 뿐이다. 그들에게 그것은 자본제의 성공신화와 맞먹을 수 있을 만큼의 높이를 갖는 것이라고도 말할 수 있겠다.

1인 감상 후 이야기를 나누는 과정에서 한 청년은(A, 22) 연구자에게 되물었다. "전 북한인 가운데 2만 6천명만이 남쪽으로 내려왔다. 그 확률이 얼마나 적은 것이냐. 그런 우리가 저런 핍박을 받으면서도 말도 못하고

당하고 있다는 게 말이 되냐. 저렇게 비참하게 사는 게 정말 현실성이 있는가?" 그리고 그는 중국에서 자신이 몸소 겪었던 험난한 생활과 목숨을 건 탈출 과정에 대해 길게 이야기했다. 그의 말 안에 생존자이자 탈출에 성공한 자로서의 자부심과 결단이 놓여 있음은 물론이다. 자기 존중감을 갖고 있는 그들이기에, 영화 속에서 구휼대상이나 난민, 극한의 타자로 자신들이 재현되는 사실을 받아들이기는 쉽지 않아 보인다.

두 번째는 그들이 영화 속의 인물을 하나의 '개인'이 아니라 탈북자 '전체'의 표상으로 바라보고 있다는 사실이다. "탈북자 중에는 저렇게(영화 속 인물처럼—연구자) 적응 못 하는 사람도 있긴 하겠지만 그러나 그것은 진짜 탈북자의 모습이 아니라"는 식의 언술은 그러한 점을 잘 드러낸다. '북한 사람'과 관련된 표상들은 그것이 어떤 것이든 간에 대표단수라는 틀 하에서 받아들여지고 있었다. 현재 처해 있는 상황의 좋고 나쁨에 상관없이 그들은 스스로를 북한의 대표단수로 생각하고 있다는 것인데, 여기서 대표단수라 함은 북한의 대표로서, 표상으로서 스스로를 규정하고 있음을 의미한다. 단순히 1/n으로서의 북한 사람이 아니라 북한을 대표하는 사람으로서 영화 속의 탈북자를 받아들이고 있다는 것이다.

사실상 현금의 한국 독립영화가 관심을 두는 것은 바로 영웅도 아니고 악당도 아닌 그저 그 평범한 사람들의 속내이다. 그리고 그들을 바라보거나 묘사하는 시선도 공동체의 윤리보다는 개인의 윤리에 의거하고 있는 형편이다. 공동체적 윤리나 이념의 옳고 그름에 비추어 개인을 성찰하는 시대가 더 이상 아닌 것이다. 이주노동자와 같은 마이너리티의 재현 역시도 그러하다. <줄탁동시>에서 잘 드러나듯이 마이너리티가 속한 집단의 특수성이나 공동체적인 전망이 아니라 한 개인의 경험을 중심으로 표상이 이루어진다. 탈북자의 경우라 하더라도 '탈북자 일반'이나 민족사와 같은 공동체의 특수성이 아니라, 보편적인 삶이나 운명에 직면한 어느 한 개인의 삶과 정체성 문제에 초점을 맞추어 형상화가 이루어지는 것이다.

그러나 그러한 재현을 바라보는 탈북자들 자신의 입장은 다른 듯하다. 탈북자 중에는 성공한 사람도 있고 무능력한 사람도 있겠지만, 영화 속의 존재를 북한의 대표표상으로 받아들이고 있기 때문에 영화 속에서 자신의 집단 중 누군가가 사회적 약자나 부적응자로 그려지는 것이 견디지 못할 일로 다가오는 듯하다. 그것은 마치 강대국을 방문한 약소국의 사람들이 "나는 우리나라의 외교관이다"라는 생각을 갖고 행동하는 것과도 같은 이치일 것이다. 제 3세계 사람이 그러하듯이 탈북자 역시도 대표표상의 지위를 늘 의식하고 있다. 하나의 공동체가 추구할 수 있는 이상 내지는 희망의 근거가 될 수 있는 대표표상으로 스스로를 규정하고 있기 때문에 남한에 존재하는 '북한'의 그 어떤 이야기에도 무척이나 예민하게 반응할 수밖에 없는 것이다.

또한 수용자로서의 탈북자들은 영화 속에 드러나는 자신의 이미지들이 결코 탈북자의 현실을 반영하지 않으며 오히려 탈북자에 관한 남한 사람들의 인식을 반영하고 있다는 사실을 지적했다. 이는 어느 정도 사실일 터인데, 탈북자들이 영화의 표상들을 해석하는 것이 이러한 마음의 틀(mind-frame)을 통해서임은 말할 나위가 없다. 개별적인 차이는 있겠지만 한국영화가 타자에 대해 보여주는 관심의 이면에는, 우리는 상대적으로 그렇지 않다는 어떤 이데올로기적인 안도감이 큰 전제로 깔려 있는 것은 아닐까 싶다. 북한 사람들이 이들 영화에 거부감을 표하는 것은 아마도 그러한 것을 직관적으로 느끼고 있기 때문일 것이다. 영화가 보여주는 것이 결국 탈북자를 대상화하면서 그들 위에 남한 사회의 문제를 투사하여 그것이 마치 탈북자의 문제인 것처럼 만들어버린 것이라 한다면 그들의 심기는 더욱 불편해질 수 있다. 이주노동자나 탈북자들을 우리 사회에 새로이 생겨나기 시작한 타자로 보고, 그들을 이 사회에 버림받은 호모 사케르(homo sacer)로 취급하면서 그러한 호모 사케르들이 버려지는 현실을 외면하면 안 된다는 식의[18] 타자윤리학을 언급하는 것 자체가 그들에게는 지극히 불쾌한 일일 수 있다는 것이다.

사정이 이러하다면 탈북자 관객에게 영화 속의 표상을 1/n인 '어떤' 개인의 사정으로 받아들이라고 요구하기는 무리일 듯하다. 탈북자들은 영화 속 인물의 고난을 어느 한 개인의 고통으로 받아들이기보다는 모든 북한인이 고통받고 있다는 의미로 받아들일 수밖에 없는 상황에 처해 있다. 그것을 받아들이는 사람이 '한계인'일 경우라면 매우 폭력적으로 느껴질 논리일 것이다. 현재의 북한과 남한은, 최소한 그들의 마음 속에서는, 동등한 위치에 있지 않기 때문이다. 1/n의 경우로 받아들일 수 있다는 것은 북한이 남한보다 모자람이 없고 오히려 더 나을 수 있다는 생각이 있을 때에나 가능한 것일 터이다.

탈북자들 중의 3명은 토론의 후반부에 접어들면서, 통일이 되면 북으로 가서 지도자 내지 선도자가 되겠다는 견해를 표하였다. 그런 적극적인 견해

---

18) 여기서 '호모 사케르'라 함은, 권력자의 대척점에 놓인 '사회로부터 삭제당하고 권리가 박탈당한 자'를 가리켜 '호모 사케르'라 명한 아감벤의 논의에 의거한 것이다. 조르조 아감벤, 『호모 사케르: 주권 권력과 벌거벗은 생명』, 박진우 옮김, 새물결, 2008.

를 밝히지 않은 사람들도 언젠가 이 땅에서 보란 듯이 성공하겠다는 뜻을 표했는데, 1인 감상보다 집단 토론의 경우에 더욱 그러하였다. 이는 영화를 읽어내고 토론하는 자리가 지금의 위치를 돌아보고 자신이 속한 집단의 정체성을 확인하며 앞으로의 삶을 다짐하는 자리가 되고 있다는 점을 반영하는 것이기도 하다. 텍스트에 참여적으로 개입하는 행위가 잠재적으로는 자기의식의 형성 과정이 될 가능성을 포함하고 있다고도 말할 수 있겠다. 탈북자들이 영화에 대해 나누는 경험은, 자신의 과거를 반추하고 현재의 경험을 함께 나누는 시간이면서, 기존의 재현 방식과 관점이 갖는 잘못과 오해를 비판하고, 자신의 집단적 정체성을 상상하거나 서사화하고, 미래의 방향을 캐묻고, 앞으로의 탈북자 역할에 대해 생각해보는 일종의 공론장이 되고 있다고 할 수 있다. 낸시 프레이저(Nancy Fraser)는 "종속된 사회집단이 자신의 정체성과 관심사, 필요에 관한 반대의 생각들을 형성하기 위해 저항 담론을 만들어 순환시키는 동급의 담론적 영역"을 가리켜 대항공중 (counterpublics)이라고 말한 바 있다.19) 비슷한 맥락에서 영화를 둘러싼 탈북자들의 담소는 남한 사회의 타자윤리학이나 북한에 대한 시각에 저항하는 담론을 형성해내는 대항공중의 어떤 가능성을 보여주고 있다고 할 수 있다.

---

19) Nancy Fraser, "Rethinking the Public Sphere: A Contribution to the Critique of Actually Existing Democracy," in Craig Calhoun, ed., *Habermas and the Public Sphere* (Cambridge: The MIT Press, 1977), p. 116.

참고문헌

방유리나, 「영화 <무산일기>에 나타난 두 가지 시선과 그 서사적 의미」, 『통일인
   문학논총』, 제52집, 2011.

아감벤, 조르조, 『호모 사케르: 주권 권력과 벌거벗은 생명』, 박진우 옮김, 새물결,
   2008.

오영숙, 「탈북의 영화적 표상과 공간 상상」, 『영화연구』, 51호, 2012.

Buckingham, David, *Reading Audiences: Young People and the Media*, Manchester:
   Manchester University Press, 1993.

Caldarola, V. J., "Reception as Cultural Experience: Visual Mass Media and Reception
   Practices in Outer Indonesia," Ph. D. Dissertation, Annenberg School of
   Communication, Philadelphia: University of Pennsylvania, 1990.

Ellsworth, Elizabeth, "Illicit Pleasure: Feminist Spectators and Personal Best," *Wide
   Angle* 8.2, 1986.

Fraser, Nancy, "Rethinking the Public Sphere: A Contribution to the Critique of
   Actually Existing Democracy," in Craig Calhoun, ed., *Habermas and the
   Public Sphere*, Cambridge: The MIT Press, 1977.

Fruth, Bryan Ray, "Media Reception, Sexual Identity, and Public Space," Ph. D.
   Thesis, Austin: University of Texas at Austin, August 2007.

Gillespie, Marie, *Television, ethnicity and cultural change*, New York: Routledge, 2002.

Ruby, Jay, "The Viewer Viewed: The Reception of Ethnographic Films," in Peter I. Crawford and Sigurjon Baldur Hafsteinsson, eds., *The Construction of the Viewer: media ethnography and the anthropology of audiences*, Hojberg: Intervention Press. 1995.

Seiter, Ellen E., *Television and New Media Audiences*, Oxford: Oxford University Press, 1999.

Staiger, Janet, *Interpreting Film: Studies in the Historical Reception of America Cinema*, Princeton: Princeton UP, 1992.